Robert M. Ogilvie:
Das frühe Rom und die Etrusker

Deutscher
Taschenbuch
Verlag

Übersetzung aus dem Englischen von Irmingard Götz, Durch-
sicht und Anhang von Kai Brodersen

Das Buch erschien 1976 unter dem Titel *Early Rome and the
Etruscans* bei William Collins Sons & Co. Ltd. in der Reihe
Fontana History of the Ancient World.

November 1983
Deutscher Taschenbuch Verlag GmbH & Co. KG,
München
© 1976 Robert M. Ogilvie
© 1983 Deutscher Taschenbuch Verlag (für die deutsche
Übersetzung)
Umschlaggestaltung: Celestino Piatti
Vorlage: Samnitische Krieger, aus der Schlacht heimkehrend.
Wandgemälde aus einem Grab bei Paestum, um 400 v. Chr.
(Nationalmuseum Neapel)
Gesamtherstellung: C. H. Beck'sche Buchdruckerei,
Nördlingen
Printed in Germany · ISBN 3-423-04403-9

Das Buch

Die frühen, unruhigen Jahre Roms sind von Geheimnissen umgeben. Wirre, einander widersprechende Berichte bei römischen und griechischen Geschichtsschreibern und die anschau-
lichen, aber irreführenden Legenden und Sagen geben nur einen
flüchtigen Eindruck von den Persönlichkeiten und Ereignissen,
die Rom aus einem unbedeutenden Hüttendorf zur wichtigsten
Stadt in der zivilisierten Welt machten.
Robert Ogilvie verfolgt die Geschichte Roms von der Ankunft
der Etrusker (um 625–600 v. Chr.) über die Entstehung der
frühen Republik bis hin zur Einnahme der Stadt durch die Gallier im Jahre 390 v. Chr. Es ist die Geschichte eines verzweifel-
ten Kampfes um Überleben und Identität.
Der Autor sichtet die Berichte der antiken Geschichtsschreiber,
des Livius, des Dionysios von Halikarnassos und anderer, um
Wahres von Falschem zu trennen. In seinem Buch stellt er den
Aufstieg eines Volkes dar, das der Zivilisation der westlichen
Welt seinen unauslöschlichen Stempel aufgedrückt hat.

Der Autor

Robert Maxwell Ogilvie, Jahrgang 1932, studierte in Rugby
und am Balliol College in Oxford, dessen Fellow er von 1957
bis 1970 war. Nach einem fünfjährigen Rektorat in Tonbridge
wurde er Professor für Altertumswissenschaften an der Universität von St. Andrews (Schottland) und war bis zu seinem Tod
Ende 1981 Mitglied der Britischen Akademie.
Zur römischen Archäologie, Geschichte und Literatur schrieb
er mehrere Bücher und Artikel; die erste Pentade des Livius hat
er ediert (Oxford ²1969) und in seinem großen Werk *A Commentary on Livy Books 1–5* (Oxford 1965) wissenschaftlich
kommentiert. Sein Buch über römische Religion erschien 1982
auch auf deutsch unter dem Titel ... *und bauten die Tempel
wieder auf.*

dtv-Geschichte der Antike
Herausgegeben von Oswyn Murray

Das frühe Griechenland
von Oswyn Murray

Das klassische Griechenland und die Demokratie
von John K. Davies

Die hellenistische Welt
von Frank W. Walbank

Das frühe Rom und die Etrusker
von Robert M. Ogilvie

Die römische Republik
von Michael Crawford

Das Römische Reich
von Colin Wells

Vorwort des Herausgebers

Eine neue Geschichte der Antike braucht keine Rechtfertigung. Die moderne Forschung und neue Entdeckungen und Funde haben unser Bild der Antike in wichtigen Punkten verändert; es ist daher an der Zeit, die Ergebnisse dem Publikum zugänglich zu machen. Diese Reihe will aber nicht nur eine Darstellung des aktuellen Forschungsstands geben. Beim Studium der fernen Vergangenheit liegen die Hauptschwierigkeiten darin, daß es nur relativ wenig Zeugnisse gibt und diese zudem nicht leicht zu interpretieren sind. Dies aber macht es andererseits möglich und wünschenswert, die wichtigsten Zeugnisse dem Leser vorzulegen und zu diskutieren; so hat er selbst die Möglichkeit, die zur Rekonstruktion der Vergangenheit angewandten Methoden kennenzulernen und auch selbst die Ergebnisse zu beurteilen.

Diese Reihe hat sich deshalb als Ziel gesetzt, eine Darstellung der jeweils behandelten Periode zusammen mit möglichst vielen Zeugnissen zu bieten, die diese Darstellung ja erst ermöglichen. So sind ausgewählte Dokumente in die Erzählung einbezogen, werden dort erörtert und bilden oft sogar ihren Ausgangspunkt. Wo Interpretationen umstritten sind, werden die verschiedenen Meinungen dem Leser vorgelegt. Darüber hinaus enthält jeder Band eine Übersicht der unterschiedlichen Quellen jeder Epoche sowie Vorschläge zur vertiefenden Lektüre. Die Reihe wird, so hoffen wir, dem Leser die Möglichkeit geben, eigenen Vorlieben und Interessen folgend weiterzustudieren, nachdem er einen Eindruck von den Grenzen gewonnen hat, die dem Historiker bei seiner Arbeit gezogen sind.

Die Reihe ist zuerst auf englisch bei Fontana erschienen; die deutsche Ausgabe ist jedoch keine bloße Übersetzung, sondern eine revidierte Fassung. Wir haben unsere Texte überarbeitet und auf den neuesten Stand gebracht; insbesondere war es möglich, mehr und bessere Karten einzufügen und die Literaturhinweise für den deutschen Leser zu erweitern. Für die Organisation all dieser Verbesserungen danken wir besonders Kai Brodersen vom Institut für Alte Geschichte der Universität München.

Alte Geschichte ist eine europäische Disziplin, in der die Forschungstraditionen in jedem Land das jeweilige Bild der Antike prägen. Die »englische Sicht« in dieser Reihe wird dem deutschen Leser an manchen Stellen ungewöhnliche Aspekte auftun, wird aber auch in den Bereichen, in denen die deutsche Tradi-

5

tion besonders stark ist, ihr nicht ganz gerecht werden können. Doch vielleicht werden gerade diese Unterschiede zur Frische und Spannung unserer Reihe beitragen und das Interesse des deutschen Lesers steigern. Wir hoffen, daß sie auch in Deutschland so beliebt und so nützlich wird, wie es das englische Original in der englischsprachigen Welt ist.

Oswyn Murray
Balliol College, Oxford

Inhalt

In den letzten 30 Jahren ist die Erforschung der römischen Frühgeschichte schnell vorangeschritten. Zum Teil ergab sich das aus den aufregenden archäologischen Entdeckungen, die seit dem Krieg in Latium und Etrurien gemacht wurden, zum Teil liegt es auch an der scharfsinnigen Ausdeutung der Geschichtsquellen durch so bedeutende Wissenschaftler wie A. Momigliano, A. Alföldi, R. Bloch, R. Werner, A. J. Toynbee und R. E. A. Palmer. Die Zusammenarbeit zwischen Archäologie und Geschichtswissenschaft hat den Anstoß gegeben, der römischen Frühzeit wieder mehr Aufmerksamkeit zuzuwenden. Man mag deshalb eine weitere Darstellung für überflüssig halten; aber meiner Meinung nach ist es nun an der Zeit, auf den Grundsteinen, die andere gelegt haben, eine distanziertere, weniger spekulative und handfestere Geschichtsdarstellung zu schreiben. Ich habe bewußt mit dem 6. Jahrhundert begonnen, weil zu dieser Zeit die eigentliche Geschichte (im Gegensatz zur Vorgeschichte) Roms einsetzt; und ich habe auch versucht, die antiken Zeugnisse und die für die Geschichtsschreibung unentbehrlichen Kriterien für ihre Auswertung darzulegen. Doch auch so bleiben viele Interpretationen anfechtbar.

Ein Punkt erfordert einige einleitende Erklärungen. Die Schwierigkeiten mit der Chronologie der frühen Republik lassen sich momentan nicht beseitigen. Wahrscheinlich ist der Tempel des Iuppiter Optimus Maximus 507 v. Chr. geweiht und Rom 386 v. Chr. von den Galliern erobert worden; nach dem traditionellen System jedoch, das vermutlich von dem Gelehrten Varro im 1. Jahrhundert v. Chr. entwickelt wurde, werden diese beiden Ereignisse in die Jahre 510 bzw. 390 verlegt. Dieses System hat sich in fast allen Geschichtsbüchern bis heute erhalten. Nahezu alle Ereignisse im Rom des 5. Jahrhunderts sind deshalb nach absoluter Chronologie um drei oder vier Jahre zu verschieben: Die Schlacht an der Cremera z. B. wird gewöhnlich auf das Jahr 479 v. Chr. datiert, fand aber wahrscheinlich 476 oder 475 statt. Da die Daten aber allgemein nicht gesichert sind, und da bei der Revision aller überlieferten Daten die Gefahr von Verwirrung besteht, habe ich Varros Chronologie beibehalten. Ich hatte auch A. J. Toynbees Verfahren in Erwägung gezogen, der für jedes Ereignis drei Daten angibt (z. B. 471

[oder 468 oder 467] v. Chr.), es aber dann als zu unpraktisch verworfen. Im letzten Kapitel aber, das von der Eroberung Roms handelt, habe ich die überlieferten und die tatsächlichen Daten einander gegenübergestellt, da zu dieser Zeit die Vorgänge in Rom zum ersten Mal die internationale Geschichte zu beeinflussen beginnen.

Abschließend möchte ich mich bei John Pinsent bedanken, der viele Jahre lang mit mir über dieses Thema diskutiert und den ersten Entwurf einer äußerst eingehenden und konstruktiven Kritik unterzogen hat.

R. M. Ogilvie

Es ist meine traurige Pflicht, als Herausgeber der Reihe dieses Vorwort anstelle des Autors abzuschließen.

Robert Ogilvie hat aufgrund von Hinweisen und Rezensionen, vor allem aber wegen neuer archäologischer Entdeckungen und Forschungen sein Handexemplar der englischen Originalausgabe um zahlreiche Änderungen und Nachträge erweitert und verbessert. Im Sommer 1981 hat er sein Exemplar Kai Brodersen zur Verfügung gestellt, der die Änderungen eingearbeitet, den Text durchgesehen, die Quellenangaben und Belege vervollständigt und die Fußnoten sowie den ganzen Anhang bearbeitet hat. Dafür danke ich ihm sehr.

Daß Robert Ogilvie das Erscheinen der deutschen Ausgabe seines Buches nicht mehr erlebt, betrübt uns alle.

Oswyn Murray

Der Überlieferung nach wurde Rom im Jahr 753 v. Chr. gegründet; aber schon in der Antike waren viele andere Daten
– zwischen 814 und 729 v. Chr. – vorgeschlagen worden. Von
einigen kurzlebigen Siedlungen des Chalcolithicums und der
Bronzezeit abgesehen, entstand die erste wirkliche Siedlung in
Rom in der Eisenzeit. Leider sind sich die Archäologen über
den Zeitpunkt keineswegs einig: einige verlegen ihn bis ins
10. Jahrhundert zurück, andere wieder bevorzugen die Zeit um
800 v. Chr. Eines ist auf jeden Fall klar: Es bestanden fast von
Anfang an zwei verschiedene Siedlungen, eine auf dem Palatin,
die andere auf dem Esquilin. Die Begräbnissitten und Keramik-
stile der beiden Siedlungen unterscheiden sich deutlich. Wahrscheinlich lockte die Lage Roms auf Hügeln, die sich leicht
verteidigen ließen, an einer günstig gelegenen Furt und mit gutem Weideland zwei voneinander unabhängige Gruppen von
Viehzüchtern aus den Albaner und den Sabiner Bergen in die
fruchtbareren Küstenebenen herunter.

In seinen Anfängen war Rom eine vorwiegend bäuerliche Gemeinde. Die Bewohner bauten ihre Hütten auf die Hügel und
trieben tagsüber ihre Schaf- und Rinderherden auf die umliegenden Weiden. Man hat die Grundrisse von einigen dieser
frühen Hütten gefunden (eine von ihnen, die *casa Romuli*, hat
sich als Museumsstück bis in die römische Kaiserzeit erhalten),
und wir können uns anhand von Urnen in Hüttenform, in denen die Asche der Toten aufbewahrt wurde, eine Vorstellung
von ihrem Aussehen machen. Die frühesten Bewohner bilden
einen Zweig der Italiker, eines indoeuropäischen Stammes, der
sich in der zweiten Hälfte des zweiten Jahrtausends v. Chr. über
Italien ausbreitet.

Seinen Aufstieg verdankt Rom jedoch der Ausbreitung seiner
geheimnisvollen Nachbarn im Norden, der Etrusker. Irgendwann, wohl im 10. Jahrhundert, kam eine Gruppe von Einwanderern, wahrscheinlich aus dem Balkan, auf dem Seeweg nach
Norditalien. Einige von ihnen fuhren die Adria hinauf und ließen sich in der Poebene nieder (z.B. in Spina und Bologna),
andere umfuhren die Spitze Italiens und siedelten sich an der
Westküste an, unter anderem bei Tarquinii. Beide Gruppen be-
statteten ihre Toten in Etagengefäßen; diese Art der Bestattung

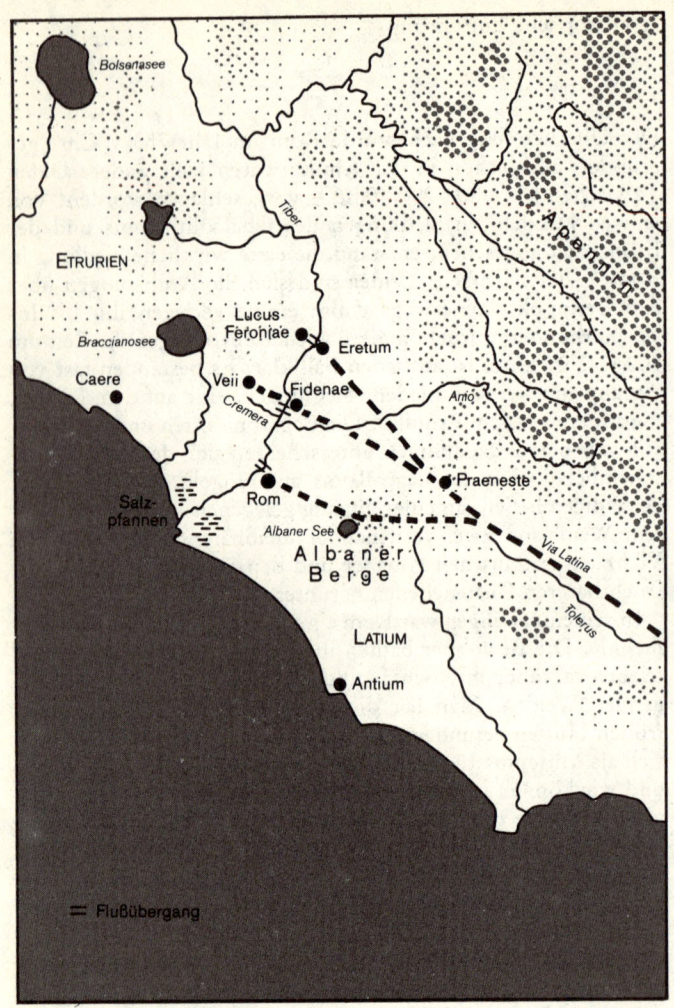

Abb. 1: Rom und sein Umland

ist deutlich verwandt mit der der großen Urnenfelderkulturen in Rumänien, die um 1600 v. Chr. in Blüte standen. In Italien nennt man diese Kultur, mit der die eingeborene Bevölkerung verschmolz, Villanova-Kultur. Sie erhielt um 700 v. Chr. Verstärkung durch eine neue Welle von Einwanderern, die sich vermutlich durch die unsicheren Verhältnisse nach den Einfällen der Kimmerer aus Kleinasien vertreiben ließen. Die Neuankömmlinge brachten viele fruchtbare Ideen mit: unter anderem eine Vorliebe für griechische und phönizische Kunst, neue Verfahren zur Metallverarbeitung, eine besondere Neigung, statt planlos errichteter Dörfer geordnete Städte zu bauen, religiöse Bräuche aus dem Nahen Osten, außerdem eine offenbar hochentwickelte, nicht-indoeuropäische Sprache: die etruskische. Sie ist in zahlreichen Inschriften[*] erhalten, aber noch nicht vollständig zu deuten. Alle diese Elemente zusammen machten aus den Villanova-Menschen die Etrusker, aus einem primitiven Volk von Ackerbauern ein kultiviertes Stadtvolk von Handwerkern und Händlern, mit einem Netz von Städten, das sich vom Po bis zum Tiber erstreckte.

Die Etrusker waren unternehmungslustig und aufgeschlossen. Sie suchten nach Märkten für ihre Metallarbeiten (in Etrurien und auf Elba finden sich riesige Eisen- und Kupferhalden) und für ihre Keramiken; dafür importierten sie Luxusgüter aus Griechenland, Ägypten und Phönizien. So war es unvermeidlich, daß sie zu den griechischen Städten in Kampanien und Sizilien einen Landweg eröffneten. Die bequemsten Routen lagen ein paar Kilometer nördlich von Rom, bei Fidenae (in der Nähe von Veii) und Lucus Feroniae, wo sich der Tiber leicht überqueren läßt. Von dort führte die Straße südlich an Praeneste vorbei, zwischen dem Apennin und den Albaner Bergen hindurch, wo sie sich mit der Via Latina vereinigte, und weiter bis Kampanien.

Die Lage Roms bot aber noch weitere Vorteile. Hier konnte man zum letzten Mal vor der Küste den Tiber ohne Schwierigkeiten überqueren, und das ermöglichte den Etruskern den Zugang zu den fruchtbaren Ebenen von Latium. Und was noch wichtiger war: Für die großen Etruskerstädte im Inland war das Salz lebensnotwendig, und das konnte man sich nur in den

---

[*] Eine nützliche Sammlung hat M. Pallottino vorgelegt: *Testimonia Linguae Etruscae.* (Biblioteca di Studi Superiori 24) Florenz ²1968. Auf sie wird im folgenden mit TLE² verwiesen.

großen Salzsümpfen an der Tibermündung besorgen. Gegen Ende des 7. Jahrhunderts ließen sich die Etrusker aus Südetrurien nach und nach in der Hüttensiedlung in Rom nieder.

Von da an ist Rom vor allem eine etruskische Stadt, in der ursprüngliche und etruskische Elemente verschmelzen. Aber – und das ist vielleicht von ebenso großer Bedeutung – die Geschichte Roms ist nicht die Geschichte eines stetigen Aufstiegs. Ich möchte zeigen, daß sich in dem von mir behandelten Zeitabschnitt Roms Schicksal oft wendete: Es erlebte einen Höhepunkt unter den letzten Königen und einen Tiefpunkt im frühen 4. Jahrhundert, im Endkampf mit den Galliern, als Rom tatsächlich beinahe für immer untergegangen wäre.

2. Die Quellen

Archäologische und epigraphische Zeugnisse

Das Quellenmaterial macht die Rekonstruktion der römischen Frühgeschichte außerordentlich schwierig. Einerseits gibt es noch verhältnismäßig wenig archäologische Belege. Einige der umliegenden Städte wie Caere, Veii und Lavinium konnte man ziemlich eingehend untersuchen; aber in Rom, das seit 2500 Jahren ununterbrochen bewohnt ist, können Ausgrabungen nur an den wenigen zufällig unbebauten Stellen durchgeführt werden. Das Forum Romanum bietet die größte zusammenhängende Fläche, aber sogar hier sind die Funde häufig nur Stückwerk, das viele Deutungen zuläßt. Nirgendwo bekommt man ein lückenloses, zusammenhängendes Bild der Stadtentwicklung. Auch Inschriften über Gesetze, Verträge oder dergleichen gibt es kaum; nur etwa ein Dutzend Inschriften in lateinischer, griechischer oder phönizischer Sprache, die überhaupt historischen Wert haben, sind aus der Zeit vor 400 v. Chr. erhalten, und die meisten von ihnen sind unvollständig und schwer verständlich. Von einem weiteren Dutzend ist der Inhalt aus antiken Quellen bekannt. Einige von ihnen, z. B. das Zwölftafelgesetz (s. S. 128 ff.) oder der Latinervertrag (s. S. 106 ff.), sind sehr wertvoll für die Erhellung politischer und sozialer Institutionen.

Literarische Zeugnisse

Die literarischen Quellen andererseits sind mit Vorsicht zu gebrauchen. Es existieren mehrere ausführliche Berichte über diesen Zeitabschnitt: In griechischer Sprache schildern die Autoren Diodor(os) (um 40 v. Chr.) und Dionysios von Halikarnassos (7 v. Chr.) die Anfänge der römischen Geschichte. Lateinisch schrieben Livius (59 v. Chr. – 17 n. Chr.), der fünf Bücher seines großen Geschichtswerkes *Ab urbe condita* (Von der Stadtgründung an) dem Zeitraum von der Gründung Roms bis zur Eroberung durch die Gallier zu Beginn des 4. Jahrhunderts widmet, und der Staatsmann Cicero (106–43 v. Chr.). Er behandelte in mehreren seiner Werke über Rhetorik und Politik ausführlich auch Ereignisse aus der fernen, ruhmreichen Vergangenheit, vor allem in dem Fragment *De re publica*, einer Darstellung des idealen Staats. Bei anderen Autoren finden sich zahllose Anekdoten und Anspielungen. Aber wir müssen uns fragen: Wie zuverlässig war das Quellenmaterial, das *ihnen* zugänglich war? Welche Quellen gab es überhaupt?

Bei einigen frühen griechischen Historikern wird Rom flüchtig erwähnt, aber der erste etwas längere Bericht wurde erst Anfang des 3. Jahrhunderts verfaßt, als sich ein Grieche, Timaios von Tauromenion, für Rom zu interessieren begann. Der erste Römer, der die Geschichte seiner Heimat schrieb, Q. Fabius Pictor, lebte Ende des 3. Jahrhunderts – und er schrieb griechisch, in der damals einzigen Literatursprache. Mit seinem Werk wollte er der Welt Rom als bedeutende, zivilisierte Nation vorstellen, zu einer Zeit, da es gegen Hannibal um seine Existenz kämpfte: ein patriotisches Geschichtswerk.

Eine Generation später verfaßte Cato der Ältere das erste lateinische Geschichtswerk über Rom mit dem Titel *Origines* (Anfänge). Es befaßte sich mit den Gründungslegenden und den frühesten Ereignissen in Rom und anderen italischen Städten, aber auch mit späteren Perioden.

Der Umfang von Timaios' Werk ist nicht bekannt, aber es ist bezeichnend, daß Cato offenbar von der Königszeit direkt zur verhältnismäßig jungen Vergangenheit überging; und ähnlich scheint Fabius Pictor die Frühzeit der Republik äußerst knapp behandelt zu haben. Eine erst kürzlich entdeckte griechische Inschrift faßt sein Werk zusammen, und sie bestätigt den Eindruck aus den erhaltenen Fragmenten, daß er hauptsächlich an der legendären Vergangenheit interessiert war:

[Qui]ntus Fabius mit dem Beinamen Pi[cto]rinus, ein Römer, des Gaius [Sohn].
[Er] hat erforscht die Ankunft des [Her]akles [in] Italien und [die Heimkehr des] Lanoios und [seines Bündners] Aeneas und [des Asca]nius (*oder:* [das Bündnis des] Aeneas und Latinus ...).
(Nicht?) viel später wurden Romulus [und R]emus geboren und Rom von Romulus [gegründet, der als erster] König [war].

(SEG XXVI 1123)*

* G. Manganaro, *Una biblioteca storica nel ginnasio di Tauromenion.* La Parola del Passato 29 (1974) 389–409; wieder in: A. Alföldi, *Römische Frühgeschichte. Kritik und Forschung seit 1964.* (Bibliothek der klass. Altertumswiss. NF 1. R. 6) Heidelberg 1976, S. 83–96 (das zitierte Fragment S. 394 bzw. S. 87).

Für den Zeitabschnitt der Stadtgründung und der Königsherrschaft konnte man phantasievolle Details aus der griechischen
Geschichte und Mythologie übernehmen und damit die Lücken
ausfüllen. Für die Frühzeit der Republik war das nicht mehr
möglich. Aus dem Aufbau der Werke von Cato und Fabius
Pictor kann man den Schluß ziehen, daß beide sehr wenig Material über das 5. Jahrhundert v. Chr. hatten. Es gab wahrscheinlich schon Aufzeichnungen: Abschriften von Verträgen, Weihungen, Gesetzen, dazu Familienarchive, Grabinschriften, Verzeichnisse von Beamten – aber für zusammenhängende historische Informationen hätte man sie geduldig auswerten müssen.
Und es gibt noch ein weiteres Hindernis: Ein Großteil des
Materials war für Cato und Pictor nicht mehr zugänglich, denn
es war um 390 schon vernichtet. So schreibt auch Livius (6,1,2)
über seine eigenen Schwierigkeiten: »Zu jener Zeit (vor 390)
wurde die Schrift, die allein die Ereignisse der Vergangenheit
zuverlässig festhält, nur selten verwendet, und selbst die Eintra-
gungen in den Tagebüchern der Priester und in anderen privaten und offiziellen Merkbüchern gingen beim Brand von Rom
zugrunde.«

Trotzdem sind die Seiten bei Livius und Dionysios von Halikarnassos gespickt mit offenbar gut belegten Ereignissen. Die
Konsuln jedes Jahres werden genannt, kleinere Kriege und
Schlachten feierlich registriert, Gerichtsverhandlungen werden
beschrieben und politische Unternehmungen in mühseliger
Kleinarbeit bis ins kleinste Detail hinein verfolgt. Woher kommen alle diese Informationen? Sind sie Erfindung oder Tatsachen?

Livius spricht von den Priesterbüchern als einer Hauptquelle.
Über sie wissen wir etwas von Cicero (De oratore 2,52): »Der
Oberpriester pflegte die Ereignisse jedes Jahres schriftlich nie-
derzulegen und sie auf einer weißen Tafel bei seinem Haus (der
Regia) zu veröffentlichen, so daß die Leute sie zur Kenntnis
nehmen konnten.« Dasselbe sagt vier Jahrhunderte später der
Vergilkommentator Servius (zu Aeneis 1,373): »Für jedes Jahr
hatte der Oberpriester eine weiße Tafel, überschrieben mit den
Namen der Konsuln und anderer Beamter, auf der er Tag für
Tag denkwürdige Ereignisse im Krieg und im Frieden, zu Was-
ser und zu Lande, zu notieren pflegte.« Einen Eindruck vom
Inhalt dieser »weißen Tafeln« erhalten wir auch aus Catos ver-

achtlicher Bemerkung (Frg. 77 Peter=Schönberger), er wolle nicht die Art von Ereignissen festhalten, wie sie auf der Tafel des Oberpriesters erscheinen – »wie oft das Getreide teuer ist, wie oft es Sonnen- und Mondfinsternisse gibt« (Gellius 2,28,6), oder auch aus einer typischen Liviuspassage über die Geschehnisse des Jahres 295 v. Chr.:

... die Samniten fielen in das Gebiet von Vescia und Formiae ein. Der Prätor Ap. Claudius zog gegen sie zu Felde. In Etrurien tötete (der Konsul) Q. Fabius 4500 Bürger von Perugia und machte 1740 Gefangene, die um 310 Asse pro Kopf freigekauft wurden. Die gesamte übrige Beute wurde an die Soldaten verteilt ... Dieses Jahr, das auf dem Schlachtfeld von solchem Erfolg gekrönt war, war zuhause voll Elend durch die Pest und voll Besorgnis wegen übler Vorzeichen: denn man empfing Berichte, daß an vielen Orten Erdregen gefallen war und viele Soldaten aus Claudius' Armee vom Blitz getroffen worden waren. Sorgfältig befragte man die (Sibyllinischen) Bücher. Q. Fabius Gurges, der Sohn des Konsuls, klagte mehrere Frauen des Ehebruchs an. Sie wurden verurteilt, und von den Bußgeldern baute man die Venustempel beim Zirkus. (Livius 10,31,2–4. 8–9)

Dies alles ist echtes historisches Rohmaterial, und wie Servius weiter ausführt, wurde es in achtzig Bänden unter dem Titel *Annales Maximi* veröffentlicht. Das Erscheinungsdatum ist nicht festzustellen. Es wird nur erwähnt, daß man im Jahre 133 v. Chr. aufhörte, die Annalentafel auszustellen, als P. Mucius Scaevola Pontifex Maximus war. Man nimmt allgemein an, daß die Annalen zu einer Zeit erschienen, daß der Historiker L. Calpurnius Piso (130 v. Chr. Konsul) sie benutzen konnte; aber die Gesamtausgabe in achtzig Büchern kann auch erst ein Jahrhundert später erfolgt sein, durch einen Gelehrten wie Verrius, selbst wenn frühere Autoren schon einzelne Informationen verwendet hatten.

Man kann deshalb vermuten, daß Historiker der Folgezeit viel detaillierter über die Frühzeit der Republik schreiben konnten als Cato oder Fabius Pictor. Und tatsächlich nehmen die Historiker für Ereignisse der Königszeit und der frühen Republik Bezug auf die Priesterchronik. Man nennt sie als Quelle für die Behauptung, daß König Numa ein Schüler von Pythagoras war. Cicero sagt, daß die Annalen Ereignisse seit den Anfängen Roms aufzeichnen, und zitiert aus ihnen eine Sonnenfinsternis an den Nonen des Juni im 350. Jahr nach der Stadtgründung, die man mit einer tatsächlichen Sonnenfinsternis am 21. Juni 400 v. Chr. gleichsetzen kann. Aber können diese Annalen denn überhaupt authentisch gewesen sein? Schließlich heißt es bei Livius ja, sie seien verbrannt. Die Notiz über Numa kann also nicht echt sein. Und wie hätten die Priesterchroniken überhaupt aufbewahrt werden sollen? Die *Regia* ist zu klein, als daß sie mehrere hundert große Bretter aufnehmen könnte. Ihr Inhalt muß also auf eine Schriftrolle übertragen worden sein, wahrscheinlich als Handbuch religiöser Präzedenzfälle für den Pontifex Maximus, das ihm in unerwarteten Situationen von Nutzen sein sollte.

Was diesen umstrittenen Punkt betrifft, bin ich der Überzeugung, daß die Annalen größtenteils erhalten blieben. Livius sagt tatsächlich, daß es nach dem Feuer von 390 v. Chr. eine der ersten Aufgaben der Priester war, ihre Aufzeichnungen wieder zusammenzusuchen und zu rekonstruieren. Allerdings gibt es trotz Livius' Behauptung keine Beweise dafür, daß Rom wirklich durch einen Brand zerstört worden ist. Auf jeden Fall lassen sich zu viele wichtige Ereignisse (etwa die Stiftung von Tempeln oder die Volskereinfälle) auch archäologisch belegen, als daß man die Chroniken ganz verwerfen dürfte. Sie nennen auch zu viele völlig unbedeutende Fakten aus verschiedenen Jahrhunderten, als daß sich jemand die Mühe gemacht haben könnte, sie zu erfinden. Die Namen unbekannter Orte und noch unbekannterer Menschen klingen glaubwürdig. Überdies sind die Römer – neben den Chinesen – das Volk, das in der Antike am gewissenhaftesten die Erinnerung an alte Institutionen bewahrte. Über die Charaktere und Taten von Einzelpersonen mögen die antiken Geschichtsschreiber allerhand erfunden haben, aber über die gesellschaftliche Struktur des Staates bestand eine unveränderte Tradition, auf die sich ein moderner Forscher meist verlassen kann. Die Beziehung zwischen Schützling *(cliens)* und Schutzherr *(patronus)*, die Pflichten der Priester *(augures* und *pontifices)*, die Zeremonien an großen Feiertagen, die wichtigen juristischen Mittel zur Verteidigung der Bürgerrechte *(provocatio, perduellio, vindiciae,* s. S. 135) – all das entstand unter bestimmten historischen und sozialen Bedingungen, die sich also auch wieder rekonstruieren lassen. Die Römer waren in diesem Punkt stolz auf ihre konservative Einstellung – die Erhaltung der Tradition ihrer Vorfahren *(mos maiorum)* – und sie bildet den Grundstein unseres Wissens über sie.

Trotzdem muß man sehr vorsichtig vorgehen. Wenn die Annalen für die Zeit vor 390 v. Chr. auch vermutlich auf Originalquellen basierten, wurden sie sicher mit Erfundenem durchsetzt abgefaßt, und natürlich waren sie unvollständig, wie die chronologischen Lücken und Vertauschungen zeigen. Es ist außerdem erstaunlich, wie selten die Annalen zitiert werden. Cicero (Briefe an Atticus 13, Nr. 4, 6, 30 und 32) nennt sie nicht als naheliegendes Nachschlagewerk, wenn er die Namen von zehn Legaten sucht, die 146 v. Chr. in Griechenland dienten; und auch Livius bemühte sich nicht, Informationen aus erster Hand aus ihnen zu beziehen. Vielleicht existierte auch nur ein einziges unzugängliches Exemplar. Aber selbst wenn die Annalen nur in geringem Maß verläßlich sind, so liefern doch nur sie Material für objektive Geschichtsschreibung. Es gab zwar sicher auch andere Belege – Familiengeschichten, mündliche Überlieferung, Inschriften –, aber sie ergänzten nur die Jahreschroniken der Annalen. Die römischen Adligen waren, anders als ihre griechischen Ranggenossen, stark an den Taten interessiert, die ihre Vorfahren vor zweihundert Jahren tatsächlich oder vielleicht vollbracht hatten, wie A. Momigliano* betont hat; und auch Memoiren hatten eine lange Tradition in Rom.

So kam es, daß Cato und Fabius Pictor über die Anfänge Roms schrieben, indem sie Legenden und Sagen sammelten; und eine neue Autorengeneration verschaffte sich Fakten, auf denen sie eine zusammenhängende Geschichtsschreibung mit vielen Details erstellen konnte. Ihre Werke sind nicht erhalten, doch wir wissen, daß Livius und Dionysios von Halikarnassos sie ausführlich für ihre eigenen Schriften ausgewertet haben, und wir können uns eine gewisse Vorstellung von den Techniken machen, die die Vertreter dieser mittleren Geschichtsschreiber-Generation wie Valerius Antias und Licinius Macer, die zwischen 80 und 60 v. Chr. schrieben, zur Ausarbeitung und Ausschmückung dieser Fakten anwandten. Bei den Römern galt es als allgemeingültige literarische (oder psychologische) Technik, daß man, da die Menschen charaktertypisch handeln, auch ohne historischen Beleg behaupten könne, jemand habe so oder so gehandelt oder gesprochen, eben weil es charaktertypisch für ihn gewesen sei. Sp. Cassius (s. S. 117) soll ein Demagoge gewesen sein: man weiß sehr wenig von ihm, aber weil er ein Demagoge war, wird er ähnlich wie historische Demagogen

* Perizonius, Niebuhr und der Charakter der frühen römischen Tradition (1957). In: V. Pöschl (Hg.), Römische Geschichtsschreibung. (Wege der Forschung 90) Darmstadt 1969, S. 312–339.

– also etwa die Gracchen – gehandelt haben. Deshalb konnte ein Geschichtsschreiber die Maßnahmen und die Politik der Gracchen auf Sp. Cassius übertragen, um seinem Lebensbild mehr Wahrscheinlichkeit zu verleihen. – Einige Fabier versuchten, der gesamten Kriegsmacht von Veii Widerstand zu leisten, wie einst die Spartaner gegenüber den Persern bei den Thermopylen. Also war es legitim, viele Einzelheiten der Thermopylenschlacht zu übernehmen und sie in bezug auf den Kampf an der Cremera nachzuerzählen.

Diese Typenschilderung wirkte sich noch stärker auf die Darstellung der Könige aus, weil es für ihre Charaktere und Leistungen noch weniger greifbare Unterlagen gab. Es war Mode geworden, die Geschichte als Kreislauf zu betrachten, der sich vom Guten (Romulus, Numa) über mehrere Zwischenstufen zum Schlechten (Tarquinius Superbus) bewegte und in dem jeder König eine genau festgelegte Rolle hatte. Romulus war der Krieger und Gründer, Numa der Priester und Gesetzgeber (alle religiösen Erneuerungen wurden ihm zugeschrieben), Tarquinius d. Ä. der Städtebauer, Servius Tullius der Begründer der Verfassung, Tarquinius Superbus der Tyrann. In diesen vorgegebenen Rahmen wurden dann Tatsachen und Erfindungen eingebaut.

Dieses in Sagen eingekleidete Faktenskelett der römischen Frühgeschichte, das die Geschichtsschreiber der mittleren Generation erstellt hatten, wurde von Diodor, Livius, Dionysios von Halikarnassos und anderen übernommen – und deren Werke sind auf uns gekommen; mit ihrer Hilfe können wir versuchen, den Prozeß der Geschichtsschreibung zu rekonstruieren. Diodoros schrieb eine Weltgeschichte, in der Rom und seine Anfänge keine große Rolle spielen, aber Livius und Dionysios behandeln es eingehend. Sie waren jedoch nicht so sehr an den politischen Aspekten interessiert als vielmehr an den künstlerischen und moralischen: ihnen lag am Herzen, literarische Kunstwerke zu schaffen, und zu diesem Zweck war es erlaubt, Teile der Überlieferung nach künstlerischen Gesichtspunkten zu formen, auszuschmücken oder auch wegzulassen. Die Ereignisse mußten auch die Persönlichkeiten der historischen Hauptgestalten zum Ausdruck bringen; auch hier stand den Autoren die Bearbeitung und phantasievolle Ausschmückung der Überlieferung frei.

Dionysios und Livius waren Zeitgenossen. Der Grieche Dionysios stammte aus Halikarnassos an der kleinasiatischen Küste,
das auch Herodots Geburtsstadt war. Sein genaues Geburtsda-
tum kennen wir nicht, aber er kam in mittleren Jahren hochbe-
rühmt als Rhetoriklehrer im Jahre 30 v. Chr., also gegen Ende
des Bürgerkriegs nach Rom. Er muß also um 60 v. Chr. geboren
sein. In Rom widmete er sich dem Studium der römischen Geschichte und veröffentlichte nach 22jähriger Forschung seine
römische Frühgeschichte in griechischer Sprache, die unter dem
Titel *Antiquitates* (Altertümer) bekannt ist. Elf Bücher dieses
umfangreichen Werks und dürftige Fragmente von weiteren
neun sind erhalten. Diese Fragmente behandeln die Geschichte
bis zur Mitte des 5. Jahrhunderts.

Dionysios war ein bescheidener und zurückhaltender
Mensch, der uns nichts über sich selbst sagt. Nur aus seinen
schriftstellerischen Kontakten erfahren wir ein wenig über ihn:
Außer seinem Geschichtswerk schrieb er nämlich Literaturkri-
tik in Form von Privatbriefen. Einige der Adressaten sind Gelehrte wie er selbst und heute völlig unbekannt (z. B. Ammaios
und Pompeius Geminus), aber andere waren bekannte Römer,
z. B. Q. Aelius Tubero, Mitglied einer vornehmen Schriftstel-
ler- und Politikerfamilie und Vater des Konsuls von 11 v. Chr.
Diese Verbindung von politischen und literarischen Interessen
ist typisch für die römische Gesellschaft zwischen 150 v. und
150 n. Chr. und verschaffte Dionysios Zutritt zu einer Schicht,
die im Besitz der Quellen und Überlieferungen war, ohne die
eine römische Geschichte nicht zu schreiben war. Darin ähnelt
er einem seiner Zeitgenossen, den er erwähnt, nämlich dem
sizilischen Juden Caecilius von Kale Akte, der in Rom ebenfalls
als Rhetor und Schriftsteller von sich reden machte.

Dionysios' Werk hat drei charakteristische Merkmale. Da ist
einmal seine ausführliche Quellenforschung. Im Gegensatz zu
Livius las Dionysios außerordentlich viel, vor allem frühere
griechischsprachige Historiker, soweit sie über italische Geschichte schrieben, etwa Pherekydes und Antiochos von Syrakus (5. Jh. v. Chr.), Timaios und Q. Fabius Pictor (3. Jh.
v. Chr.). Anders als Livius hatte er sich auch aus erster Hand bei
lateinisch schreibenden Frühgeschichtlern wie Cato d. Ä. und
Varro informiert, die Denkwürdigkeiten der römischen Vergangenheit ohne Rücksicht auf ihre historische Bedeutung sammel-

ten. Zu seinem Glück war er zu einer Zeit in Rom, als öffentliche und private Bibliotheken nicht ihresgleichen hatten; und er hat sie offensichtlich bis zur Neige ausgeschöpft. Zum Beispiel gehört er zu den wenigen antiken Autoren, die das 3. Buch von Aristoteles' Rhetorik, *Über den Stil,* kannten und benützten, das durch Sulla vor 50 v. Chr. zusammen mit einer reichhaltigen, berühmten Bibliothek nach Rom gekommen war. Er beschäftigte sich auch mit hochspezialisierten Darstellungen über die vorrömischen Einwohner Italiens, doch die Überfülle an Details und Belegen bleibt wirr und unklar. Wer waren z. B. die Aborigines? Oder die Oinotrier und Arkadier?

Dionysios war also ein für seine Zeit sehr belesener und sorgfältiger Wissenschaftler. Aber er war zugleich auch Grieche, noch dazu aus Kleinasien, und dieser Hintergrund beeinflußte seinen Ansatz bei der Geschichtsschreibung. Angefangen bei Herodot waren alle Geschichtsschreiber aus dem Osten fasziniert von der Entstehung und Gründung von Städten, und Forschungen zu diesem Thema nehmen unverhältnismäßig viel Platz in ihren Werken ein. Bei Dionysios ist es ebenso. In den ersten beiden Büchern will er mit verworrenen und verwickelten Erörterungen die Abstammung Roms erklären und belegen; nicht etwa, weil er chauvinistisch belegen wollte, daß alles Gute an Rom ursprünglich aus Griechenland stammte, sondern weil dieser Punkt von brennendem Interesse für ihn war, für dessen befriedigende Klärung er als vorsichtiger Mann Primärquellen zur Hand haben wollte.

Die dritte Eigenheit seines Werks ist seine außerordentlich formgebundene Struktur. In seinem literarkritischen *Brief an Pompeius* (3, 2 p. 767 ff.) legte er seine Idealvorstellungen dar: Ein Historiker muß erst einmal ein fesselndes Thema aussuchen, das seine Leser anspricht; zweitens muß er wissen, wo er anfangen und wo er aufhören soll; drittens muß er wissen, was er übernehmen und was er weglassen soll; viertens muß er seine Erzählung in der richtigen Reihenfolge anordnen; schließlich muß er unparteiisch sein. – Bei der langen Darstellung der republikanischen Zeit kommen diese formalen Prinzipien stark zum Tragen. Die Geschehnisse werden fast mechanisch in »innenpolitisch« und »außenpolitisch« eingeteilt und in strenger Reihenfolge abgehandelt. Obwohl es ihm sehr um die moralischen Gesichtspunkte der Geschichte zu tun ist, verkörpern seine Figuren keine Tugenden und Laster wie bei Livius. Das zeigt sich am deutlichsten an den Reden, die er ihnen der literarischen

Tradition entsprechend in den Mund legen mußte, so unhistorisch sie auch waren. Alles in allem sind sie reine Schulübungen, in denen die hypothetischen Für und Wider eines bestimmten Vorgehens erwogen werden, mit stereotypen Begründungen und Anspielungen auf die großen Vorbilder Lysias, Demosthenes und Aischines; aber sie beleben weder die dramatische Situation noch enthüllen sie die Persönlichkeit der historischen Gestalt. Dadurch wird Dionysios zu einer etwas trockenen Lektüre.

Livius

Livius' römische Geschichte von der Stadtgründung bis zum Jahre 9 v. Chr. *(Ab urbe condita)* umfaßte insgesamt 142 Bücher, aber nur die Bücher 1–10 und 21–45 sind erhalten. Außer durch Zitate bei Grammatikern und anderen Autoren, durch ein Fragment aus Buch 91 über Sertorius und einen kurzen Abschnitt über den Tod Ciceros aus Buch 120 sind die anderen Bücher nur aus Zusammenfassungen *(periochae)* bekannt.

Anspielungen im Text weisen darauf hin, daß Livius um das Jahr 29 v. Chr. zu schreiben begann. Damals hatte Octavian, der spätere Augustus, gerade der römischen Welt Frieden und ein gewisses Maß an Sicherheit wiedergegeben. Eine Anmerkung in der *periocha* von Buch 121 gibt an, daß dieses Buch (und vermutlich auch die folgenden) nach Augustus' Tod 14 n. Chr. veröffentlicht *(editus)* wurde. Wie ich gleich zeigen werde, plante Livius wahrscheinlich insgesamt 150 Bücher, starb aber vor der Vollendung seines Plans.

Schon der Umfang des geplanten Werkes ist ehrfurchtgebietend: pro Jahr mußten durchschnittlich drei Bücher fertig werden! Die Einleitungen *(praefationes)* vor allem vom 6., 21. und 31. Buch, zeigen, daß Livius anfangs in Gruppen von fünf Büchern schrieb und veröffentlichte, deren Länge durch das Format der antiken Papyrusrolle bestimmt war. Bei schwierigerem Stoff zeigt sich diese Symmetrie weniger deutlich, aber wahrscheinlich hat er sie doch beibehalten. Der erhaltene Text und die Zusammenfassungen lassen klar darauf schließen, daß er über die 5-Bücher-Struktur hinaus größere Einheiten von 30 Büchern plante. In Buch 31, 61, 91 und 121 führt er neue Themen ein, so als ob er insgesamt 150 Bücher vorgehabt hätte.

Anders als seine Vorgänger stand Livius nicht im öffentlichen Leben. Während Q. Fabius Pictor, Cato d. Ä., L. Calpurnius

Piso, C. Licinius Macer oder Sallust alle in der Politik tätig gewesen waren, hatte Livius kein Amt inne und beteiligte sich nicht an der Politik. Er war in Padua in Norditalien geboren, vermutlich im Jahre 59 v. Chr., ließ sich aber in Rom nieder, wo er Augustus kennenlernte und einige Zeit als literarischer Berater für den späteren Kaiser Claudius wirkte. Aber seine Beziehungen zum Kaiserhaus waren rein persönlicher und literarischer Art und hatten nichts mit Politik oder Verwaltung zu tun. Er widmete sich ganz der Schriftstellerei und starb in Padua, nicht in Rom, im Jahre 17 n. Chr. Dieser Mangel an eigener politischer Erfahrung hatte Folgen für sein Werk. Da er weder im Senat noch in einem der Magistrate saß, hatte er kein persönliches Wissen über das Funktionieren der römischen Regierung, und das macht sich von Zeit zu Zeit in seinem Werk bemerkbar (z. B. 1, 32, 12 oder 3, 40, 5). Er hatte deshalb auch keinen direkten Zugang zu allem offiziellen Material: Akten von Senatssitzungen, Vertrags- und Gesetzestexte, Aufzeichnungen der Priesterkollegien etc. Aber vor allem ist das der Grund dafür, daß Livius geschichtliche Ereignisse nicht vom politischen Standpunkt aus zu erklären versuchte. Für die übrigen Römer war die Geschichtsforschung eine Wissenschaft, mit der man Vergangenheit und Gegenwart zu erklären oder zu entschuldigen hoffte; Livius hingegen betrachtete die Geschichte aus dem persönlichen und moralischen Gesichtswinkel. Sein Anliegen drückt sich klar in der *praefatio* zu seinem Werk aus:

Ich bitte meine Leser, sich auf viel wichtigere Themen zu konzentrieren, nämlich wie unsere Vorfahren lebten, durch welche Männer und Hilfsmittel Rom in Krieg und Frieden erst seine Macht gewann und sie in der Folgezeit vergrößerte; danach sollen sie unseren allmählichen moralischen Verfall verfolgen, beobachten, wie zuerst die Grundmauern der Moral ins Wanken gerieten, als man die alten Lehren nicht mehr ehrte, wie dann schließlich das ganze Gebäude einstürzte und unsere Jetztzeit düster angebrochen ist, in der wir unsere Laster nicht ertragen und die notwendigen Heilmittel für sie nicht aufbringen können. Das Studium der Geschichte ist die beste Medizin für ein krankes Gemüt, denn die Geschichte hält die unendliche Vielfalt menschlicher Erfahrungen fest, damit sie jeder deutlich sehen kann; und darin können wir Vorbilder und Warnungen für uns und unsere Heimat finden.

(Livius, Praefatio 9–10)

Wenn schon Sallust und einige seiner Vorgänger die Ansicht eines ständigen moralischen Niedergangs vertreten und argumentiert hatten, daß Menschen immer auf eine bestimmte Art und Weise handelten, weil sie eine ganz bestimmte Art von Menschen seien, d. h. bestimmte moralische Eigenschaften hätten, so lag Livius diese Vorstellung ganz besonders am Herzen. Für ihn standen Persönlichkeiten und beispielhafte Einzelmenschen im Mittelpunkt, nicht Parteipolitik. Aufgrund seiner eigenen Erfahrung, wahrscheinlich schon seit seiner Jugend in Padua, spürte er den moralischen Verfall seiner Zeit besonders deutlich. In seinem Werk finden sich so aufschlußreiche Bemerkungen wie die folgende: »Aber damals vernachlässigte man noch nicht die Götter so wie heute, und jeder richtete sein sittliches Betragen nach Eiden und Gesetzen, anstatt sie für sich vorteilhaft auszulegen.« (3, 20, 5) Livius reichte ein Text als Grundlage, den er ausarbeiten und ausschmücken konnte. Wie er mit der Zeitgeschichte verfuhr, können wir leider nicht feststellen, aber für frühere Perioden, jedenfalls bis 100 v. Chr., wählte er die moderneren Geschichtsschreiber und schrieb ihren Stoff einfach um.

Gewöhnlich folgte er einem Autor einen Abschnitt lang, wobei er sich großenteils auf sein Gedächtnis verließ, und wandte sich einem anderen zu, wenn ein Thema erschöpft war. Als intelligenter Mensch war er sich der Unterschiede zwischen seinen Quellen und auch ihrer jeweiligen Vorurteile durchaus bewußt, aber er betrachtete es nicht als notwendig oder überhaupt als nicht möglich, solchen Abweichungen auf den Grund zu gehen. Ein typischer Kommentar: »Wenn schon so vieles im Schoße der Vergangenheit verborgen liegt, dann kann auch dieser Punkt unklar bleiben.« (4, 23, 3)

Das wichtigste an der Geschichtsschreibung war für Livius also die Auffassung, daß jeder eine ganz bestimmte angeborene Persönlichkeit (*ingenium*, vgl. 3, 36, 1 über Ap. Claudius) hat, die seine Handlungen bestimmt, und daß der Geschichtsschreiber auch ohne genaue Beweislage rekonstruieren kann, wie sich jemand mit einer bestimmten Veranlagung in jeder beliebigen Lage verhalten hätte. Von dieser Annahme ausgehend war es deshalb Livius' Ziel, eine Folge von bedeutungsvollen Szenen zu verfassen. Um sein Vorgehen zu verstehen, muß man sich daran erinnern, daß er, wie Dionysios von Halikarnassos und die meisten seiner Zeitgenossen, fast ausschließlich eine rhetorische Ausbildung genossen hatte. Dazu gehörte das Wissen vom Aufbau einer Gerichts- oder Festrede, und ein Hauptpunkt einer jeden solchen Rede war es, möglichst einfach darzulegen, wie es zu der augenblicklichen Lage gekommen war. Diese sogenannte *narratio* wird von allen führenden Vertretern der Rhetorikausbildung beschrieben (vgl. Cicero, Orator 122) und in Reden wie der Ciceros für den Dichter Archias zur Vollendung gebracht (bes. Cicero, Pro Archia 4–7). An die *narratio* wurden drei Forderungen gestellt: Sie sollte kurz *(brevis)* sein, d. h. sie sollte keine unnötigen Vorbemerkungen oder Abschweifungen enthalten. Als zweites sollte sie klar *(aperta)* sein, d. h. sie sollte inhaltlich und chronologisch zusammenhängend und verständlich sein, selbst wenn dafür manche Belege weggelassen oder revidiert werden mußten. Vor allem sollte sie vernünftig *(probabilis)* sein, das bedeutete insbesondere, daß die Tatsachen den Charakteren der handelnden Personen entsprechen mußten *(ad naturam eorum qui agunt accomodabitur)*.

Dieser rhetorische Hintergrund machte es Livius möglich, in der Praxis die ungeheure, formlose Masse der römischen Geschichte in den Griff zu bekommen und mit seiner Philosophie sinnvoll zu interpretieren. Das Genre verlangte von ihm, weitgehend den Annalenrahmen beizubehalten, in dem wie in einer Chronik die Ereignisse jedes Jahres registriert wurden, bis hin zu Trivialitäten wie Vorzeichen oder kleineren Wahlen, aber er wählte aus diesen Themen einzelne aus, die ihm wichtig erschienen. Bei der Geschichte der frühen Republik war das verhältnismäßig einfach. Die Ereignisse waren so ungenügend dokumentiert, daß sie von selbst geschlossene Einheiten bildeten. Aber sogar hier zeigte Livius, wie kunstvoll er zusammenhängende Episoden komponieren konnte, die den Charakter der Personen enthüllten. So dauerte Coriolans Krieg gegen Rom jahrelang, und Coriolan führte sein Heer mindestens zweimal gegen die Mauern Roms. Livius dagegen läßt einfach zwei Konsulatsjahre aus und macht mit unbekümmerter Willkür aus den beiden Kriegszügen einen einzigen, so daß die ganze folgende Textstelle (2, 33–40) geographisch völlig unsinnig wird; dasselbe ist übrigens auch der Fall, wenn er die zwei grundverschiedenen Routen von Hannibals Alpenübergang in einen Topf wirft (21, 31–38). Aber die Beschreibung, die sich so ergibt, ist für den Leser kurz, klar und verständlich und hat deshalb als Kunstwerk ihre eigene Überzeugungskraft.

Als Livius sich mit besser dokumentierten Epochen auseinanderzusetzen hatte, etwa den Punischen oder Makedonischen Kriegen, wuchsen die Schwierigkeiten. Doch auch hier ist erkennbar, wie er instinktiv sein Material in handliche Abschnitte einteilte. Als Beispiel sei die Belagerung von Abydos im Jahre 200 v. Chr. genannt (31, 17–18). Zusammengehalten wird ein solcher Abschnitt durch Livius' Methode, den typischen Charakterzug der Hauptperson hervorzuheben. So bildet etwa den Mittelpunkt seiner Beschreibung von Tullius Hostilius' Herrschaft dessen *ferocia* (dieses Wort erscheint mit Ableitungen insgesamt neunmal in neun Kapiteln), und alle Ereignisse werden auf diesen Charakterzug hin zugeschnitten. Camillus wird seinerseits als Beispiel für *pietas* aufgebaut, ein unbekannter Soldat, Tempanius, zum Vorbild an Beherrschung und Wagemut zugleich (4, 40–41), Hannibal zum Paradefall von Treulosigkeit und Unbeherrschtheit, und Flaminius – Polybios' unterschiedliche Darstellung macht das klar – zum sympathischen, dynamischen Griechenfreund. Insgesamt stellt Livius die Belagerung von Abydos unter dem Gesichtspunkt der *rabies* (Wahnsinn) dar (*rabies* erscheint bei Livius dreimal, hat aber keine Parallele in seiner Quelle Polybios). Geschichtsschreibung war für Livius psychologische Dokumentation.

Aber aus dem ungeheuren historischen Stoff ergaben sich weitere Probleme: Wie sollte er 142 oder sogar 150 Bücher lang das Interesse seiner Leser wachhalten? Quintilian (19, 1, 32) sagt von seinem Stil, er sei von »milchiger Üppigkeit« *(lactea ubertas)*, womit vielleicht die flüssige Gemessenheit eines Edward Gibbon gemeint sein soll; aber eigentlich fällt an Livius auf, welch außerordentliche Vielfalt an Stilen er in seinem Werk verwendet, um Abwechslung zu erreichen. Wenn er ganz nebensächliche Details schildert, schreibt er im Stil eines Tatsachenberichts mit feststehendem Vokabular und aneinandergereihten Einzelsätzen; andererseits verfaßt er komplizierte Perioden als Einleitung zu einem neuen Abschnitt oft mit Partizipialsätzen zur Darlegung der Motive und Gedanken der Hauptfiguren. Das Geschehnis selbst beschreibt er in der stereotypen Sprache eines militärischen Communiqués (besonders häufig ist hier die Verwendung des unpersönlichen Passivs) oder kurzen, abgehackten Sätzen im historischen Infinitiv oder historischen Präsens. Bei der Schilderung des Höhepunkts oder seiner Auswirkungen leistet er es sich, seine Sprache mit Ausdrücken auszuschmücken, die nach römischer Stiltradition eigentlich nur im Epos verwendet werden durften. Ein knapper Kommentar – *haec eo anno acta:* »dies geschah in diesem Jahr« – rundet gewöhnlich die Episode ab. Mit Hilfe dieser stilistischen Abwechslung war es Livius möglich, nicht nur die Fakten, sondern auch die inneren Erfahrungen der Kriegsteilnehmer zu vermitteln.

Da es Livius also darauf ankam, Geschichte als Summe von Einzelschicksalen zu sehen, war es für seinen Erfolg ausschlaggebend, daß die historischen Gestalten lebendig wurden, daß sie echt wirkten. Frühere Geschichtsschreiber wie Thukydides hatte man kritisiert, weil sie ihren Hauptfiguren Reden in den Mund gelegt hatten, die ihr Wesen nicht wirklich zum Ausdruck brachten; Livius aber konnte, wie er selbst (43, 13, 2) sagt, in die Haut seiner Figuren schlüpfen: *Mihi vetustas res scribenti nescio quo pacto antiquus fit animus.* Der Höhepunkt einer Episode ist oft eine Passage in direkter oder indirekter Rede, die den Helden charakterisiert. Manchmal ist der Ton rauh und umgangssprachlich, wenn der Sprecher aus einer niedrigeren Gesellschaftsschicht stammt. So wettert z. B. ein ungehobelter Bürger (*seditiosus facinerosusque homo;* 1, 50, 7) gegen Tarquinius Superbus in einer bitteren Invektive, in der der Ausdruck *infortunium* (Unglück) fällt. Dieses Wort findet sich bei keinem klassischen Prosaautor, ist aber in den Sklavenszenen bei Plautus und Terenz ganz geläufig. Oder es beklagen sich ein paar aufgebrachte Volkstribunen, daß die Patrizier bei jeder Gelegenheit ihre Aussichten zunichtemachten (4, 35, 5–11); dabei gebrauchen auch sie Ausdrücke aus der Umgangssprache: *sugillari* »zurückstoßen«, *praebere os* »den Kopf hinhalten«. In hochdramatischen Szenen erlaubt Livius manchmal seiner Figur eine mehr der Dichtung angenäherte Sprache. So ist der Höhepunkt der Coriolan-Geschichte die große Szene mit der Mutter vor den Toren Roms (2, 40). Sie spricht zu ihm, wie in der griechischen Tragödie Iokaste mit ihren Söhnen, und ihre Rede enthält mehrere Kennzeichen, die typisch sind für die Tragödie: *sino* »ich erlaube« mit Konjunktiv statt AcI, *quamvis* »obwohl« mit Indikativ (bei Livius nur hier), das seltene *senecta* für *senectus* »Alter«, der Ausdruck *ira cecidit* »der Zorn legte sich« – alles Worte, die sonst nur bei Dichtern gebräuchlich sind.

Ein Forscher unserer Zeit muß dauernd vor solcher fast unmerklichen Täuschung auf der Hut sein. Man muß den Text aus der Feder von Livius oder Dionysios unerbittlich nach Anzeichen von Anachronismen oder Ausschmückungen absuchen. Übrig bleibt der harte Kern, auf dem man versuchen kann, mit Hilfe zufällig erhaltener Information aus anderen literarischen Quellen oder aus der Archäologie eine Rekonstruktion aufzubauen. Dies wollen wir in den folgenden Kapiteln versuchen.

3. Die Ankunft der Etrusker

Roms Anfänge

Jede menschliche Gemeinschaft, jede Zivilisation erreicht in ihrer Entwicklung einen Wendepunkt, wenn die verstreuten Familien zusammenziehen und dadurch eine Siedlung oder Stadt gründen. Erst dann kann jedes Mitglied der Gemeinschaft seine Fähigkeiten wirklich nutzbringend einsetzen.

Die Etrusker kamen nach Rom und siedelten sich gleich richtig an: Als Handwerker, Kaufleute, Baumeister, Fachleute für Religion, als Ärzte und Herrscher. Das war kein vorübergehender Thronraub durch Fremde – die Gesellschaft wurde in allen Sphären tief davon durchdrungen. Vor dem Erscheinen der Etrusker hatte es auf dem Areal des späteren Rom nur kleine Siedlungen gegeben; durch ihre Ankunft entstand, wenn auch nicht über Nacht, eine Stadt, in der die Elemente verschiedener Kulturen zu einer Einheit verschmolzen. Natürlich beschränkte sich diese kulturelle Verschmelzung nicht auf Rom. Sie wird in vielen anderen latinischen Siedlungen sichtbar – Ardea, Gabii, Satricum, Praeneste – und bestätigte sich auch bei den neuesten Ausgrabungen in Decima, Pratica di Mare (Lavinium) und anderswo. Ähnlichkeiten zeigen sich bei handwerklichen Gegenständen (z. B. Keramik), bei der Tendenz, Gräber in Gruppen anzuordnen, was auf die Entstehung der wohlhabenden Großfamilie oder Sippe *(gens)* hinweist, und im gemeinsamen Schema in der Städteplanung. Auch die Ähnlichkeiten mit Kampanien darf man nicht übersehen. In der Tat ist in letzter Zeit die Auffassung Mode geworden, daß Etrusker, Latiner und Kampanier trotz der Unterschiede in Abstammung, Religion und Sprache große Ähnlichkeit in der Lebensweise aufwiesen. Ein Grund dafür war wohl der schwunghafte Handel mit rohen und verarbeiteten Metallen und anderen Waren. Man wurde wohlhabend und dadurch auch viel beweglicher, vor allem die Reichen, wie die Anwesenheit der »Gefährten« des P. Valerius bei Satricum beweist. Da wir nur für Rom Zeugnisse haben, kann das Bild wohl etwas verzerrt sein, aber schließlich war es ja doch Rom, das die Übermacht hatte, und der formende Einfluß, den die Etrusker auf Rom ausübten, ist mehr als nur die Reflektion einer allgemeinen Erscheinung. Hier geschah alles in größerem Maßstab, und hier wanderten tatsächlich viele Familien ein, wie Eigennamen zeigen.

Die Römer hielten die Etrusker für große Städteplaner, die ihre Städte nach einem sorgfältig abgesteckten Schachbrettsystem und unter genauer Beobachtung des religiösen Protokolls anlegten (Festus 358 L.); ihre Heeresbaumeister schrieben den festgelegten Grundriß der römischen Lager demselben etruskischen Modell zu. Gewiß, es gab religiöse Bräuche, vor allem die heilige Furche, die um das Areal der späteren Stadt *(pomerium)* gezogen und nur an den Stellen unterbrochen wurde, wo später die Tore stehen sollten. Aber in Wirklichkeit waren die Etruskerstädte gar nicht alle so mathematisch genau angelegt, hauptsächlich deshalb, weil die geographischen oder historischen Gegebenheiten eine derart kompromißlose Strenge gar nicht zuließen. Veii ist zwar ziemlich symmetrisch – die Straßen gehen speichenförmig von einem Mittelpunkt aus –, aber andere Städte, wie z. B. Vetulonia, die auf steilem, unebenem Untergrund entstanden, sind es nicht. Das einzige klare, aber noch nicht ausgegrabene Beispiel ist Marzabotto, bei dem Luftaufnahmen ein deutliches Schachbrettmuster gezeigt haben. Aber Marzabotto stammt aus der Spätzeit um 500 v. Chr. und spiegelt Einflüsse der griechischen Baukunst wider, die später Hippodamos von Milet zur Vollendung bringen sollte.

Die Etrusker waren Städter par excellence, und ihre Ankunft in Rom und ihre Vermischung mit der einheimischen Bevölkerung veränderten die ganze Siedlung von Grund auf. Aus einer Ansammlung von Hütten entwickelte sie sich zu einer strukturierten Stadt mit Straßen, öffentlichen Gebäuden, Märkten, Läden, Tempeln und Wohnhäusern. Diese Veränderung kam nicht über Nacht zustande, wie manche Wissenschaftler, vor allem E. Gjerstad (s. Literaturhinweise), behaupten. Gjerstad datiert die gesamte Phase des Eindringens der Etrusker in Rom auf die Zeit um 575 v. Chr., weil zu diesem Zeitpunkt das Gebiet des Forums offenbar zum erstenmal dauerhaft gepflastert worden ist. Tatsächlich aber haben sich etruskische Einflüsse im Zeitraum von 625 bis 575 v. Chr. allmählich in Rom verbreitet. Das zeigt sich besonders an der Keramik dieser Periode, die entweder etruskisch beeinflußt ist oder sogar aus etruskischen Betrieben stammt. Außerdem hat man Dachziegel aus der gleichen Zeit gefunden, was beweist, daß damals die strohgedeckten Hütten allmählich Häusern aus Stein, Gips und Ziegeln wichen. Ein entscheidender Schritt in der Stadtentwicklung war die Umgestaltung des Forums zum Stadtmittelpunkt, der die einzelnen Hügelsiedlungen verband. Vorher aber mußte zweierlei geschehen: erst einmal mußte das tiefgelegene Gebiet entwässert werden, und dann durfte es nicht mehr als Begräbnisstätte verwendet werden. Es gibt Anzeichen für eine schwere Überschwemmung im Jahre 625 v. Chr., und wahrscheinlich begann man bald danach ernsthaft mit der Entwässerung. Der Bau des großen Abzugskanals *(Cloaca Maxima)*, der eigentlich nur ein großer offener Graben war, wird dem letzten Tarquinier zugeschrieben, der jedoch wohl nur frühere Ansätze verbessert hatte. Es wird immer klarer, daß die Etrusker in ihrem Zeitalter schlechthin die Fachleute für Wassertechnik waren. Die massiven *cuniculi*, d. h. Abzugstunnels, die zu Tausenden in Südetrurien gefunden wurden (s. Literaturhinweise zu Kap. 12), legen beredtes Zeugnis dafür ab, dazu auch die Überlieferung, daß die Römer Veii durch einen *cuniculus* eindringend eingenommen hätten, oder daß der Albanersee durch einen solchen Tunnel reguliert worden sei. So kann man also logischerweise auch die Entwässerung der Forumgegend etruskischer Initiative zuschreiben.

Bestattungen im Gebiet des Forums scheinen ab etwa 600 v. Chr. nicht mehr stattgefunden zu haben; das zeigt, daß man es bereits als öffentlichen Hauptplatz empfand. Rom wuchs also um 600 v. Chr. allmählich zu einer Stadtgemeinde zusammen; ein weiterer Beweis: der Ausbau der *Via Sacra*, der Heiligen Straße, die als erste Hauptstraße durch die Innenstadt führte, fand aller Wahrscheinlichkeit nach vor 575 statt. Auch eine der wichtigsten Kultstätten Roms, die *Regia* (der Königspalast), die nie einen Herrscher, sondern das Marsheiligtum beherbergte, befand sich auf dem Forum. Genaueste Untersuchungen durch F. E. Brown ergaben, daß der erste Kultbau an dieser Stelle, der Hütten und Grabstellen ablöste, vom Ende des 7. Jahrhunderts stammt (s. Literaturhinweise zu Kap. 7). Er bestand aus einem steingepflasterten Vorhof und einem mauerumgebenen Innenraum mit einem Kultbild von unbekanntem Aussehen. Dieser Bau wiederum wurde im zweiten Viertel des 6. Jahrhunderts durch einen stattlicheren, aber kurzlebigen Tempel ersetzt.

Versuchen wir einmal, uns die allmähliche Veränderung und Ausdehnung der Siedlung Rom im späten 7. Jahrhundert bis zur ausgewachsenen Großstadt zur Zeit der letzten Könige bildlich vorzustellen. Es ging alles zufällig und ohne Plan vonstatten. Heiligtümer unter freiem Himmel wurden mit der Zeit durch imposantere Tempel ersetzt. So war z. B. der um 575 gegründete Viehmarkt *(Forum Boarium)* mit mindestens einem Altar zu Beginn des 5. Jahrhunderts durch einen Doppeltempel für Fortuna und die Mater Matuta ausgeschmückt worden. Die ersten römischen Institutionen bekamen eine nach der anderen feste Heimstätten. Bei Ausgrabungen im Haus der Vestalinnen kam eine Abfallgrube mit Scherben aus der Zeit um 600 zum Vorschein. Der Vestatempel selbst enthält Weihegaben seit ca. 575 v. Chr.

In Rom sind die Grabungsbedingungen außerordentlich schwierig, und oft stößt man nur durch Zufallsfunde auf neue Erkenntnisse. Die literarischen Quellen berichten, daß Tarquinius privaten Bauherrn Grund zum Errichten von Läden *(tabernae)* auf dem Forum zur Verfügung stellte (Livius 1, 35, 10). Nicht eine Spur von ihnen ist übriggeblieben; aber sie sind eine ganz natürliche und unvermeidliche Begleiterscheinung zweier großer Marktplätze *(Forum* und *Forum Boarium)*. Zweifellos ist es reiner Zufall, daß man nichts von ihnen gefunden hat; schließlich ist Rom dauernd umgebaut worden und ohne Unterbrechung seit Jahrtausenden bewohnt. Weiter nennen die Quellen die Tarquinier als die Erbauer des *Circus Maximus.* Die erhaltenen Reste zeigen keine für etruskische Erbauer oder das 6. Jahrhundert typischen Elemente, aber wir wissen aus anderen Quellen, wie wichtig Zirkusspiele im Leben der Etrusker waren, und wir haben keinen Grund, der schriftlichen Überlieferung nicht zu glauben.

Zur Zeit des letzten Tarquiniers war Rom eine bedeutende Stadt geworden. Es gab öffentliche Gebäude und Tempel, die bald der große Tempel zu Ehren des Iuppiter Optimus Maximus überragen sollte; es gab Märkte und Läden, Straßen und Kanalisation, Wohnhäuser und die Kuriengebäude, Treffpunkte für Diskussionen und religiös-sportliche Betätigung. Rom verfügte über alle Einrichtungen einer Großstadt nach griechischem Maßstab. Und doch war es das Ergebnis etruskischer Städtebaukunst mit latinischen Wurzeln.

Das neue Rom als Ergebnis der Vereinigung von etruskischen und autochthonen Elementen entwickelte sich zusehends zu einer wirklichen Großstadt; es übernahm auch manche Eigenheiten, die für die griechischen Stadtstaaten typisch waren und sie von anderen weniger zivilisierten Staatsformen unterschieden, insbesondere die auf Sagen beruhende genaue Festlegung der Vergangenheit, eine sorgfältig geregelte Religionsausübung und eine disziplinierte Miliz.

Die Gründungslegenden Roms

Wie jede andere Gruppierung von Menschen braucht auch die Bevölkerung einer Stadt ein Symbol, das ihre gemeinsame Identität ausdrückt. Staatsflagge, Krone oder Kreuz – jedes dieser Symbole vermittelt auf seine Art einem Volk ein Gefühl der Einheit und des Zusammengehörens. Für Griechen und Römer war dieses Symbol die Gründungsgeschichte ihres Volkes bzw. ihrer Stadt. Rom hatte sogar zwei Gründungslegenden: die von Romulus und Remus und die Aeneassage.

Die Romuluslegende wurde zwar im Laufe der Jahrhunderte unter dem Einfluß der griechischen Mythologie reich ausgeschmückt, doch in ihrem Kern muß sie sehr alt sein. H. Strasburger* hat nachzuweisen versucht, daß sie in ihren Grundzügen erst im frühen 3. Jahrhundert v. Chr. als Teil der Propaganda in den Kriegen gegen die Samniten und Pyrrhos von Epeiros entstanden sei, aber diese Datierung ist viel zu spät. Interessantere Probleme bietet die Aeneassage, weil sie Rom mit der homerischen Welt und der griechischen Zivilisation verbindet. Durch sie kam Rom zu internationaler Bedeutung – wieder ein Beitrag der Etrusker zum Aufstieg Roms.

Aeneas hatte die Zerstörung Trojas überlebt und war entkommen. Seine bei Homer überlieferte Rettung (Ilias 20, 215–40) bildete die Grundlage für die Schilderung seiner Irrfahrten. Je besser die Griechen das westliche Mittelmeer kennenlernten, desto weiter ließ die Sage Aeneas umherstreifen, bis er Anfang des 5. Jahrhunderts in Mittelitalien ankam. Zwei voneinander unabhängige Quellen deuten darauf hin, daß Aeneas schon gegen Ende des 6. Jahrhunderts als Gründer Roms und auch anderer etruskischer Städte galt:

Die erste Gruppe von Belegen stammt von griechischen Geschichtsschreibern. Die früheste ausdrückliche Erwähnung findet sich in Hellanikos' Werk *Die Herapriesterinnen in Argos* (FGrHist 4 F 80; um 450 v. Chr.): »Aeneas kam aus dem Land der Molosser und gründete Rom mit Odysseus.« (Es ist nicht

---

* *Zur Sage von der Gründung Roms.* Sitzungsberichte der Heidelberger Akademie der Wissenschaften Heft 5/1968.

ganz sicher, ob Hellanikos »nach« oder »mit« meint, aber das letztere ist doch sehr viel wahrscheinlicher.) Er nannte die Gründung *Rhōmē* nach einer mit ihm geflüchteten Trojanerin. Diese Version übernahmen Damastes von Sigeion (FGrHist 5 F 3; um 400 v. Chr.) und andere griechische Autoren, wenn wir dem viel späteren Dionysios von Halikarnassos glauben dürfen, der behauptet, sie benutzt zu haben (1, 72, 2). Die Griechen waren also im 6. und 5. Jahrhundert v. Chr. so beeindruckt von der Größe und Bedeutung Roms, daß sie es durch die Annahme einer Verbindung mit der griechischen Kultur ehrten. Im Grunde drückt Hellanikos damit aus, was die Griechen von Rom hielten, und nicht, daß die Römer nach Beziehungen mit Hellas strebten.

Die zweite Gruppe von Belegen liefert uns die etruskische Archäologie. Aeneas' Flucht mit seinem Vater Anchises war ein

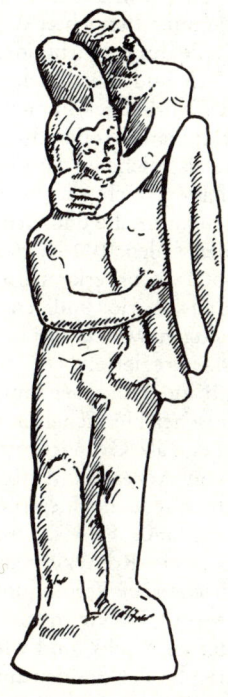

Abb. 2: Aeneas trägt seinen Vater Anchises. Votivstatuette aus Terrakotta

sehr beliebtes Thema der bildenden Kunst. Häufig findet man Darstellungen auf Vasen aus der Zeit zwischen 525 und 470 v. Chr. Bisher hat man 58 Vasen (52 schwarzfigurige, 5 rotfigurige und eine etruskische rotfigurige aus Vulci) mit diesem Motiv gefunden. Von diesen stammen mindestens 17 aus Etrurien, wahrscheinlich sogar noch mehr; aber solchen Statistiken darf man nur mit Vorbehalt Glauben schenken. Auch auf anderen Vasen und anderen Kunstgegenständen erscheint Aeneas in verschiedenen Rollen – als Krieger, als Begleiter des Paris, sehr oft als Flüchtling beim Aufbruch zur Suche nach einer neuen Stadt. Aber es gibt noch deutlichere Zeugnisse. In Veii hat man eine Anzahl Votivstatuetten (s. Abb. 2) gefunden, die Aeneas mit Anchises auf den Schultern darstellen. Sie stammen aus der Zeit von 515 bis 490 v. Chr. und beweisen, daß schon damals in Veii Aeneas verehrt wurde. Auch ein etruskischer Skarabäus aus dem 6. Jahrhundert zeigt Aeneas mit Anchises und den trojanischen Penaten. Zusammen betrachtet deuten diese Funde darauf hin, daß gegen Ende des 6. Jahrhunderts Aeneas in Südetrurien, besonders in Veii und Vulci, sehr beliebt war. Wie die Aeneaslegende nach Etrurien gekommen ist, ist umstritten, ob über Sizilien und Kampanien oder direkt von Griechenland; aber für die Tatsache als solche ist das ohne Bedeutung.

Für Rom selbst fehlen noch entsprechende Funde, aber es vereinte ja inzwischen latinische und etruskische Elemente, wie auch der Verfasser der Zeilen 1011–1016 am Ende von Hesiods Theogonie um 520–500 v. Chr. erkennt: »Kirke, die Tochter des Helios, gebar Odysseus, Agrios und den hochherzigen Latinos, der fern in einem ruhigen Winkel der heiligen Inseln die edlen Tyrrhener (= Etrusker) regierte.«

Man kann deshalb zu Recht behaupten, daß während der letzten Jahre tarquinischer Herrschaft in Rom aus dem etruskischen Bild von Aeneas als Gründergottheit und der griechischen Vorstellung von Aeneas als Erforscher des Westens in Rom selbst wie auch an manch anderen Orten die Gründungslegende der Stadt entstand. Es wäre interessant, den Fragen einmal nachzugehen, wie Rom zu seinem Aeneas-Monopol kam, wie seine mythologische Verbindung zu latinischen Nachbarstädten, vor allem zu Lavinium und Alba Longa, in den folgenden Jahrhunderten wuchs, und wie man die chronologischen Probleme löste, die sich aus den einander widersprechenden Sagen von Aeneas (der Überlieferung nach um 1175 v. Chr.) und Romulus (um 750 v. Chr.) ergaben: aber dies liegt außerhalb des zeitlichen Rahmens, den dieses Buch behandelt. Festzuhalten ist: Da Rom sich zu einer bedeutenden Stadt entwickelte, legte es sich einen äußerst vornehmen Stammbaum zu.

Römische Religion

Die Gründungslegende war ein verbindender Faktor; ein weiterer war die allen gemeinsame Götterverehrung, zu der Männer und Frauen in Rom zusammenkamen, und die all ihre Würde und ihre Hoffnungen auf ein gemeinsames Ziel ausrichtete.

Die Anfänge der römischen Religion liegen im dunkeln. Soweit wir wissen, stellte man sich die Götter nicht bildlich und schon gar nicht menschenähnlich vor. Die frühe Religion strebte danach, die Vorgänge in der Natur zu verstehen und mit ihnen friedlich auszukommen. Gebet und Opfer waren die Grundpfeiler dieser Beziehung.

Wie viele italische Völker verehrten die frühen Römer Mars als obersten Gott. Mars und Ops (nicht aber Iuppiter) hatten ein Heiligtum in der *Regia;* Mars bildete mit Iuppiter und Quirinus die alte Dreiheit, der die drei Oberpriester *(flamines)* dienten, und die auf dem Quirinal verehrt wurden (Varro, De lingua Latina 5,158; CIL VI 438, 475, 565); Mars war der Schutzgott der Reinigungszeremonien für Feld *(ambarvalia),* Stadt *(amburbium)* und Bürgerschaft *(lustrum,* alle fünf Jahre). Er spielt als Vater von Romulus und Remus eine wichtige Rolle in der Gründungslegende (Livius 1, 4, 1–3); an den Iden des Oktober wurde ihm ein Roß geopfert. Es ließen sich noch weitere Beispiele anführen, die Mars als Hauptgottheit Roms zeigen, ebenso wie für die Einwohner von Iguvium in Norditalien, von deren Riten noch ein Teil in Inschriften (den iguvinischen Tafeln[*]) erhalten ist, und andere italische Völker wie die Marrer, Marruciner und Mamertiner, die seinen Namen tragen.

Über die Funktion des Mars als oberster römischer Gott hat man verschiedene Vermutungen angestellt. Die Wissenschaft hält ihn entweder für eine Kriegsgottheit (so G. Dumézil; s. Literaturhinweise) oder eine Gottheit des Ackerbaus und versucht, Verbindungen zwischen diesen beiden Funktionen herzustellen. Zu den Attributen eines Kriegsgottes kam er haupt-

---

[*] G. Devoto, *Tabulae Iguvinae*. Rom ³1963.

sächlich durch die Gleichsetzung mit dem griechischen Ares, die spätestens im 3. Jahrhundert v. Chr. erfolgt ist, und durch seine Aufgabe, Kultobjekte wie die Zeremonienschilde *(ancilia)* und Speere in der *Regia* zu bewachen. Wenn die Speere des Mars von selbst klirrten – das geschah z. B. im Jahre 99 v. Chr. –, galt dies als böses Vorzeichen (Gellius 4, 6, 2). Bei einer Kriegserklärung ging der oberste Beamte in die *Regia* und schüttelte die Schilde mit dem Ruf »*Mars, vigila!*« (Mars, erwache!; Servius, zu Aeneis 8, 3). Trotzdem erscheint Mars neben Ares als Kriegsgott ziemlich farblos, er blieb, selbst als man ihn mit Ares gleichsetzte, ohne Bedeutung. Literarische Formulierungen wie *aequo Marte* (in einer unentschiedenen Schlacht) sind feststehende, stereotype Wendungen ohne greifbaren Hintergrund.

Im Zusammenhang mit dem Ackerbau dagegen ist Mars offenbar von weit größerer Bedeutung – z. B. in Gebeten, wie sie Cato der Ältere in seinem Werk *De agricultura* zitiert. Auch mit den Fruchtbarkeitskulten und -gottheiten (z. B. *Ops*) steht Mars in Verbindung. Diese beiden widersprüchlichen Seiten desselben Gottes lassen sich nur auf einen Nenner bringen, wenn man sie als parallellaufende Bereiche eines Gottes betrachtet, dessen Hauptfunktion der Schutz des gesamten Volkes ist. In einer sehr alten Beschwörungsformel, die durch Aulus Gellius (13, 23, 2) auf uns gekommen ist, ist das Attribut für Mars *Nerio*, was anscheinend einfach »Männlichkeit« bedeutet. Die Stärke des Mars, seine Fähigkeit zu beschützen, wird mit der reinigenden Kraft *(lua)* des Saturn und der Beweglichkeit *(salacia)* des Neptun in Zusammenhang gebracht.

Aber Mars blieb weiterhin blaß und schemenhaft. Seine Bedeutung ließ sich nur durch seine geweihten Symbole und Zeremonien einigermaßen sichern. Erst mit den Etruskern kam eine lebendigere Vorstellung nach Rom. Sie sahen ihre Götter als Individuen, sie stellten sie sich plastisch vor und weihten ihnen keine Altäre, sondern bauten ihnen Tempel als Wohnstätten. Darin waren sie von Griechenland beeinflußt, aber ihre eigene lebhafte Phantasie kam ihnen sehr zustatten. Ihr oberster Gott war *tinia*, der große Himmelsgott, von dem man ein ausgezeichnetes Bildnis in Satricum bei Rom gefunden hat. Er besaß viele Charakterzüge und Eigenheiten des griechischen Zeus. Es überrascht daher nicht sehr, daß eines der Hauptwerke etruskischer Baukunst zur Tarquinierzeit der riesige Tempel für den »himmlischen Vater« Iuppiter in der Trias mit Iuno (etruskisch:

uni) und Minerva (etruskisch: *menerva*) war. Der Tempel selbst entstand Ende des 6. Jahrhunderts (s. S. 89 f.), aber der Kult für die Gottheiten dürfte – wie viele andere – schon viel früher in einem offenen Heiligtum *(locus sacer sine tecto)* ausgeübt worden sein. Diese kapitolinische Dreiheit verdrängte die vorhergehende Vorherrschaft des Mars und die frühere Trias Mars, Iuppiter und Quirinus. Iuppiter Optimus Maximus (»der Beste und Größte«) wurde Roms Schutzgottheit und nahm so den wichtigsten Platz im religiösen Leben der Stadt ein. Ihm opferten die obersten Beamten der Stadt bei Amtsantritt. Ein großer Bildhauer aus Veii namens Vulca schuf aus Terrakotta seine Kultstatue, die mit bestickter Tunika und Toga angetan im mittleren Schrein zur allgemeinen Verehrung ausgestellt wurde.

Der römische Triumph

Einen weiteren Hinweis auf die Verdrängung der früheren römischen Götter durch den etruskischen Iuppiter Optimus Maximus bietet die Geschichte des römischen Triumphs.

Es gab eine archaische Zeremonie, in der ein siegreicher Feldherr die Waffen eines besiegten Feindes vor dem Heiligtum des Iuppiter Feretrius als Trophäe weihte. Die Ursprünge dieses einfachen Heiligtums auf dem Kapitol liegen ebenso wie die Bedeutung des Kultnamens Feretrius im dunkeln. Varro beschreibt diese Weihe und nennt als Quelle ein »Gesetz des Numa« (bei Festus 204 L.), was zumindest eine sehr frühe Datierung dieser Zeremonie wahrscheinlich macht; außerdem hat sie in anderen Kulturen Parallelen. Bis Rom jedoch in die geschichtliche Zeit eintrat, war diese Weihe schon so antiquiert, daß einzelne Details stark umstritten waren. Gewöhnlich wurden die Trophäen in drei Arten eingeteilt – *spolia opima prima, secunda* und *tertia* –, die Iuppiter Feretrius, Mars und (Ianus) Quirinus geweiht wurden, also der oben beschriebenen ursprünglichen Trias. Eine genauere Zuweisung jedoch ist nach unserem Wissensstand nicht möglich. Manche Wissenschaftler vertreten die Auffassung, daß dieselben *spolia* während der Prozession durch Rom abwechselnd allen drei Gottheiten geweiht worden seien; andere behaupten, der Unterschied beruhe auf den verschiedenen Positionen der Feldherrn: ein Konsul mit voller Befehlsgewalt habe Iuppiter geopfert, niedrigere Feldherren den beiden anderen Göttern. Eine dritte Ansicht, die der Vergilkommentator Servius (zu Aeneis 6, 859) vertritt, besagt, daß es in der römischen Geschichte überhaupt nur drei solche Weihezeremonien gegeben habe: von Romulus an Iuppiter, von Cossus an Mars (437 v. Chr.; s. S. 150) und von Marcellus an Quirinus (222 v. Chr.). Dies ist sicherlich falsch, aber in geschichtlicher Zeit wurde tatsächlich die alte Zeremonie durch den Triumph verdrängt, und nur Cossus und Marcellus haben sie nach 500 v. Chr. noch einmal wiederbelebt.

Der siegreiche Heerführer erhielt vom Senat das Vorrecht, im Streitwagen in Rom einzuziehen und zum Tempel des Iuppiter Optimus Maximus zu fahren. In der ausgereiften Form des Triumphs trug er eine spezielle purpurne (später eine bestickte) Toga und einen Siegeskranz, sein Gesicht war rot bemalt, und er hielt ein Szepter in der Hand. Vor ihm zogen seine Gefangenen, die zusammen mit der Kriegsbeute vorgeführt wurden. Auf dem Wagen hinter ihm stand ein Sklave, der ihm immer wieder ins Ohr sagte: »Gedenke, daß du (nur) ein Mensch bist!« Nach der Ehre dieser Zeremonie, die zu den prunkvollsten in Rom gehörte, strebte jeder Römer von ganzem Herzen – sogar Cicero.

Wann diese Zeremonie entstand, läßt sich nicht genau feststellen. Die erste direkte Anspielung auf einen Triumph bezieht sich auf Tarquinius d. Ä. (Livius 1, 33, 3), der *triumphans* von einem Eroberungszug ins benachbarte Latium zurückkehrt; aber dahinter steckt wohl kaum viel historische Wahrheit. Man kann nur ziemlich sicher vermuten, daß diese Feier eng mit dem Kult des Iuppiter Optimus Maximus zusammenhängen muß. Unterstützt wird diese Deutung durch entsprechende Darstellungen auf zeitgenössischen etruskischen Kunstwerken. Ähnlich unklar ist die Bedeutung der äußeren Erscheinung des Triumphators. Identifizierte man ihn an diesem Tag mit Iuppiter? Oder trat er als König auf, und spielten spätere Triumphatoren noch einmal seine Rolle in seinem Kostüm? Oder trifft beides zu? Auf den ersten Blick deuten die rote Bemalung des Triumphators, sein Iuppitergewand und die Warnung durch den Sklaven auf die Erklärung als Gott. Wieder gibt es dazu Entsprechungen aus dem griechischen Kulturraum; auch den rituellen Ausruf *io, triumpe!* hat man als Anrufung des Gottes interpretiert, er möge sich zu erkennen geben. Aber welcher Gott war gemeint? Das Wort *triumphus* muß etymologisch verwandt sein mit dem griechischen *thriambos*, einem Kultnamen des Dionysos, oder sogar direkt von ihm abgeleitet sein. Doch Dionysos ist um 500 v. Chr. noch kein Teil des römischen Pantheons. Die Gottheit Triumphus taucht in Kunst und Dichtung der späten Republik auf, aber wie fast alle Abstrakta gehört sie nicht der frühen Vorstellungswelt an. Es bleibt also nur Iuppiter. Auf etruskischen Kunstwerken sind häufig Männer in der gleichen Kleidung abgebildet. Eine andere Deutung des Ausrufs *triumpe* zieht Vergleiche mit *tripudium,* einem Tanzschritt im Dreierrhythmus; man könnte also an eine Aufforderung zum Tanzen denken.

In neuerer Zeit hat man zwei Kompromißlösungen gefunden. H. Versnel meint in seiner gründlichen Studie (s. Literaturhinweise), daß der Triumphator die Rollen von Gott und König in sich vereinte. Der siegreiche König, der aufgrund seiner Stellung und Macht gottähnlich war, zog feierlich in die Stadt ein, um ihr Glück und Wohlergehen zu sichern, vergleichbar den Riten beim Jahreswechsel zur Wiederbelebung der Natur, die auch einen feierlichen Einzug beinhalteten.

L. Bonfante Warren (s. Literaturhinweise) dagegen argumentiert, daß man aus der Erscheinung des Triumphators überhaupt keine Schlüsse auf seine Funktion ziehen könne, weil König und Tyrann, Triumphator und Gott einfach nach zeitgenössischer etruskischer Mode gekleidet waren. Aus der Kleidung könne man also keineswegs auf Göttlichkeit schließen. Erst später, unter römischem Einfluß, gewannen solche Äußerlichkeiten religiöse Bedeutung.

Wir haben nun allerdings sehr wenige Informationen aus dem 5. Jahrhundert darüber, wie der Triumph damals aussah. Alle unsere Quellen stammen aus späterer Zeit und sind dazu noch ziemlich unklar. Der Triumph muß Veränderungen erfahren haben, vor allem, als die Römer mit der hellenistischen Welt in Berührung kamen und sich vom Aufwand und der Pracht der dionysischen Festzüge beeindrucken ließen. Von da an betrachtete man den Feldherrn wirklich als Gott und feierte ihn dementsprechend. Auch die kriegerischen Erfolge Alexanders des Großen und seine allmähliche Verwandlung in Dionysos trugen zu dieser Entwicklung bei. S. Weinstock (s. Literaturhinweise) geht in seiner fundierten Untersuchung über das von Caesar auf religiösem Gebiet Erreichte sogar noch weiter: Er vertritt die Ansicht, daß die meisten der späteren typischen Götterattribute wahrscheinlich erst lange nach 250 v. Chr. eingeführt worden seien, und daß man frühere Beispiele erfunden habe, um die

Attribute durch höheres Alter zu beglaubigen. So soll Camillus bei der Feier des Falls von Veii im Jahre 396 v. Chr. (s. S. 167 f.) seinen Triumphwagen von Schimmeln ziehen haben lassen; Schimmel aber sind ein Göttersymbol: Sie zogen die Wagen von Zeus und Helios, sie zogen auch Caesars Wagen. Aber historisch ist nichts an Camillus' Schimmeln; sie sind Teil einer Sage, die zur Scipionenzeit entstand. Es gibt auch keine unumstößlichen Beweise, daß die Triumphatoren der Frühzeit rote Bemalung trugen: Auch hier ist es Camillus, dem sie zugeschrieben wird (Plinius, Naturalis historia 33, 111). Weinstock schließt daraus, daß der Triumphator ursprünglich einfach der König war, im Laufe der folgenden Jahrhunderte jedoch zu einer mystischen, gottähnlichen Gestalt wurde. Höhepunkt dieser Entwicklung war die Erhöhung Caesars zum Gott im Jahre 46 v. Chr.

Es zeigt sich also, daß sich zu diesem Punkt keine absolute Klarheit herstellen läßt. Zweifellos hat sich die Auffassung über den Triumph im Laufe der Zeit geändert, je nachdem, was man für wichtig daran hielt. Meiner Meinung nach stammt die Identifizierung mit einem Gott aus der ursprünglichen etruskischen Zeremonie, die später aber stark verändert und ausgebaut wurde. Wir wissen so gut wie nichts über den etruskischen Glauben, nur daß er in manchen Einzelheiten viel von der griechischen Religion übernommen hat – in Griechenland aber kam die Heimkehr eines siegreichen Athleten in einem Wagen und durch ein besonderes Tor so nah an eine Apotheose heran, wie es die Bescheidenheit nur zuließ (Plutarch, Quaestiones convivaliae 2, 5, Moralia p. 639; vgl. Pindar, 10. Pythische Ode 22 ff.). Im Jahre 412 v. Chr. kehrte der Olympiasieger Exainetos aus Akragas in einem Vierspänner nach Hause zurück, begleitet von 300 Jünglingen (Diodor 13, 82, 7).

Der Kalender

Eine andere religiöse Neuerung verdient Beachtung, weil ihre Auswirkungen bis in die Gegenwart reichen: Der Kalender, den später Caesar reformierte. Zuvor existierte nur eine Mischform, nach Sonne und Mond ungenau in 355 Tage eingeteilt. Verschiebungen wurden durch regelmäßiges Einschieben eines zusätzlichen Schaltmonats mit 27 Tagen ausgeglichen. Indem Caesar an jeden der kürzeren Monate insgesamt zehn Tage anhängte, näherte er das Jahr mit nunmehr 365 Tagen ziemlich genau dem Sonnenjahr an. Ein Schaltjahr alle vier Jahre vervollständigte diese Angleichung. Den alten Kalender kennen wir aus schriftlichen Zeugnissen und aus einer fast vollständig erhaltenen Inschrift (*Fasti Antiates Maiores* CIL X 6638). Daß er eine Mischung aus Sonnen- und Mondkalender war, zeigt sich daran, daß er vier Monate mit 31 Tagen, sieben mit 29 und einen (den Februar) mit 28 Tagen hatte, während der echte Mondkalender zwischen 29 und 30 Tagen pro Monat pendelt. Die Angleichung ans Sonnenjahr durch die Verkürzung des Februars auf 23 Tage und den Einschub eines Zusatzmonats mit 27 Tagen deutet ebenfalls darauf hin, daß die Länge des Sonnenjahres bekannt war.

Man kann also vermuten, daß es sich anfangs um einen reinen Mondkalender handelte, den man irgendwann überschläfig überarbeitete, um ihn mit dem Sonnenjahr in Einklang zu bringen. Dies wird durch die römische Monatseinteilung in Kalenden (erster Tag des Monats), Nonen (fünfter bzw. siebter Tag des Monats) und Iden (13. bzw. 15. Tag des Monats) erhärtet. Macrobius, ein Gelehrter des 5. Jahrhunderts n. Chr., der sich auf weit ältere Quellen stützt, berichtet, daß früher ein Priester vor den Kalenden die Aufgabe zugeteilt bekam, das Erscheinen der zunehmenden Mondsichel zu erwarten und dies dem König zu melden (Saturnalia 1, 15, 19). Entsprechend würden dann die Nonen das erste Viertel und die Iden den Vollmond anzeigen. All dies bestärkt die Vorstellung von einem typischen Mondkalender mit 355 Tagen für die Königszeit. Das berichten auch mehrere antike Autoren, und wie alle religiösen Neuerungen schrieben sie auch diese dem König Numa zu. Fulvius Nobilior, Konsul von 189 v. Chr. und Verfasser eines Kalenderkommentars, sagt ausdrücklich, daß Numa das Jahr mit 355 Tagen schuf (Censorinus, De die natali 20).

Die umwälzende Neuerung war also der Übergang vom reinen Mondkalender mit 355 Tagen zu einem dem Sonnenjahr angeglichenen, der nur noch einige Merkmale des alten Kalenders behielt.

Noch eine bemerkenswerte Eigenheit des römischen Kalenders, vor allem des einzigen erhaltenen Exemplars vor der Reform durch Caesar (eben der *Fasti Antiates Maiores*): Der Tag ist auf zwei Arten näher bestimmt. Erstens bezeichnet ein Buchstabe die Bedeutung des Tages:

C = *comitialis*   Komitien (= Volksversammlung) möglich
F = *fastus*   keine Komitien, aber Prozesse möglich
N = *nefastus*   keine Komitien, keine Prozesse;

außerdem einige weniger häufige Symbole, am wichtigsten für das Folgende: QRCF *(Quando Rex Comitiavit Fas)*, ein *fastus dies*, an dem der König Versammlung hielt; zweitens gab es eine Notiz über die religiösen Feste an jenem Tag.

Einige dieser Feste sind mit Großbuchstaben eingetragen, andere, offenbar jüngeren Ursprungs, mit kleineren roten Buchstaben. Man hat bisher immer angenommen, hier seien Reste des alten Kalenders aus der etruskischen Königszeit erhalten, weil in QRCF der König erwähnt wird und die mit Großbuchstaben bezeichneten Feste tatsächlich sehr alt sind; aber so einfach kann die Antwort nicht sein, da manche der Feste, etwa die Cerealia und die Lucaria, erst nach 510 v. Chr. entstanden sein können. Der Cereskult wurde erst 496 eingeführt, und die traditionelle Deutung der Lucaria besagt, daß sich römische Flüchtlinge nach der gegen die Gallier verlorenen Schlacht an der Allia (390 v. Chr.) in einem Hain *(lucus)* versteckten. Diese Erklärung basiert zwar kaum auf historischen Fakten, aber schon die Cerealia bieten genügend Beweise.

Die Etrusker hatten auch Verbindungen zum Nahen Osten, wo sich im Gegensatz zu Griechenland ein Sonnen-Mond-Kalender entwickelt hatte. Trotz der Argumente von Anne K. Michels (s. Literaturhinweise) bin ich für mein Teil überzeugt, daß die Übernahme des Mischkalenders zwar schon während der etruskischen Königsherrschaft in Rom stattfand, daß er jedoch erst etwa drei Generationen später, d. h. während des Dezemvirats (s. S. 127) veröffentlicht wurde, als Unruhen im Volk dazu führten, daß viele Dokumente öffentlich zugänglich und viele Geheimakten der Regierung bekannt wurden. Das wäre eine Erklärung für das Vorkommen späterer Feste wie der Cerealia, die in der Zeit zwischen der Vertreibung der Könige und dem Dezemvirat in den Kalender eingegliedert worden waren.

Auf jeden Fall bot der Kalender einen immer und für jeden Tag zutreffenden Rahmen für den reibungslosen Ablauf der römischen Verwaltung und machte es Rom möglich, sich mit kulturell weiterentwickelten Städten und Ländern seiner Zeit gleichberechtigt zu messen.

Rom verdankte seine Größe seiner militärischen Stärke – und auch diese war das Ergebnis der Zusammenarbeit von Etruskern und Ureinwohnern. Man weiß nichts über das römische Militärwesen, bevor der etruskische Einfluß wirksam wurde; die einzige Erscheinung, in der vielleicht noch Spuren urzeitlicher Waffen und Methoden anklingen, sind die tanzenden Krieger-Priester, die Salier. Ihre Bewaffnung bestand aus einem eigenartigen achterförmigen Schild *(ancile)*, einem bronzenen Brustpanzer, Helm *(apex)* und langem Schwert (Dionysios von Halikarnassos 2, 70). Für all diese Rüstungsteile gibt es Entsprechungen aus der späten Bronzezeit, hauptsächlich in der mykenischen Kultur. Sie repräsentieren eine Kampftechnik, die sich völlig von der organisierten Massenschlacht mit Infanterie unterscheidet und gehören in ein Zeitalter von Einzelhelden. Außer diesem Zeugnis hat man in Rom nichts weiter gefunden, und es gibt auch keine glaubwürdige schriftliche Quelle, aus der wir etwas über die Kampftechnik der Römer im 8. Jahrhundert entnehmen können.

Erst bei den Etruskern kann man allmählich so etwas wie eine planmäßig aufgestellte Armee erkennen; Rekonstruktionsversuche stoßen allerdings auf Schwierigkeiten. Sicher ist nur, daß die Entwicklung in zwei Stufen abgelaufen sein muß. Die zweite, die mit dem Namen Servius Tullius verbunden ist, war die Stufe der plötzlichen Veränderung: Neue Waffen und somit eine neue Taktik wurden eingeführt, bei der sich die Hauptkampfkraft von der Reiterei auf das Fußvolk verlagerte, wodurch mehr Soldaten notwendig wurden, die nach ihrem Vermögensstand ausgewählt wurden. Dieses Heer des Servius blieb trotz aller Veränderungen im Laufe der Jahrhunderte das Werkzeug römischer Siege.

Die erste Stufe der Entwicklung des römischen Heeres liegt dagegen weiter im dunkeln. Aus sehr früher Zeit sind die Namen von drei Bevölkerungsgruppen erhalten: *Ramnenses* (oder *Ramnes*), *Titienses* (oder *Tities*) und *Luceres*. Zwei ganz verschiedene antike Deutungen der Namen stehen zur Auswahl: Varro (De lingua Latina 5, 46 u. 55) behauptet, diese seien die Namen der drei ersten Stämme Roms, benannt nach den Begleitern des Romulus; Livius hingegen (1, 13, 6–8; vgl. Cicero, De re publica 2, 20, 36) bezieht die drei Namen auf drei von Romulus aufgestellte Reiterschwadronen von je 100 Mann. Eines war jedenfalls schon Varros Gewährsmann, dem Dichter Volnius, völlig klar: Alle drei Namen stammen aus dem Etruskischen. Sie können also nichts mit Romulus zu tun haben. Die historisch wahrscheinlichere Deutung ist dann die von Livius. Varro will den etruskischen Einfluß auf Rom möglichst herunterspielen und eine plausible Geschichte der Zahl der römischen Stämme erfinden (s. S. 56). Ein unabhängiger Überlieferungsstrang besagt, daß Romulus 300 *Celeres* schuf, also Reiterei (Festus 48 L.; Plinius, Naturalis historia 33, 35; Servius, zu Aeneis 9, 368; andere Quellen identifizieren die *Celeres* mit der persönlichen Leibwache des Königs). Wahrscheinlich sind die *Celeres* eben diese Ramnenses, Titienses und Luceres und wurden nur verfälschend aus der etruskischen Frühzeit in das mythische Zeitalter des Romulus zurückverlegt. Nach einer Überlieferung im Umkreis der Sage von dem großen etruskischen Augur Attus Navius (Livius 1, 36, 3ff.; Cicero, De divinatione 1, 53; Dionysios von Halikarnassos 3, 71, 1; Festus 425 L.) wurden die Reiterzenturien (Abteilungen zu 100 Mann) unter dem ersten Tarquinier auf sechs verdoppelt und *Ramnenses priores* bzw. *posteriores* usw. genannt. Auch dies dürfte erfunden sein. Die übliche Bedeutung von *priores* und *posteriores* ist nämlich nicht »frühere« und »spätere«, sondern »vordere« und »hintere«, steht also in bezug auf ihre Postierung beim Appell. Auch in der später entstandenen Legion gab es Zenturionen *prioris centuriae* und *posterioris centuriae* (Livius 42, 34). Sechs Reiterabteilungen nahmen an der uralten religiösen Zeremonie *transvectio equorum* teil (s. S. 49).

Man kann also annehmen, daß Anfang des 6. Jahrhunderts das römische Heer hauptsächlich aus einer schlagkräftigen Reiterei von 600 Mann bestand, die vom weniger wichtigen Fußvolk unterstützt wurde. Dazu gehörten leichtbewaffnete Plänkler ebenso wie schwerbewaffnete Soldaten mit Rundschild, Schwert und Brustpanzer, wie man sie in Gräbern des späten 7. Jahrhunderts auf dem Esquilin gefunden hat. Ein solches Heer ermöglichte Rom seine frühe Eroberungspolitik und die Annektierung unmittelbar benachbarter Orte (s. S. 77). In jener Zeit gab es wohl viele derartige Heere auf der ganzen italischen Halbinsel.

Aber schon begann sich eine Veränderung abzuzeichnen. Die Griechen hatten seit etwa 750 v. Chr., teils unter assyrischem Einfluß, teils vielleicht auch aufgrund ihrer Verbindung zu Metallhandwerkern in Mitteleuropa, mit der Entwicklung schwerer Rüstungen für das Fußvolk angefangen. Das ging langsam und stückweise vor sich, aber dennoch war es epochemachend. Hauptmerkmale waren ein Rundschild, der mit Armschlinge und Handgriff am linken Arm getragen wurde, massive Metallpanzer (Brustpanzer, Beinschienen, geschlossener Helm) und ein Speer zum Zustoßen statt zum Werfen. Diese Rüstung hieß bei den Griechen Hoplitenrüstung. Diese Entwicklung führte unausweichlich zu Schlachten im enggeschlossenen Kampfverband, obwohl es unseres Wissens nach der ersten Verwendung der Hoplitenausrüstung noch 50 bis 100 Jahre dauerte, bis die Hoplitenphalanx zur Vollendung gereift war. Durch die Griechen kam die verbesserte Technologie auch zu den Etruskern. Es gibt eine ganze Sammlung von Schilden im Vor-Hopliten-Stil aus Etrurien, die bis etwa 650 v. Chr. reichen. Danach taucht allmählich der Hoplitenschild auf, belegt durch Funde (z. B. in Fabiano) und Vasenmalereien. Im 6. Jahrhundert ist dann die Hoplitenbewaffnung in ganz Etrurien verbreitet.

Für Rom selbst gibt es keine solchen eindeutigen Ausgrabungsfunde, aber es ist kaum anzunehmen, daß das etruskische Rom mit einer so wichtigen Heeresreform weit hinter dem übrigen Etrurien hinterherhinkte. Es fehlt auch nicht an literarischen Belegen dafür. Die Quellen behaupten einhellig, daß unter Servius Tullius, der nach der Überlieferung etwa ab 550 v. Chr. herrschte, die Bürger von Rom nach ihrem Vermögen geschätzt worden seien, damit eine Legion zu Kampfzwecken aufgestellt werden konnte. Die Stellen bei den Autoren (Livius 1, 43; Dionysios von Halikarnassos 4, 16; Cicero, De re publica 2, 22 39) verfallen auf jeden Fall in einen Anachronismus, wenn sie fünf nach Vermögen und Waffengattung eingeteilte Klassen unterscheiden, denn die Verwendung von Geld begann in Rom erst im vierten Jahrhundert; außerdem sind die angeführten Waffen unglaubwürdig nach verschiedenen Sorten zusammengewürfelt. Die Liviusstelle ist als typisches Beispiel für solcherlei »Altertumsforschung« von Interesse:

Aus denen, die auf 100000 Asse oder mehr geschätzt worden waren, bildete er 80 Zenturien, je 40 aus Älteren und Jüngeren. Sie alle wurden erste Klasse genannt. Die Älteren sollten zum Schutz der Stadt bereit sein, die Jüngeren draußen Krieg führen. Als Waffen waren ihnen Helm, Rundschild, Beinschienen und Brustpanzer zugeteilt, alles aus Eisen. Diese sollten ihren Körper schützen. Als Angriffswaffen gegen den Feind hatten sie Lanze und Schwert. Dieser Klasse wurden zwei Pionierzenturien beigegeben, die unbewaffnet dienen sollten; ihre Auf-

gabe war es, im Krieg die Kriegsmaschinen herzustellen. Die zweite
Klasse wurde auf den Bereich zwischen 100 000 und 75 000 Assen festgelegt und daraus, aus den Älteren und Jüngeren, 20 Zenturien aufgestellt; als Bewaffnung waren statt des Rund- ein Langschild und außer
dem Brustpanzer alles wie bei der ersten Gruppe vorgeschrieben.

(Livius 1, 43, 1–4)

Und so geht es weiter, alle fünf Klassen hindurch. Es gibt jedoch Hinweise auf eine frühere Zweiteilung der Bürgerschaft in
classis (aufgrund ihres Vermögens kriegsdiensttaugliche Bürger)
und *infra classem*. Diese einfache Unterscheidung ist aus Schriften der antiken Altertumsforscher belegt (Festus 100 L; Gellius
6, 13) und wird untermauert durch eine entstellte Anmerkung
bei Livius über ein Gefecht bei Fidenae, an dem die *classis*
(kaum die Flotte) 426 v. Chr. teilnahm (Livius 4, 34, 6). Die
Einteilung in fünf *classes* stammt aus einer höher entwickelten
Epoche.

Wie groß die servianische Legion ursprünglich war, läßt sich
wohl nicht klären. Wahrscheinlich war sie in Einheiten von je
einhundert Mann (Zenturien) eingeteilt, und gegen Ende des
fünften Jahrhunderts dürfte sie zwischen 4000 und 6000 Mann
stark gewesen sein. Das entspräche den Schätzungen über die
damalige Bevölkerungsdichte Roms. 6000 war wohl auch für
Servius die Obergrenze, da Rom Anfang des fünften Jahrhunderts eine lange Durststrecke in seiner Entwicklung durchzu-
stehen hatte, unter der auch die Stärke der Armee gelitten haben
wird. Mit 6000 Mann umfaßte die servianische *classis* 60 Zenturien. Aber vielleicht begann Servius auch nur mit 30 oder 40
Zenturien. In jedem Fall aber bedeutete die neue Armee einen
völligen Bruch mit der Vergangenheit, hauptsächlich wegen der
größeren Bedeutung des Fußvolks. Dieser Punkt ist einer der
am meisten umstrittenen in der römischen Frühgeschichte, aber
ein Vergleich der Argumente legt den Schluß nahe, daß die alte
Reiterei nun auf militärischem und politischem Gebiet den Ho-
pliten untergeordnet wurde, auch wenn die strenge Disziplin
und Taktik eines regelrechten Hoplitenheers noch weit in der
Zukunft lagen. Die Sachlage läßt sich folgendermaßen zusam-
menfassen:

1. Das Heer in seiner Aufstellung durch Servius gewann auch
politischen Einfluß (s. S. 66), und die sechs Reiterzenturien hatten den Namen *sex suffragia* (sechs Wahleinheiten). Wir wissen
kaum Genaues über den Ablauf der Wahlen bei der servianischen Armee, nur daß die *sex suffragia* erst *nach* der Hopliten-

classis wählten (Cicero, Philippica 2, 82). Das kann nur bedeuten, daß die *sex suffragia* als zweitrangig galten.

2. In den ersten Jahren nach dem Fall der Tarquinierdynastie hoben die Römer gelegentlich in Kriegszeiten ihre Verfassung auf und ernannten einen *dictator* oder *magister populi*, einen außerordentlichen Heerführer (s. S. 94). Sein Vertreter war der *magister equitum* (Befehlshaber der Reiterei); ihm selbst war dem religiösen Protokoll zufolge das Reiten verboten (Plutarch, Fabius 4). Wieder ist die Wertigkeit klar.

3. Die Schilderung der Entscheidungsschlacht am Lacus Regillus zu Anfang der Republik um 496 v. Chr. ist stark von homerischer Romantik geprägt, aber ein historischer Umstand tritt aus dem Nebel des Mythos: Der Überlieferung nach hat der *dictator* A. Postumius Albus während der Schlacht den Dioskuren einen Tempel gelobt. Die Dioskuren waren immer die Schutzgötter der Reiterei; mit ihren Pferden standen sie als Statuengruppe bei ihrem Tempel auf dem Forum; die alte Zeremonie der Reiterparade *(transvectio equorum)* gehört zu ihrem Kult (Dionysios von Halikarnassos 6, 13–14). Nun waren die Dioskuren nicht nur die Beschützer der römischen Feinde in dieser Schlacht (s. S. 106), sie symbolisierten überhaupt die Hauptwaffe des Feindes, die Reiterei. Mit dem Versprechen eines Tempels versuchte Postumius also, die Dioskuren zum Seitenwechsel zu überreden. Die Bedeutung ist klar: Im Vergleich zu den Latinern hatten die Römer die schwächere Reiterei; ihre Hauptstärke war das Fußvolk.

Das neue Hoplitenheer muß freilich nicht gleich auch die Hoplitentaktik übernommen haben, die große Beharrlichkeit und sorgfältiges Training verlangt. Gegen Ende des fünften Jahrhunderts war sie aber in den Kriegen gegen Veii und die Gallier allgemein in Gebrauch gekommen. Livius (4, 29) erzählt von einem Diktator namens A. Postumius Tubertus, der um 432 v. Chr. seinen Sohn hinrichten ließ, weil er die Reihen verlassen hatte, um den Feind anzugreifen: Eine verdiente Strafe, weil die gesamte Hoplitenreihe in Gefahr geriet, sobald einer daraus ausbrach. 45 Jahre zuvor waren die Fabier mit ihren Klienten zusammen als Familienverband an die Cremera ausgerückt, und das setzt voraus, daß sie damals noch nicht als Hoplitenphalanx aufgestellt und trainiert waren. Zuviel sollte man aber nicht auf diese Sage bauen, denn der Bericht ist so von dem Herodots über die Dreihundert an den Thermopylen beeinflußt, daß man den Details keinen Glauben schenken kann

(s. S. 21). Jedenfalls waren die Fabier unterwegs, um eine Grenzgarnison gegen Veienter Einfälle in römisches Gebiet zu errichten; sie bildeten also keineswegs eine reguläre Kampftruppe.

Im allgemeinen war das wandlungsfähige Heer der Technik der immer wieder unterbrochenen Guerillakriege im frühen fünften Jahrhundert – gegen marodierende Bergvölker wie Sabiner, Aequer, Volsker und Herniker – recht gut gewachsen. Erst im Kampf gegen organisierte Heere mußte eine präzise Taktik gefunden werden. Der Kern existierte schon und konnte den Anforderungen entsprechend ausgebaut werden.

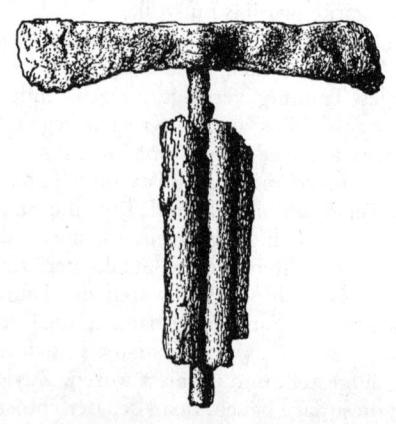

Abb. 3: Eisenmodell von *fasces* (Beil im Rutenbündel) aus Vetulonia

4. Die Entstehung einer Nation

Der etruskische Einfluß

Als die Etrusker in den Staatsverband aufgenommen wurden, verschmolzen ihre Kultur und Gesellschaftsform auf ganz erstaunliche Weise mit denen der Römer. Die Römer übernahmen vieles aus dem Leben der Etrusker. So wurden einzelne etruskische Kleidungsstücke in Rom heimisch, etwa die Toga und der kurze Mantel, die *trabea*. Viele Königsinsignien blieben als Abzeichen der Beamten erhalten. Eine Malerei aus Caere stellt einen Mann, vielleicht einen König, auf einem Sessel dar, der das genaue Ebenbild des Beamtenthrons, der *sella curulis* ist. Das eindrucksvollste von all diesen Symbolen sind die Rutenbündel, die *fasces*, die die Macht repräsentierten, Auspeitschungen oder sogar die Todesstrafe zu verhängen. Der Überlieferung nach stammen sie aus Etrurien, nämlich aus der Stadt Vetulonia. Rutenbündelmodelle, wahrscheinlich Weihegeschenke oder Grabbeigaben, hat man 1898 in Vetulonia gefunden (s. Abb. 3). Den römischen Konsuln, wie zweifellos früher den Königen, zogen zwölf Liktoren mit solchen *fasces* voran. Ihre Anzahl soll für den etruskischen Zwölf-Städte-Bund stehen, deren Herrscher von je einem Liktor begleitet wurden.

Wohl das wichtigste Geschenk der Etrusker war aber das Alphabet. Das etruskische Alphabet leitet sich aus dem griechischen her. Allerdings ist nicht klar, ob es die Etrusker übernahmen, als sie nach der Gründung Cumaes Ende des achten Jahrhunderts Kontakte zu den Griechen knüpften, oder ob sie es schon früher bei den Griechen des östlichen Mittelmeerraumes kennengelernt hatten. Für letztere Theorie spräche ein in Marsiliana d'Albegna gefundenes Elfenbeintäfelchen mit dem etruskischen Alphabet, das auch den ostgriechischen Buchstaben Samech enthält. Wie auch immer, das lateinische Alphabet ist ohne Zweifel eine Weiterentwicklung des etruskischen. Die Buchstabenform der ältesten lateinischen Inschrift auf einer (allerdings möglicherweise unechten) Fibel aus Praeneste (*Manios med fhefhaked Numasioi*: »Manios hat mich für Numasios gemacht«; CIL I^2 3) beweist das zur Genüge. Zum selben Ergebnis kommt man, wenn man sich die unterschiedliche Anordnung der stimmhaften und stimmlosen Verschlußlaute C und G im lateinischen und im griechischen Alphabet ansieht: Sie erklärt sich dadurch, daß das Etruskische keine stimmhaften Konsonanten kannte.

Zur Zeit der Tarquinier war Rom zweisprachig. Auf Vasen aus dem sechsten Jahrhundert wurden Inschriften in Etruskisch und Lateinisch gefunden. Aus dem Etruskischen stammen die Worte *ni araziia laraniia* (TLE^2 24) auf einem Gefäß aus der Zeit um 525 v. Chr. und der Name *uqno* auf einer Scherbe aus der gleichen Zeit, der vielleicht identisch ist mit Aucno, dem sagenhaften Gründer von Mantua. Die früheste lateinische Inschrift stammt ebenfalls aus dem letzten Viertel des sechsten Jahrhunderts, sie befindet sich auf der sogenannten Duenos-Vase (CIL I^2 717). Dazu gibt es noch weitere lateinische Inschriften auf Keramiken, die in der Regia oder auf dem Forum Boarium gefunden wurden. Die Regeln für den Dianakult waren vermutlich auf Etruskisch niedergeschrieben, das erste Gesetz hingegen, das auf einem steinernen *cippus* (Grabaufsatz) auf dem Forum Romanum entdeckt wurde, ist lateinisch (CIL I^2 1). Die Cippus-Inschrift läßt sich nicht deuten, aber sie kann nicht viel später als 500 v. Chr. entstanden sein.

Soweit man feststellen kann, existierten also beide Sprachen in Rom nebeneinander; das Etruskische verschwand erst mit dem Niedergang der etruskischen Macht insgesamt. Damals verlagerten sich Roms Beziehungen allmählich mehr zu seinen latinischen Nachbarn, zu den Oskern und Umbrern, die sprachlich näher verwandt waren.

Ebenso läßt sich aus Listen von Beamten oder anderen wichtigen Persönlichkeiten der frühen Republik ablesen, aus welch verschiedenartigen Familien die führenden Bürger stammten. Anscheinend gab es kaum Rivalitäten aufgrund von Abstammung. Zwar hatte zuzeiten eine Familie das Monopol auf das Konsulat (z. B. in den siebziger Jahren des fünften Jahrhunderts die Fabier), aber das lag nicht in Fehden zwischen Familien aus verschiedenen Stämmen begründet. Die Namen einzelner Familien verraten ihre sabinische Herkunft: die Valerier, Claudier und Aurelier. Andere nehmen albanische Abstammung für sich in Anspruch: Livius (1, 30, 2) und Dionysios von Halikarnassos (3, 29, 7) führen zwei nur geringfügig voneinander abweichende Listen auf (die Abweichungen sind unwesentlich und auf Schreibfehler oder Abänderungen zur Aufwertung des Prestiges einzelner Familien zurückzuführen): Iulier (bzw. Tullier), Servilier, Quinctier (bzw. Quinctilier), Geganier, Curiatier und

Cloelier. Diese Namen sind sicherlich eher latinischer als sabinischer oder etruskischer Abstammung. Eine große Anzahl Namen von Familien verraten sofort deren etruskischen Ursprung: Aterner, Cominier, Herminier, Volumnier, Licinier, Sicinier, Sempronier, Menenier, Poetelier, Laecier.

Andere Namen sind italisch, aber nicht genau zu orten, so etwa die Familien der Considier, Sergier, Duilier, Oppier, Sulpicier und Cornelier. Dazu kommen noch griechische und karthagische Kaufleute, von denen sich sicher einige in Rom niederließen und so dieser Weltstadt noch eine weitere Facette hinzufügten.

Die Gliederung der Gesellschaft Roms

Wie entstand nun aus all diesen Einzelteilen eine Einheit? Wie sah die Gesellschaftsordnung in Rom aus? Über die Zeit vor den Etruskern ist kaum etwas bekannt. Aus einer Reihe von Quellen läßt sich die Vorstellung der Römer über ihre früheste, die sogenannte romulische Gesellschaftsordnung rekonstruieren, der man aber keinen historischen Wert beimessen darf: Drei *tribus* (vgl. Varro, De lingua Latina 5, 55; Dionysios von Halikarnassos 2, 7, 2; Properz 4, 1), vielleicht unter den Namen *Ramnes, Tities* und *Luceres,* und dreißig *curiae* (von *coviria:* Männerversammlung), aus denen die politische Ratsversammlung und auch die Streitkräfte gebildet wurden.

Möglicherweise hatten die Römer, wie andere indogermanische Völker (z. B. die Dorier), ein ererbtes Drei-Stämme-System; unklar ist aber, wie spätere Einwanderer in diese Klassen eingegliedert wurden. Die bei Varro und anderen Autoren überlieferten Namen können auch nicht stimmen, da sie eindeutig etruskisch sind und durch ältere etruskische Überlieferung ohnehin nicht die Klassen, sondern die Reiterabteilungen bezeichnen (s. S. 45). Noch weniger kann man parallele Entwicklungen bei anderen indoeuropäischen Völkern feststellen, die nach G. Dumézil (s. Literaturhinweise) in drei Gruppen zerfallen: Priester *(Ramnes),* Bauern *(Tities)* und Krieger *(Luceres).*

Mit den *curiae* begeben wir uns auf sichereren Boden, da manche ihrer Merkmale bis in historische Zeit erhalten blieben. *Curia* bezeichnet eine Gruppe von Menschen und zugleich auch ihren Versammlungsort. Ursprünglich hatte jede Kurie ein

Gebäude für sich; am Ende der Republik gab es nur noch zwei: die *curiae veteres,* die von vier Kurien benutzt wurde, und die *curiae novae* für alle übrigen (Festus 180 L.). Die Gebäude dienten als Treffpunkte für Besprechungen, kultische Handlungen und Mahlzeiten, die bis zur Zeit des Augustus stattfanden (Dionysios von Halikarnassos 2, 23, 5). Die Kurien zerfielen in verschiedene Geschlechter *(gentes)* und hatten anscheinend gemeinsamen Grundbesitz (Dionysios von Halikarnassos 2, 7, 4: Bei einem der Kurienfeste, den *Fornacalia* im Februar, ging es um Flurbereinigung). In historischer Zeit waren sie 80 an der Zahl und leiteten ihren Namen von den unter Romulus geraubten Sabinerinnen her (Cicero, De re publica 2, 8, 14; Livius 1, 13, 6). In Wirklichkeit entstand dieser Mythos einfach aus dem Namen einer Kurie, der *Rapta;* die anderen sechs erhaltenen Namen deuten auf ihre Herkunft von Orten (*Veliensis, Foriensis*) oder Familien (*Titia, Acculeia*) hin.

Das eigentliche Einteilungskriterium der *curiae* ist kaum festzustellen. Unser einziger Gewährsmann, der Gelehrte Laelius Felix (bei Gellius 15, 27, 5), schreibt über die Versammlung der Kurien, sie habe *ex generibus hominum,* also aus verschiedenen Arten von Männern bestanden. Am ehesten könnte man sich vorstellen, daß damit ethnische Gruppen gemeint sind. Die Kurien bildeten sich ursprünglich aus homogenen Volksgruppen, die sich wohl an einem bestimmten Platz niederließen, so wie es heute noch etwa in Toronto ein griechisches, ein italienisches und ein ungarisches Viertel gibt. Der *Tuscus vicus,* das Etruskerdorf, war ein altes Wahrzeichen in Rom, und vom Quirinal läßt sich nach archäologischen Befunden vermuten, daß er das Sabinerviertel war. Wenn diese Vermutung stimmt, dann waren die Kurien nach Volkszugehörigkeit eingeteilte Stadtbezirke, und ihre Versammlung *(Comitia Curiata)* war der Bundesrat der einzelnen Bezirke.

Aber die Einteilung in drei *tribus* und dreißig *curiae* ist sehr schematisch; und wenn die Theorie stimmt, daß die Kurien aus aufeinanderfolgenden Ansiedlungen in Rom entstanden, dann würde man erwarten, daß ihre Anzahl erst allmählich auf 30 anstieg. (So argumentiert R. E. A. Palmer in seinem heftig umstrittenen Buch, in dem er behauptet, die endgültige Anzahl von 30 Kurien sei erst im fünften Jahrhundert v. Chr. erreicht worden; s. Literaturhinweise.) Nach anderer Auffassung könnte schon die von den Etruskern nach dem Vorbild anderer italischer Städte um 580 in Rom eingeführte ursprüngliche Gesellschaftsordnung 30 Kurien vorgesehen haben; später wurde sie dann durch die Zenturien- und Tribusreform unter Servius Tullius ersetzt.

Die Kurien bildeten auch Einheiten bei Abstimmungen in Volksversammlungen, deren Grundprinzip sich die ganze republikanische Zeit erhalten hat. Dabei wurde jede Kurie durch einen Lictor vertreten. Dies war sicher die ursprüngliche Versammlungsform, auch wenn die Anzahl der Mitglieder unbekannt ist, denn selbst in ihrer am meisten abgeschwächten Form am Ende der Republik hatte sie noch die Macht, allen Trägern eines Amtes durch Gesetz ihre Macht *(imperium)* zu verleihen – vermutlich hatte sie in der Königszeit ebenso die Ernennung der Könige bestätigt. Außerdem gab sie die Ermächtigung zum Übertritt in eine andere *gens* (Gellius 15, 27) und entschied in Testamentsangelegenheiten.

Wenn das Kuriensystem ungefähr dem bisher Gesagten entsprach, so hatte es mindestens drei Nachteile für eine fortschrittliche, im Wachsen begriffene Stadt: 1. Wenn es nach Stadtbezirken aufgebaut war, wurde es unpraktisch in der Handhabung, wenn Bürger aus ihrem Heimatbezirk umzogen. 2. Es erfaßte zwar große Einwanderergruppen, etwa ganze *gentes,* war aber ungeeignet zur Registrierung von Einzelpersonen. 3. Da die Kurie der Überlieferung nach auch der Armee Soldaten lieferte (jede Kurie hatte einhundert Fußsoldaten zu stellen), war das System umständlich und unzuverlässig; vor allem, wenn man Männer brauchte, die nach ihrer Befähigung zur Stellung der Standardrüstung ausgesucht wurden.

Eine Folge der servianischen Heeresreform zwischen 550 und 530 v. Chr. war deshalb die Bildung einer neuen Volksversammlung, die sich aus allen Zenturien der *classes* zusammensetzte, also aller Männer, die zum Heeresdienst zugelassen waren. Diese *comitia centuriata* waren eine Versammlung des *exercitus* (Heer) und trafen sich deshalb außerhalb der geheiligten Stadtgrenze *(pomerium),* da das bewaffnete Heer die Stadt nicht betreten durfte. Zugleich war hier die wohlhabende Mittelschicht versammelt und bekam dadurch, als wirtschaftlich für Rom wichtige Gesellschaftsschicht, größeren Einfluß. Nach der Vertreibung der Könige wurde sie zur hauptsächlichen Gesetzgebungs- und Wahlversammlung.

Servius wollte mit der *classis* eine einheitliche und umfassende Methode zur Identifizierung und Klassifizierung der römischen Bürger schaffen – Bürger, deren oberste Verpflichtung dem

Staat galt, nicht der Familie oder Volksgruppe. Aber in einer Stadt von der Größe Roms brauchte man auch kleinere Gruppierungen für die Verwaltung. Diese schuf Servius durch eine Umgestaltung des Tribussystems. Es lassen sich nur schwer Informationen darüber finden, vor allem da wir keine klare Vorstellung vom vorherigen Zustand haben. Grundsätzlich ist als gesichert anzusehen, daß es vier nach Stadthügeln benannte Stadttribus (*Palatina*, *Collina*, *Esquilina* und *Sucusana*; vgl. Varro, De lingua Latina 5, 56; Festus 506 L.; Plinius, Naturalis historia 18, 13; Dionysios von Halikarnassos 4, 13) und mehrere Landtribus gab. In geschichtlicher Zeit gab es von den letzteren 31, die immer wieder erweitert wurden, um ganz Italien und die angegliederten Gebiete abzudecken, aber diese Gesamtzahl wurde erst nach der Eroberung Italiens im Jahre 241 v. Chr. erreicht, und nach der Quellenlage wurden vierzehn der Landtribus erst zwischen 387 und 241 gegründet. Zum Jahr 495 notiert Livius (2, 21, 7), daß 31 *tribus* gebildet wurden (*una et triginta tribus factae*), aber die Stelle ist aller Wahrscheinlichkeit nach verderbt, und die richtige Lesart ist wohl 21 (XXI statt XXXI). Die einfachste Erklärung ist, daß damals zwei zusätzliche Landtribus, die *Claudia* und die *Clustumina*, gebildet wurden, die für die zugezogenen Claudier (s. S. 96) und das neu dazugewonnene, stromaufwärts gelegene Gebiet um Crustumerium (s. S. 97) gedacht waren. In diesem Fall ließe sich behaupten, daß Servius vier Stadt- und fünfzehn Landtribus eingerichtet hat. (Vielleicht waren es auch sechzehn Landtribus, wenn die Claudier sich schon eher in Rom niedergelassen hatten und 495 v. Chr. nur eine weitere *tribus* hinzukam, so daß sich die Summe von 21 ergab; s. S. 97). Man hat diese Theorie angefochten, da einige der Familien, die diesen fünfzehn *tribus* ihren Namen gegeben haben (z. B. *Romilia* oder *Sergia*), erst in der zweiten Hälfte des fünften Jahrhunderts für die römische Geschichte von Bedeutung waren. Doch für eine solche Argumentation wissen wir zu wenig über die Namensgebung der *tribus*; nur daß sie nach Familien benannt wurden, ist ziemlich sicher.

Frühere Geschichtsschreiber behaupten andererseits, daß Servius das römische Herrschaftsgebiet nicht in vier Stadt- und in fünfzehn Landtribus, sondern in vier Stadt- und in 26 bzw. 31 Landtribus eingeteilt habe. Doch daran lassen sich begründete Zweifel anmelden. Bei der Zahl 31 wird wohl dem Urheber gleich die endgültige Zahl der *tribus*, nämlich 35, zugeschrieben; die andere Rechnung setzt wohl Servius' *tribus* mit den durch sie abgelösten 30 *tribus* gleich. Keine dieser Vorstellungen ist historisch so glaubwürdig wie die Annahme, daß die *tribus* allmählich an Zahl zunahmen, entsprechend der Ausdehnung des römischen Herrschaftsgebiets.

Die von Servius eingeteilten Landtribus nannten sich nach Familien, die wahrscheinlich dort einmal Land besessen oder bestellt hatten. Jede umfaßte ein bestimmtes Gebiet. Die Zugehörigkeit zu einer *tribus* verlieh automatisch das Bürgerrecht, aber auch die Pflichten des Bürgerrechts, nämlich Tributzahlungen und Dienst im Kriegsfall. Die Einteilung nach Gebieten bedeutete, daß die Verleihung des Bürgerrechts nicht mehr abhängig war von der Zugehörigkeit zu einer bestimmten Schicht oder Volksgruppe, sondern nach Wohnort und Vermögenslage vorgenommen wurde – damit kamen viele eingewanderte etruskische und andersstämmige Bauern und Kaufleute zum Wahlrecht. Wenn man einmal das Bürgerrecht erhalten hatte, brauchte man zu seiner Ausübung nicht mehr innerhalb der Tribusgrenzen wohnen zu bleiben, wie es anscheinend bei den Kurien der Fall gewesen war. Das Tribussystem strebte also danach, soziale und ethnische Schranken niederzureißen und die Einheit der Volksgemeinschaft zu fördern.

In einem entstehenden Staat sind ethnische Fragen zwar oft von Bedeutung, aber genauso oft werden sie durch andere Spannungen und Interessenkonflikte innerhalb des Gemeinwesens verdrängt. Die servianische Reform hat den römischen Staat im großen und ganzen erfolgreich aus einer Vielfalt von verschiedenen ethnischen Gruppen zu einer Einheit zusammengeschweißt: Etrusker und Latiner lebten friedlich nebeneinander. Doch konnte diese Reform eine andere, viel gefährlichere Spaltung nicht verhindern, die nach Abschaffung der festen Führung durch die Könige zu Zerwürfnissen führen sollte.

Der Senat

Die älteste Ratsversammlung in Rom war der Senat, ein Ältestenrat. Seine Mitglieder hießen *patres* (Väter), nach allgemeiner Auffassung waren sie also die Oberhäupter der einzelnen Großfamilien, der *gentes*. Die Angaben der Überlieferung über Entstehung und Größe des Senats sind unterschiedlich. Meist wird berichtet, daß Romulus 100 *patres* ausgewählt habe, und daß sich nach Einführung der Republik ihre Zahl durch das Hinzukommen der Sabiner (oder Albaner) und Etrusker verdreifacht habe (vgl. etwa Livius 2, 1, 10). Die wichtigsten Abweichungen von dieser Darstellung lassen sich bei Dionysios von Halikarnassos (2, 12.47.57), Festus (454 L.) und Plutarch (Romulus 13) sowie eben bei Livius nachlesen. Daß es schließlich 300 *patres* waren, geht sicher auf die alte Überlieferung zurück, nach der sie ursprünglich aus den Kurien gewählt wurden, vermutlich zehn *(decem)* je Kurie. (Noch während der Kaiserzeit hießen die Mitglieder der einzelnen Stadtkurien oder -senate *decuriones*.) Tatsächlich bestätigt ein undatiertes Gesetz aus der Zeit der Republik, das *plebiscitum Ovinium* (nach 362 v. Chr.), die Bestimmung, daß die Senatoren nach Kurien gewählt werden sollten (*curiatim;* Festus 290 L.). Wenn unter den etruskischen Königen die Mitgliedschaft im Senat beschränkt war, z. B. auf 300, dann konnten nicht alle Oberhäupter der Sippenzweige Senatoren werden. Also war ein Auswahlprinzip vonnöten, etwa Ernennung durch die Kurien oder durch den König. So kam es auch, daß die Familienoberhäupter im Senat gegenüber den anderen durch einen genauen Beinamen ausgezeichnet wurden: sie hießen *patres conscripti* (eingetragene Väter). Diese Deutung des Namens, die auch Cicero (er spricht in Philippica 13, 28 von einem einzelnen Senator als *pater conscriptus*) und Dionysios von Halikarnassos (er übersetzt in 2, 47 den Titel ins Griechische als *pateres engraphoi)* vertreten, erscheint mir als die sinnvollste. Aber auch eine andere Interpretation ist möglich: A. Momigliano* hat ausführlich dargelegt, daß *patres* und *conscripti* zwei verschiedene Gruppen bezeichnen, nämlich *patres* die von Anfang an zugehörigen, *conscripti* die später aufgrund von Reichtum und Einfluß aufgenommenen Mitglieder; also eigentlich *patres (et) conscripti,* ähnlich dem Ausdruck *Populus Romanus Quirites,* der bedeutet: das römische Volk und die Quiriten. In einer solchen Kombination von Erb- und Geldadel spiegelt sich die neue Staatsordnung, die nun den Neureichen die Möglichkeit gab, auf die römische Regierung Einfluß zu nehmen. Unterstützt wird Momiglianos Auffassung durch drei Stellen bei Festus (Paulus' Festusexzerpt 6 u. 36 L.; Festus 304 L.), in denen *patres* und *conscripti* einzeln genannt werden.

---

* *The Origins of the Roman Republic.* In: C. S. Singleton (Hg.), *Interpretation. Theory and Practice.* Baltimore 1969, S. 1–32; wieder in: A. Momigliano. *Quinto Contributo alla Storia degli Studi Classici e del Mondo Antico.* I. (Storia e Letteratura 135) Rom 1975, S. 293–331.

Es gab also tatsächlich in der Anfangszeit der Republik eine Zweiteilung der Bevölkerung in Klassen, wie Livius und andere Autoren bestätigen: eine Zweiteilung in Patrizier und Plebejer. Woher kam nun diese Spaltung, und wer gehörte jeweils zu diesen beiden Gruppen? Die Definition des Namens ist bei den Patriziern scheinbar leichter: Sie waren einfach die Söhne und Nachkommen der *patres,* so wie die *aedilicii* die Nachkommen der Ädilen waren. Aber ganz so einfach ist die Sachlage doch nicht.

Auf einer gewissen Entwicklungsstufe der Republik waren nicht die Abkömmlinge aller Senatoren Patrizier, sondern nur die bestimmter Familien ersten und zweiten Ranges (*maiores* und *minores gentes*). Die Familien zweiten Ranges soll Tarquinius der Ältere geschaffen haben (Livius 1, 35, 6; Cicero, De re publica 2, 20, 36; Dionysios von Halikarnassos 3, 41; Tacitus, Annalen 11, 25 verlegt dagegen ihre Entstehung in die Anfangszeit der Republik). Leider wissen wir nur von den Papiriern, daß sie zu den *minores gentes* gehörten; so können wir also nicht feststellen, ob sie sich in ihrer historischen Gegebenheit oder ihrer ethnischen Abstammung von den *maiores* unterschieden. Allen diesen Familien waren bestimmte erbliche Vorrechte gemeinsam, die sie vor den anderen auszeichneten. Bis ins dritte vorchristliche Jahrhundert mußten die drei Oberpriester von Iuppiter, Mars und Quirinus, der Kurienvorstand *(curio maximus)* und der *rex sacrorum* (der Priester, der nach der Abschaffung des Königtums die kultischen Aufgaben des Königs übernommen hatte) Patrizier sein. Auch die übrigen kultischen Vollmachten im Staat fielen den Patriziern zu, wenn ein König starb, so die *auspicia*, durch die man Iuppiters Willen erforschte, und damit auch die Ernennung des Nachfolgers. Patrizische »Zwischenkönige« *(interreges)* führten die Regierung weiter, bis ein neuer König gewählt war. In republikanischer Zeit geschah dasselbe, wenn beide Konsulposten wegen Todesfall oder ungültiger Wahl neu zu besetzen waren; nur mußten die *interreges* nun neben ihrer patrizischen Abstammung auch noch nachweisen, daß sie selbst schon Konsuln gewesen waren.

Die Zweiteilung Patrizier – Plebejer legt nahe, daß die Plebejer nun einfach der Rest des Volkes, die Nicht-Patrizier waren. Trotzdem gibt es zwei ganz gegensätzliche Meinungen darüber, wie diese Einteilung nun wirklich aussah.

1. A. Alföldi hat in einer Reihe von Büchern und Aufsätzen (s. Literaturhinweise) die Theorie entwickelt, daß die Patrizier identisch seien mit dem Ritteradel, der die königliche Reiterei stellte, zunächst 300 Männer, die später auf 600 verdoppelt wurden und den Namen *sex suffragia* führten (s. S. 48 f.). Diese Elitetruppe ergriff bei der Vertreibung der Könige die Macht, nimmt Alföldi an, und verteilte die Befugnisse im Staat im Erbprinzip unter sich. Dieses aristokratische Monopol, das auf der Bedeutung einer rein patrizischen Reiterei beruhte, erschwerte die Beziehungen zum verbitterten Rest der Bevölkerung, den Plebejern. Alföldi baut seine Theorie auf drei Punkten auf:

a. Festus (290 L.) nennt als Teil des servianischen Heeresaufbaus auch eine Einheit *procum patricium*. Dieses Wissen bezieht er von Varro, und Cicero (Orator 156) macht das Ganze etwas klarer: er gibt an, in den Handbüchern der Zensoren, deren Aufgabe die Schätzung der Stände und die Einteilung der Zenturien war, sei eine *centuria fabrum et procum* erwähnt. Wir wissen aus anderen Quellen, daß mindestens eine Zenturie der *fabri* (Schmiede) existierte. Vielleicht spielt die Cicerostelle also auch auf eine spezielle Zenturie für *proci* an, wobei der volle Name *proci patricii* abgekürzt erscheint. Aber weder Varro noch Cicero geben an, ob es sich dabei um eine Reiter- oder eine Fußtruppe handelte, und da der Eindruck entsteht, es habe nur diese eine gegeben, scheidet auch die Möglichkeit aus, daß sie mit den *sex suffragia* identisch war. Am wahrscheinlichsten ist, daß diese Zenturie aus Patriziern (= Nachkommen der *patres*) bestand, die in der Volksversammlung aus religiösen Gründen als erste wählten (*proci = proceres*, Führer), denn mit der Stimmabgabe der ersten Zenturie war viel Aberglaube verbunden.

b. Die Patrizier trugen in klassischer Zeit Schuhe, die laut Alföldi wie Reitstiefel aussahen. Allerdings gibt er keinen Beweis für diese Annahme.

c. Alföldis Hauptargument: Er setzt *a priori* voraus, daß die Reiterei der wichtigste Teil des Heeres gewesen sein muß. Ich habe jedoch zu zeigen versucht, daß dies nach der Mitte des sechsten Jahrhunderts nicht mehr zutrifft (s. S. 43). Außerdem dürften die Mitglieder der Reiterei wohl kaum aus wohlhabenden Adelskreisen gestammt haben, wenn sie seit frühester Zeit Pferd und Futter aus Steuergeldern bezahlt bekamen.

2. A. Momigliano hat Alföldis Theorie erfolgreich widersprochen und eine eigene vorgelegt (s. Literaturhinweise). Für ihn

sind die Patrizier, die wirklich diesen Namen tragen, als Klasse zahlenmäßig zu gering, um in einem so großen und vielgestaltigen Staat wie dem römischen eine Spaltung zu bewirken. Sie können nicht viel mehr als 1000 gewesen sein, während die gesamte Zahl der männlichen Bevölkerung kaum unter 30000 gelegen haben dürfte, vielleicht sogar bis zu 80000 umfaßt hat, wenn wir den Zahlen der ersten Zählung glauben dürfen, die bei den Annalisten erscheinen. Momigliano sieht die Spaltung im Volk anders: Für ihn besteht sie zwischen dem *populus*, zu dem alle gehörten, die nach ihrem Besitzstand als Mitglieder der *classis* eingestuft worden waren, und der *plebs*, also allen anderen, die *infra classem*, unter der *classis* waren. Diese Unterscheidung in *populus* und *plebs* findet sich in wenigen Texten (Livius 25, 12, 10; Cicero, Pro Murena 1). Außerdem hatte der Diktator den Beinamen *magister populi*. Diese Fakten passen zu Momiglianos Ansicht, daß auch der Senat aus dieser Klasse besitzender Bürger zusammengestellt wurde: *patres et conscripti*.

3. Sicher bestand die Spaltung, wie immer und überall, zwischen Arm und Reich, aber trotzdem bezweifle ich die Richtigkeit von Momiglianos Theorie, die eben nur auf zwei formelhaften Erwähnungen von *populus* und *plebs* aufbaut, wobei der Kontext nichts über den angeblichen Unterschied der beiden Begriffe aussagt. Der Überlieferung nach bestanden jedenfalls die Differenzen eindeutig zwischen *patres* (= Patrizier) und *plebs*. Gründe für diesen Zustand gibt die Überlieferung keine an. Man kann eine Liste von Patriziern erstellen, wenn man die Inhaber von Patriziern vorbehaltenen Ämtern wie dem des *interrex* in den Anfängen der Republik verfolgt. Dazu gehören die Aemilier, Claudier, Cloelier, Cornelier, Fabier, Furier, Iulier, Manlier, Nautier, Papirier, Postumier, Quinctier, Servilier, Sulpicier und Valerier. Die Liste ließe sich noch fortsetzen, allerdings sind spätere Quellen nicht sehr zuverlässig, da Familien aussterben oder sich in mehrere Zweige teilen konnten, von denen nur manche als patrizisch anerkannt wurden. Einzelpersonen konnten plebejischen Status annehmen, so etwa P. Clodius im Jahre 59 v. Chr., und damit für alle ihre Nachkommen auf den Patrizierstand verzichten. Aber irgendwann begannen die Einschränkungen bei der Zugehörigkeit zum Patrizierstand: Wer in den Senat gewählt wurde, konnte seinen Stand nicht mehr seinen Nachkommen vererben. Wann wurde diese Änderung eingeführt? Sicher nach dem Zuzug der Claudier (der Überlieferung nach kamen sie nach dem Sturz der Könige im

Jahre 504 v. Chr.; vgl. Livius 2, 16, 4; Dionysios von Halikarnassos 5, 40; Servius, zu Aeneis 7, 706; aber vielleicht auch schon etwas eher, s. S. 96f.) und vor den ersten belegten Plebejerunruhen im Jahre 494 v. Chr. Die sinnvollste Erklärung scheint mir die zu sein, daß man keine erblichen Patrizier mehr ernannte, als die Könige, die aufgrund ihrer Gottähnlichkeit das Recht zur Vergabe dieses Privilegs besessen hatten, endgültig vertrieben und durch eine Republik ersetzt worden waren. Bis dahin waren alle Senatoren automatisch auch Patrizier gewesen. In der Einteilung der Patrizier in zwei Klassen (*maiores* und *minores gentes*) spiegelt sich der Unterschied zwischen eingesessenen Dynastien und erst später dazugekommenen Familien. Diese müssen nicht unbedingt unter der Etruskerherrschaft selbst in den Senat aufgenommen worden und alle selbst Etrusker gewesen sein (die Papirier z. B. kamen anscheinend aus den Albaner Bergen), sondern sie fanden im Zug der großen, von den Tarquiniern ausgelösten Expansion Zutritt zur römischen Gesellschaft.

Die Zahl der eigentlichen Patrizier war also tatsächlich beschränkt, wie es scheint, aber ihr Einfluß war trotzdem groß. Sicher zogen sie viele wohlhabende Kaufleute ohne politische Erfahrung oder Verpflichtungen als Familienoberhäupter an sich. Weiterhin war in diesen Patrizierfamilien eine fast feudale Beziehung zwischen dem *pater familias,* also dem Familienoberhaupt, und seinen Abhängigen üblich: *patronus* und *clientes.* Der *patronus* half seinem *cliens* bei einem Prozeß oder anderen Problemen, der *cliens* mußte seinem *patronus* dafür verschiedene Dienste leisten, etwa ihm morgens persönlich seine Aufwartung machen. So haben wir von den Claudiern gehört, die mit einer großen Klientenschar auftraten, während die Fabier ihre Klienten als Besatzung an die Cremera schickten. Die Patrizier konnten sich also auf eine zuverlässige Truppe von Leuten stützen, die sich ihnen emotionell verbunden und verpflichtet fühlten und sich ihrerseits in schlechten Zeiten an ihren *patronus* um Hilfe und Unterstützung wenden konnten. Den wichtigsten Einfluß aber übten die Patrizier dadurch aus, daß sie die Schlüsselstellungen in der Verwaltung und der Regierung innehatten. Der Kalender war der Öffentlichkeit noch nicht zugänglich; so wußten nur die Patrizier, an welchen Tagen Gerichts- oder Handelstätigkeit erlaubt war. Der einfache Handwerker oder Händler, der wegen Schulden vor Gericht kam und nicht den Schutz eines *patronus* genoß, war hoffnungslos im Nachteil. Als 50 Jahre später das Zwölftafelgesetz veröffentlicht wurde, war das Bemerkenswerte daran nicht irgendwelche Neuerungen oder Verbesserungen, sondern die Veröffentlichung selbst, die Verfügbarkeit für alle.

Diese einfachen Bürger, meist eben erst zugezogen und ohne Anhang, die fast alle in der Stadt als Töpfer, Schmiede, Händler und dergleichen arbeiteten, gerieten in eine verzweifelte Lage, als sich in den Anfangsjahren der Republik die Wirtschaftslage verschlechterte. Keiner beschützte sie, doch eine Clique mit kultischen Privilegien behinderte sie überall durch ihre Heimlichtuerei und Kleinlichkeit. Dadurch, daß die Patrizier auch die *auspicia* in der Hand hatten, konnten sie praktisch gegen alle Entscheidungen der Volksversammlung ihr Veto einlegen. Lange bevor der letzte Tarquinier vertrieben war, mehrten sich die Anzeichen dafür, daß die Patrizier als »pressure-group« ihren Einfluß ausübten.

Meiner Ansicht nach spaltete sich also gegen Ende der Etruskerherrschaft die Bevölkerung in zwei Gruppen. Die eine bestand aus erblichen Adelsdynastien, die von einer großen Anzahl Abhängiger unterstützt wurde und zur Erhaltung ihrer Machtstellung stark auf die Manipulation der Religion, ihres Monopols, angewiesen war. Die andere, zahlenmäßig größere Gruppe umfaßte den Rest der Bevölkerung: ärmere, abhängige Menschen ohne Einfluß und Privilegien.

5. Servius Tullius

Zur Person des Königs

Wieweit die in den letzten beiden Kapiteln umrissenen Entwicklungen die Leistungen von einzelnen waren, läßt sich nur vermuten. Ein Tarquinier aus der Stadt Tarquinii, Sohn des korinthischen Emigranten Demaratos, soll um 616 v. Chr. die Etruskerdynastie in Rom begründet haben. Der Wahrheitsgehalt dieser Behauptung ist nicht festzustellen, aber es ist möglich, daß ein historischer Kern vorhanden ist. Um 650 v. Chr. sind tatsächlich Korinther nach Etrurien geflüchtet, als die Adelsherrschaft der Bacchiaden durch den Tyrannen Kypselos gestürzt wurde; es ist nämlich erwiesen, daß seit dieser Zeit in Falerii und anderswo korinthische Handwerker arbeiteten. Seit dem Ende des siebten Jahrhunderts wurde in importierten und einheimischen Gegenständen etruskischer Einfluß spürbar.

Der Name Tarquinius ist die latinisierte Form des häufigen etruskischen Namens Tarchna, der sich z. B. in einer Reihe bemerkenswerter Gräber aus dem fünften bis dritten Jahrhundert in Caere findet. Unabhängig davon ist ein römischer Tarquinius durch eine Freskendarstellung im Françoisgrab in Vulci belegt: der Heros Cneve Tarchunies Rumach (TLE[2] 300), also Cn. Tarquinius der Römer.

Aber das ist auch schon alles. Über Charakter oder Politik des ersten etruskischen Königs, angeblich L. Tarquinius Priscus, läßt sich nichts mit Sicherheit behaupten. Die Berichte bei Livius sind entweder hellenistische Märchen oder verallgemeinernde Erinnerungen an Leistungen der Etrusker im Rom der Königszeit.

Für die Person des Servius Tullius, der nach der Überlieferung der nächste König war, von ca. 578 bis ca. 534 v. Chr., sieht es nicht viel besser aus. Auf jeden Fall wird er immer in einem Atemzug mit der servianischen Verfassung und dem Dianatempel auf dem Aventin genannt; vielleicht gab es dafür auch schriftliche Zeugnisse, die diese Verbindung erhärteten. Sonst existierten wohl kaum Dokumente über seine Regierungszeit. Zudem hat man seine politischen Leistungen bis zur Unkenntlichkeit entstellt, und zwar aus drei Gründen: Einmal ließen sich die Römer von ihrer Vorliebe, für alles etymologische Erklärungen zu suchen, leicht dazu verführen, Servius als Freund der Sklaven *(servi)* zu sehen und ihm vermutlich auch gleich eine Herkunft aus dem Sklavenstand anzudichten. Außerdem neigten die römischen Geschichtsschreiber dazu, in Anlehnung an verschiedene Systeme, die letztlich auf Platons Theorie vom Kreislauf der Geschichte zurückgehen, die römischen Könige in Kategorien einzuteilen: der Priesterkönig Numa, der Kriegsheld und Stadtgründer Romulus, der hochmütige Tyrann Tarquinius und so weiter. Servius galt in diesem System als der zweite Gründer, der Mann, der Rom seine Gesetzesgrundlage gab; deshalb wurden ihm viele Verfassungs- und Gesetzesänderungen zugeschrieben. Und schließlich führte seine Stellung zwischen den beiden Tarquiniern zu Spekulationen über seine Herkunft. Kaiser Claudius versuchte eine Verbindung herzustellen zwischen einer etruskischen Sage über einen Abenteurer namens Macstarna (die etruskische Form des lateinischen Titels *magister* = Meister), der die Macht in Rom an sich riß, und der offensichtlichen Usurpation durch Servius Tullius, indem er die beiden Gestalten für identisch erklärte; ob zu recht oder nicht, wissen wir nicht. Trotzdem können alle drei Entstellungen eine historische Aussage über Servius Tullius enthalten und ein paar Vermutungen über ihn ermöglichen.

Fangen wir beim Namen an: Anders als Tarquinius wirkt er lateinisch wie der Name seiner Mutter Ocrisia, der von der altitalischen Wurzel *ocri* = Berg abgeleitet ist (Festus 192 L.; vgl. umbrisch *ukar,* griechisch *okris*). Die Stadt Corniculum, aus der er stammt, ist eine Latinerstadt, wahrscheinlich das östlich von Rom gelegene Monte dell'Incastro. Dennoch muß sein Aufstieg zur Macht plötzlich und unvermutet erfolgt sein, da er keinen Erbanspruch auf den Thron hatte, der ja schon fest in der Hand der Tarquinier war. Die römischen Geschichtsschreiber taten, was sie konnten; was sich nicht erklären ließ, mußte göttlichen Ursprungs sein: Servius' Mutter soll ihn von einer göttlichen Flamme empfangen haben (Dionysios von Halikarnassos 4, 2). Dieser Umstand, so heißt es weiter, verschaffte ihm, wie vielen anderen mythologischen Helden, ohne Stammbaum das Anrecht auf das höchste Adelsprädikat. Servius' Mutter kam als Sklavin *(serva)* in Gefangenschaft, als Tarquinius der Ältere Corniculum einnahm, aber die besondere Begabung des Knaben und die Ehrbarkeit der Mutter verschafften ihm Zutritt zum Königshof, wo er erzogen wurde. Schließlich war er dort so angesehen, daß er nach Tarquinius' Tod ohne Schwierigkeiten auf den Thron kam. Dieser Darstellung nach war er ein latinischer Emporkömmling, aber es ist nicht sicher, ob Servius Tullius wirklich ein latinischer oder nicht doch ein etruskischer Name ist. Wenn er etruskisch wäre, würde Servius' Aufstieg zur Macht leichter verständlich, selbst wenn man nicht so weit geht wie Kaiser Claudius, ihn mit Macstarna zu identifizieren (s. S. 92 f.).

Servius' Politik

Servius' Regierung zeichnet sich dadurch aus, daß die Verschmelzung latinischer und etruskischer Elemente, die Rom sein besonderes Gepräge gab, nun schneller vor sich ging, und daß Rom jetzt als führende Macht in Latium auftreten konnte. Seine Regierungszeit läßt sich nur sehr ungenau in die Zeit zwischen 550 und 520 v. Chr. datieren, ausgehend von der durch ihn veranlaßten Einführung der neuen Hoplitenbewaffnung, die nach archäologischen Befunden in diesen Zeitraum fällt, und von der endgültigen Vertreibung der Könige um 507 v. Chr. (Damit bliebe für den letzten Tarquinier eine Regierungszeit von 13 Jahren.)

Die Vorteile, die Rom aus einer latinisch-etruskischen Verschmelzung für einen Fortschritt in Zivilisation und Wohlstand gewinnen konnte, waren für Servius als Mitglied einer der beiden Volksgruppen besonders klar; deshalb veränderte er den Aufbau der Armee und führte Infanteriebewaffnung und -technik aus Etrurien ein, für die nicht nur eine elitäre Adelsschicht, sondern alle Bürger nötig waren, die sich die Ausrüstung leisten und die Zeit für die Ausbildung nehmen konnten. Diese Neuerung nivellierte die Klassenunterschiede (s. S. 47). Der reiche etruskische Kaufmann fühlte sich mit dem alteingesessenen latinischen Grundbesitzer durch die allen gemeinsame Dienstpflicht und Ausrüstung verbunden.

Bei dieser Bürgerwehr mußte Servius aber anders als bei einer militärischen Elite dafür sorgen, daß alle, die miteinander in Rom lebten und arbeiteten, auch ihrem Vermögen entsprechend in dieser Armee dienten. Dafür mußte das Prinzip der Bürgerrechtsverleihung grundlegend geändert werden. Dies tat Servius, indem er das alte, nach Volkszugehörigkeit unterscheidende Kuriensystem durch das Tribussystem ersetzte, bei dem der

Wohnort über die Zugehörigkeit entschied (s. S. 56). Vor allem aber erkannte er, daß die neue, aus Bürgern bestehende Armee auch das Recht haben müßte, in Staatsangelegenheiten mitzureden (auch die Herresreformen in Sparta um 675 v. Chr. gingen Hand in Hand mit Verlagerungen der Macht in der Versammlung). Die *classis* trat nach Zenturien als beratende Versammlung zusammen, also als potentieller Gegenspieler der *comitia centuriata*. Die ursprüngliche Größe der *comitia centuriata* ist nicht bekannt. Am wahrscheinlichsten ist ein Umfang von 30 Zenturien *iuniores* (Männer im wehrdienstfähigen Alter), dreißig *seniores* und sechs Reiterzenturien, die *sex suffragia,* die erst *nach* dem Fußvolk ihre Stimme abgaben. Dieser Rekonstruktionsversuch beruht aber nur auf Vermutungen; vielleicht gab es auch 40 *iuniores*-Zenturien. Auch über die Machtbefugnisse dieser neuen Ratsversammlung wissen wir nichts. In den Quellen wird ein Regelhandbuch erwähnt, in dem Servius Tullius Vorschriften über die Konsulwahl niedergelegt hat (Livius 1, 60, 4), aber vielleicht wird hier wieder nur nach römischer Gewohnheit auch diese Regelung, wie alles andere, das mit der Verfassung zu tun hat, dem König zugeschrieben. Wenn es dieses Handbuch gab, würde das bedeuten, daß Servius Tullius die *comitia centuriata* nicht nur als beratende, sondern auch als Wahlversammlung geplant hatte (z. B. für die Wahl von Legionskommandanten). In jedem Fall dienten auch diese *comitia* dazu, Römer aus allen Schichten im gemeinsamen Gespräch über ihren Staat einander näher zu bringen.

Dianakult und Latinerbund

Servius' größtes in der Antike bekanntes Denkmal war der Dianatempel. Der Tempel selbst ist nicht ausgegraben worden, und über sein Aussehen gibt es keinerlei Gewißheit. Vorher existierte nur ein Altar in einem Hain (CIL III 1933). Schon die Tatsache selbst, daß ein Tempel erbaut wurde, beweist die Übernahme etruskischer Kultvorstellungen. Untermauert wird diese These durch eine Stelle bei Dionysios von Halikarnassos (4,26), in der er ausdrücklich von einer noch zu seiner Zeit existierenden Bronzeinschrift spricht, die die Beschlüsse der an diesem Kult beteiligten Städte und ihre Namen aufführt. Diese Inschrift sei in archaischen griechischen Buchstaben geschrieben.

Vielleicht meint er damit die etruskische Schrift, aber auch Lateinisch ist denkbar, denn Festus zitiert das Wort *nesi* als Teil der Inschrift auf dem Diana-Altar, und weiter kann man annehmen, daß auch Servius Tullius selbst genannt war. Tacitus (Annalen 12,8) zitiert Kaiser Claudius im Zusammenhang mit Riten zu Ehren der Diana *ex legibus Tulli regis* – nach den Vorschriften des Königs (Servius) Tullius; vielleicht wieder ein Hinweis auf ein schriftliches Dokument.

Die Einführung des Dianakults war ein sehr wichtiges Ereignis in der internationalen Politik des sechsten Jahrhunderts, denn er orientierte sich unverkennbar am Bundeskult der Artemis (= Diana) in Ephesos, wie alle Quellen übereinstimmend berichten. Eigentlich war zwar Mykale mit dem Tempel des Poseidon Helikonios das Kultzentrum des ionischen Bundes in Kleinasien, aber das ephesische Artemision hat damals schon die Phantasie der Menschen beflügelt und tat es auch noch zur Zeit des hl. Paulus und später. Der Kult und auch die zugrundeliegende Idee, daß er viele Städte zu einem Bund zusammenschließen sollte, kam vielleicht nicht direkt aus Kleinasien nach Italien, sondern über den Umweg über die Griechenkolonie Massilia (Marseille), die um 540 v. Chr. neu gegründet wurde. Der Geograph Strabon (4, 1, 5 p. 180) schreibt, die Dianastatue sei genauso aufgestellt gewesen wie die Artemisfigur in Massilia, die wiederum der in Ephesos glich. Die Daten passen zusammen, und es ist wahrscheinlicher, daß die Römer zu Seefahrervölkern an der Westküste des Mittelmeers Kontakt hatten als zum Osten. Hinter dem Kult verbirgt sich aber noch ein weiteres Motiv.

Nach römischer Überlieferung existierte bereits in Latium ein gemeinsamer Dianakult, der einige Städte miteinander verband. Plinius (Naturalis historia 16,242) spricht von einem altehrwürdigen Dianahain namens Corne, den die Bevölkerung von Latium auf einem Hügel außerhalb von Tusculum geweiht habe. Cato erwähnt in einem berühmten Fragment seiner *origines* (58 Peter = 53 Schönberger) ein Opfer eines Egerius Laevius aus Tusculum, *dictator* (oder *dicator = dedicator,* also Opferer) der Latiner in einem Hain von Aricia als Vertreter folgender Völker: Tusculaner, Ariciner, Lanuviner, Laurenter, Coraner, Tiburtiner, Pometiner und Rutuler aus Ardea.

Schon dieses Zeugnis würde als Beweis dafür genügen, daß Diana der Mittelpunkt eines religiös-politisch orientierten Bundes war, vergleichbar mit dem Bund der Ionier. Problematisch

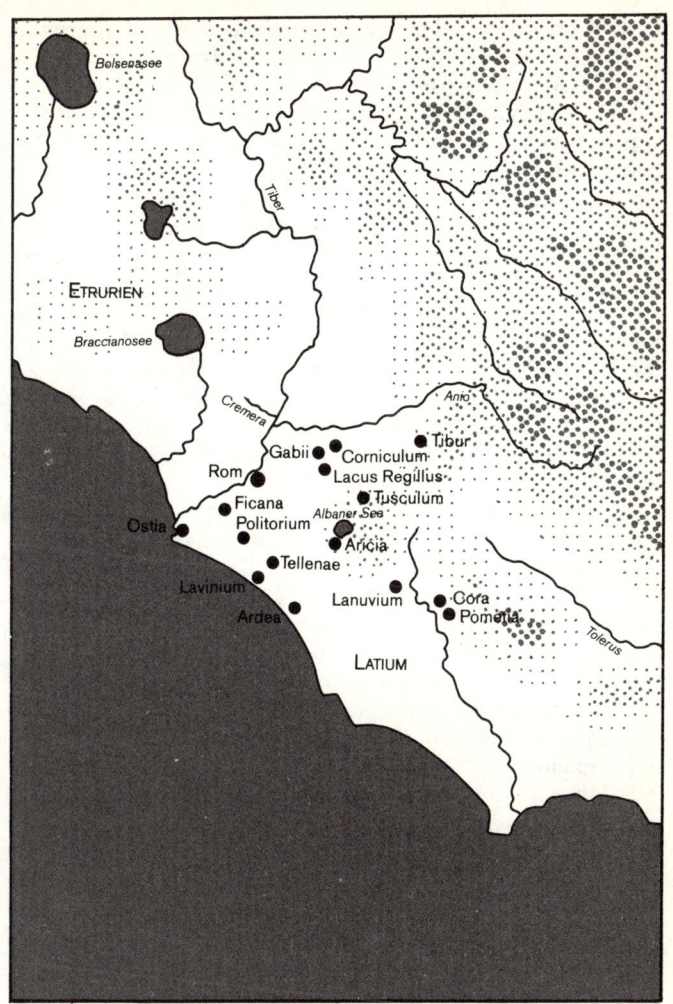

Abb. 4: Latium und der Latinerbund

ist die Frage, *wann* dieser latinische Dianabund gegründet wurde. War er Bedingung oder Folge des Tempelbaus auf dem Aventin durch Servius?

1. A. Momigliano (s. Literaturhinweise) behauptet, daß Servius mit seinem Tempel den Kult begründet hat, um ganz Latium durch gemeinsame Religionsausübung zu verbinden. Seine Theorie fußt darauf, daß nicht nur Aricia, sondern ganz Italien den Gründungstag des Dianakults am selben Datum, dem 13. August, feierte, und das war nur denkbar, wenn Rom damit den Anfang gemacht hatte. Übrigens haben sich auch ein paar archäologische Belege für den Kult in Aricia gefunden. Die Funde können nicht viel älter als aus der Zeit um 500 sein, und die Kultstatue in Form einer dreigestaltigen Diana, die auf Münzen des P. Accoleius Lariscolus von 43 v. Chr. abgebildet ist, muß sogar jünger sein. Der Kult in Aricia dürfte also aus der Anfangszeit der Republik stammen, als Latium sich von Rom lösen wollte (s. S. 103 f.).

2. A. Alföldi (s. Literaturhinweise) akzeptiert, daß der Kult in Aricia älter ist als der in Rom, aber den Bau des Dianatempels auf dem Aventin datiert er statt in die Regierungszeit von Servius Tullius in das Jahrzehnt nach 500 v. Chr., als die Latinerstädte, vor allem Tusculum, in der Schlacht am Lacus Regillus endgültig besiegt wurden (s. S. 104). Diana schwenkte von Aricia und Tusculum zu den Römern über. Alföldi behauptet, daß die Einführung des Kults nur deshalb Servius Tullius zugeschrieben wurde, weil die Sklaven *(servi)* in diesem Kult eine Rolle spielten.

3. Für mich besteht kein Zweifel daran, daß Servius Tullius um 540 den Kult begründet hat. Die Verbindung mit Marseille und das wörtliche Zitat der Bedingungen des Bundeskults weisen deutlich darauf hin. Man sollte jedoch die Überlieferung nicht ohne weiteres als unzutreffend abtun. In Aricia hat vielleicht schon um 600 ein örtlicher Kult bestanden, aber erst nach dem Zusammenbruch, den der Sturz der Könige verursacht hatte, wurde er als Kult des latinischen Bundes neu gegründet (hier übernehme ich R. Thomsens Meinung; s. Literaturhinweise).

Noch ein Beleg verdient Erwähnung: Servius Tullius stammte, wie gesagt, aus Corniculum; ein latinischer Dianakult existierte in Corne. Die Gründungssage erfand die folgende Prophezeiung: Die Stadt, die der Diana eine bestimmte Kuh mit goldenen Hörnern *(cornua)* opfern würde, würde die Welt beherrschen. Der Sage nach hat der *pontifex* Cornelius schließlich den Besitzer der Kuh, einen Sabiner, durch Betrug dazu gebracht, Servius Tullius die Opferung der Kuh zu gestatten. Diese Sage ist ein typisches Beispiel für die Etymologisierungssucht der Römer, die ihren Höhepunkt im dritten Jahrhundert erreichte, als die Römer die Welt beherrschten und die Familie der Cornelii Scipiones zu ihrer höchsten Macht aufgestiegen war.

Welche Stadt nun auch den zeitlichen Vorrang hatte, Rom oder Aricia, wichtig ist, daß Servius Tullius einen Kult einrichtete, dessen Hauptzweck es war, andere Latinerstädte durch gemeinsame Religionsausübung an Rom zu binden. Vorher hatte Rom sich schon gewaltig ausgebreitet. Es ist gut vorstellbar, daß es sich schon im siebten Jahrhundert bis Ostia an der Tibermündung ausgedehnt hatte, um den Salzhandel zu sichern. Kleinere Orte in der unmittelbaren Umgebung Roms sollen unter dem ersten Tarquinier annektiert worden sein – eine natürliche Folgeerscheinung, als Rom sich aus seiner anfänglichen Isolation löste und Kontakte mit den etruskischen Nachbarn suchte. Dafür haben in den letzten Jahren Ausgrabungen schlagende Beweise geliefert. Livius (1,33,1–2) führt Politorium, Tellenae und Ficana auf, drei Dörfer, die von dem voretruskischen König Ancus Marcius erobert worden seien. Alle drei lagen zwischen Rom und dem Meer. Politorium, das schon lange als das heutige Casale di Decima identifiziert ist, hatte, wie wir heute wissen, seine Blütezeit im achten und frühen siebten Jahrhundert. Die Bestattungen im dortigen Gräberfeld, das 1953 entdeckt und vor einiger Zeit ausgegraben worden ist, wurden jedoch schon vor 600 wieder eingestellt. Die Siedlung wurde demnach um diese Zeit verlassen. Zum ersten Mal ging also ein römischer König daran, nach genauer politischer Planung ein Bündnis aufzubauen. Dieses Vorgehen zeigt die zwei Stränge der Geschichte Roms: Einerseits ist es mit Latium verbunden, andererseits verdankt es Etrurien viel, das schon damals das verfeinerte Bündnissystem der Zwölf Stämme hatte.

Wir sehen hierin das Vorgehen eines etruskisierten Latiners; zwei weitere Punkte bestätigen dies. Erstens stand der Tempel auf dem Aventin, also außerhalb des geheiligten Stadtbezirks. Der Hügel war damals nur dünn oder gar nicht besiedelt und wurde erst zur Wohngegend erklärt, als ein Gesetz, das der Überlieferung nach der Volkstribun L. Icilius eingebracht hatte, den Grund zur Bebauung freigab. Zweitens war das Dianafest ein Feiertag für die Sklaven (Plutarch, 100. Römische Frage, Moralia p. 287 e–f). Das ist sehr verwirrend, denn abgesehen davon, daß dieser Punkt sehr leicht zu etymologischen Erfindungen verleiten konnte *(servi* – Servius), gab es zwar Sklaven im Rom der Königszeit, und das Zwölftafelgesetz legt ihren Status fest, aber sie können nicht viele gewesen sein, und ihre Rolle bei den Geschichtsschreibern ist wohl eine Erfindung aus späterer Zeit. Der erste Sklavenmarkt wurde erst 259 eröffnet, und die erste glaubhaft belegte Sklavenauktion fand um 396 v. Chr. nach dem Fall Veiis statt, als Roms Größe allmählich Sklavenarbeit in Feld und Haus notwendig und vertretbar machte. Vielleicht stellte man den Dianatempel auch deshalb außerhalb der Stadt auf, um nicht nur die formelle Gefolgschaft der Latinerstädte zu ermöglichen, sondern auch die Anhänglichkeit besitzloser Einwanderer (ähnlich wie Romulus, der ein Asyl für Flüchtlinge eingerichtet haben soll). Erst später hat man dann diese Sorge um zu kurz gekommene Schichten im allgemeinen auf die Sklaven eingeengt. Servius' eigentliches Interesse galt jedoch einem anderen Ziel: Rom sollte seinen Anspruch verwirklichen, die herrschende, magnetische Kraft in Latium und Südetrurien zu werden.

Weitere Tempelgründungen

Dieselbe konsequente Politik läßt sich aus der dritten Großtat ablesen, die ihm zugeschrieben wird: der Bau des Doppeltempels für Fors Fortuna und die Mater Matuta auf dem *Forum Boarium* und des Altars für Fors Fortuna jenseits des Tibers (Varro, De lingua Latina 6,17: auch andere Kultorte der Fortuna wurden teilweise auf Servius Tullius zurückgeführt; es gibt aber weniger Indizien dafür). Für den Fors Fortuna-Altar liegen keine Ausgrabungsfunde vor, aber die frühesten Überreste, die man auf dem Forum Boarium gefunden hat, stammen von einem freien Platz aus der Zeit um 600. Der erste Tempel wird auf die Zeit um 560 datiert, der zweite um 540, er wurde aber schon um 500 zerstört. Wieder haben wir hier zuerst den offenen Altar, den ein Tempel ablöst. Der Fors Fortuna-Altar weist Ähnlichkeiten mit dem Dianatempel auf. Beide lagen außerhalb der Stadt, bei beiden waren die Sklaven die Nutznießer der Festtage (Ovid, Fasti 6,775 ff.). Fortuna, das Glück, war zwar eine latinische Gottheit, aber wir können uns kaum vorstellen, welch ungeheure Bedeutung sie für einen König gehabt haben muß, der bei seinem Aufstieg zur Macht selbst sehr viel dem Glück zu verdanken hatte. Die Fortuna auf dem Forum Boarium war als verschleierte Statue dargestellt (bis zur Zeit von Kaiser Tiberius: vgl. Cassius Dio 58,7,2). Solche *di involuti* (verhüllte Götter) erinnern an die verschleierten Statuen der etruskischen Schicksalsgötter und lassen etruskischen Einfluß bei der Entstehung dieses Kults vermuten.

Die Mater Matuta dagegen ist eine geradezu herausfordernd italisch-latinische Gottheit; vielleicht war sie für Geburten zuständig. In ihrem Namen klingt noch die oskische Entsprechung mit: *Maatuis;* ihr Hauptheiligtum lag in der latinischen Stadt Satricum. Später, als Rom im Jahre 396 v. Chr. von Veii hart bedrängt wurde, sollte Camillus den Kult der Mater Matuta in Rom wiederbeleben, in dem bewußten Versuch, Satricum, eine der wichtigsten Städte im Volskergebiet südlich von Rom, milde zu stimmen. Die beiden Tempel auf dem Forum Boarium, die auch ihren »Geburtstag« am selben Datum feierten (11. Juni), hat man in der Nähe der Kirche des hl. Omobono ausgegraben. Sie symbolisieren das Ziel der servianischen Politik: die Verschmelzung von Latinern und Etruskern.

6. Tarquinius Superbus

Um von ihrer zweifelhaften Stellung im Staat möglichst
abzulenken, beschäftigten griechische Tyrannen ihre Völker
mit großartigen Bauprogrammen und ehrgeizigen Abenteuern
im Ausland. Das war die Methode des Polykrates von Samos
und des Peisistratos in Athen gewesen. Zieht man den Schleier
phantasievoller Märchen von seiner Regierungszeit ab, so zeigen sich bei Tarquinius Superbus Spuren derselben Politik.

Es ist sinnlos, darüber nachzugrübeln, ob er wirklich der
Sohn oder Enkel eines früheren, von Servius Tullius verdräng-
ten Tarquiniers war, wie die Sage behauptet. Beweise gibt es
keine dafür. Wir müssen uns mit der gut belegten Überlieferung
zufriedengeben, nach der Tarquinius der letzte römische König
war und einige Jahre lang regierte, bevor er 507 v. Chr. vertrieben wurde. Wann genau er Servius Tullius auf den Thron folgte,
läßt sich nicht feststellen, aber vermutlich war es zwischen 530
und 520.

Informationen über Geschehnisse während seiner Regierung
sind dünn gesät, aber sie ergeben ein stimmiges Bild, dessen
Hauptkennzeichen im großen und ganzen die Weiterführung
der unter Servius Tullius begonnenen Expansionspolitik ist.

Tarquinius' Politik

Vor allem wird ihm die Erbauung des großen Tempels für Iuppiter Optimus Maximus zugeschrieben; die erhaltenen Fragmente (Teile des Fundaments, Ziegel, Antefixe etc.) des ersten
Tempels bestätigen die Datierung und damit die Zuordnung zu
seiner Herrschaftszeit. Mit ihrer Hilfe kann man auch Grundriß
und Aufbau des Tempels ziemlich genau rekonstruieren (s.
Abb. 5), obwohl er nach seiner Zerstörung im Jahre 89 v. Chr.
in anderem Stil wieder aufgebaut wurde. Der ursprüngliche
Tempel war nach etruskischem Entwurf gebaut, und schon seine Größe muß geradezu furchteinflößend gewesen sein. Wahrscheinlich war er 53 Meter breit und 63 Meter lang. Er war in
drei Räume unterteilt: den mittleren von etwa 12 Metern Länge,

Abb. 5: Rekonstruktion des Iuppiter-Tempels auf dem Kapitol

der der Gottheit vorbehalten war, und zwei kleinere von knapp 10 Metern Breite. Die Säulen, auf denen das Dach ruhte, müssen über 15 Meter hoch gewesen sein. Säulengebälk und Giebel waren vermutlich mit Relief- und Figurenfriesen verziert, ähnlich den Resten, die beim Portonaccio-Tempel in Veii gefunden wurden. Das terrakottaverkleidete Dach krönte eine riesige Quadriga mit einer Iuppiterfigur, die Szepter und Donnerkeil in den Händen hielt. Wie der Parthenontempel von Athen sollte dieser Tempel die Macht und das Selbstbewußtsein der Stadt Rom zum Ausdruck bringen. Er war der größte Tempel in der damaligen etruskischen Welt und konnte sich selbst mit den schönsten in Griechenland messen.

Ferner heißt es, Tarquinius habe auch Zuschauertribünen im *Circus Maximus* bauen lassen (Livius 1,56,2; Dionysios von Halikarnassos 4,44,1). Verständlicherweise haben Ausgrabungen keine Spuren davon zutage gefördert, aber auf einem Fresko in einem Grab in Tarquinii aus dem frühen fünften Jahrhundert (der sog. Tomba dei Carri) sind etruskische Spiele dargestellt: Boxen, Ringen, Diskus- und Speerwerfen, Springen und Tanzen, und vor allem Pferde- und Wagenrennen. Ein bemerkenswertes Detail auf diesem Bild sind die hölzernen Zuschauertribünen auf beiden Seiten. Die Etrusker hatten eine große

Vorliebe für Spiele, und es werden wohl die Tarquinier gewesen sein, die sie nach Rom verpflanzten. Deshalb hat man ihnen wohl dann auch den Ausbau des Circus zugeschrieben. Spiele dienen ja dem Prestigegewinn des Stifters und zugleich der Entspannung des gesamten Publikums. Peisistratos entdeckte dieses Prinzip, als er die Panathenäen in Athen ausbaute und ihren Ruhm verbreitete.

Die römischen Zirkusspiele haben eine komplexe Geschichte, die H. Versnel (s. Literaturhinweise) sorgfältig untersucht hat. Er liefert eine klare und überzeugende Darstellung des Problems. Zu allererst muß man zwischen zwei Arten von Spielen unterscheiden: den *ludi Romani* (römische Spiele) und den großen Weihespielen, die zum ersten Mal für 491 v. Chr. bezeugt sind und bis 350 v. Chr. nur noch sechsmal erwähnt werden. Sie waren spezielle Gedächtnisfeiern aus Anlaß eines Sieges oder eines anderen wichtigen Ereignisses, manchmal in Verbindung mit einem Triumph. Mit diesen besonderen Spielen brauchen wir uns nicht aufzuhalten, die römischen Spiele sind für uns wichtiger. Sie wurden jedes Jahr am 13. September, dem »Geburtstag« des Tempels für Iuppiter Optimus Maximus, abgehalten und werden ausdrücklich als Schöpfung der Tarquinier bezeichnet (Livius 1,35,7; Dionysios von Halikarnassos 6,95). Über ihre Herkunft aus dem Etruskischen besteht kein Zweifel. Die *metae* (Start- und Zielsäulen auf der Rennbahn) sind auf etruskischen Gräbern abgebildet, und die Mittelschranke mit den sieben großen Eiern als Symbolen für die sieben Runden ist ebenfalls etruskisch. Vor Beginn der Spiele wurden in einer Prozession die Götterbilder (auch eine etruskische Neuerung: als erste in Italien stellten sie sich die Götter in Menschengestalt vor) durch die Straßen Roms zum Zirkus getragen. Es gab eventuell schon einen älteren eingeborenen Brauch im Zusammenhang mit dem Kult des Consus (Schutzgott des in Korngruben aufbewahrten Getreides), aber alles weist darauf hin, daß der letzte der Tarquinier das Schauspiel dieses Umzugs einführte, um sich durch eine pompöse Geste beim Volk beliebt zu machen. Ob diese Prozession auch eine religiöse Bedeutung hatte – Versnel hält sie für eine Neujahrszeremonie – ist viel weniger klar und für uns ohne große Bedeutung.

Für die Beziehungen zu anderen Städten sind die Zeugnisse nicht so vertrauenswürdig, sie sollten aber doch nicht ohne genaue Prüfung verworfen werden. Schon in früher Zeit, vielleicht schon vor 600 v. Chr., hatte Rom über einige benachbarte Gemeinden Kontrolle ausgeübt und begonnen, die Salzlager an der Tibermündung auszubeuten; damit hatte es zugleich die Verbindungswege am Tibersüdufer in der Hand. Ostia wurde der Überlieferung nach um 625 v. Chr. gegründet (Livius 1,33,9), und einige kleine Städte – Collatia, Corniculum (s. S. 65), Ficulea, Cameria, Crustumerium, Ameriola, Medullia und Nomentum, die fast alle nördlich des Anio liegen – sollen Tarquinius dem Älteren zugefallen sein (Livius 1,38,4). Die Einzelheiten sind unklar und unwichtig, aber insgesamt geben sie doch ein Bild von Roms Interessensgebiet um die Mitte des sechsten Jahrhunderts. Servius Tullius erweiterte es durch das diplomatische Angebot einer Allianz mit den Latinern (s. S. 71). Nach den Darstellungen bei den Annalisten ging Tarquinius aggressiver und skrupelloser vor. Er unterbrach eine Zusammenkunft der Latiner in Aricia und zwang sie nach der Hinrichtung eines der Rädelsführer, Turnus Herdonius aus Aricia, zur Unterzeichnung eines Vertrags, der den Römern alle Vorteile vorbehält (Livius 1,50–51; Dionysios von Halikarnassos 4,45). Die Details dieser Episode halten keiner genaueren Überprüfung stand. Der Name Turnus Herdonius ist eine unmögliche Kombination, und seine Gestalt ist einem späteren sabinischen Diktator namens Appius Herdonius nachgebildet (Livius 3,15–18; um 461 v. Chr.). Auch die Rolle der Römer in diesem Vertrag ist grob anachronistisch.

Konflikte irgendwelcher Art mit dem latinischen Bund sind allerdings sehr wahrscheinlich, nur müßten wir über den Zeitpunkt der Bündnisgründung Bescheid wissen. Überdies ist die Tatsache erwähnenswert, daß Pometia eine der Städte auf der bei Cato erwähnten Liste der Opferer im Hain von Aricia war (s. S. 68) und auch zu denen gehörte, die Tarquinius erobert haben soll (Livius 1, 53,2), und die 40 Talente Silber als Kriegsabgaben zum Bau des Tempels auf dem Kapitol beisteuern mußten. Solche Einzelheiten wurden oft auf Weiheinschriften an öffentlichen Gebäuden festgehalten; L. Plancus z. B. verfaßte eine Inschrift über seine Restaurierung des Saturntempels aus dem Erlös der Kriegsbeute *(de manib[iis];* CIL VI 1316), und es

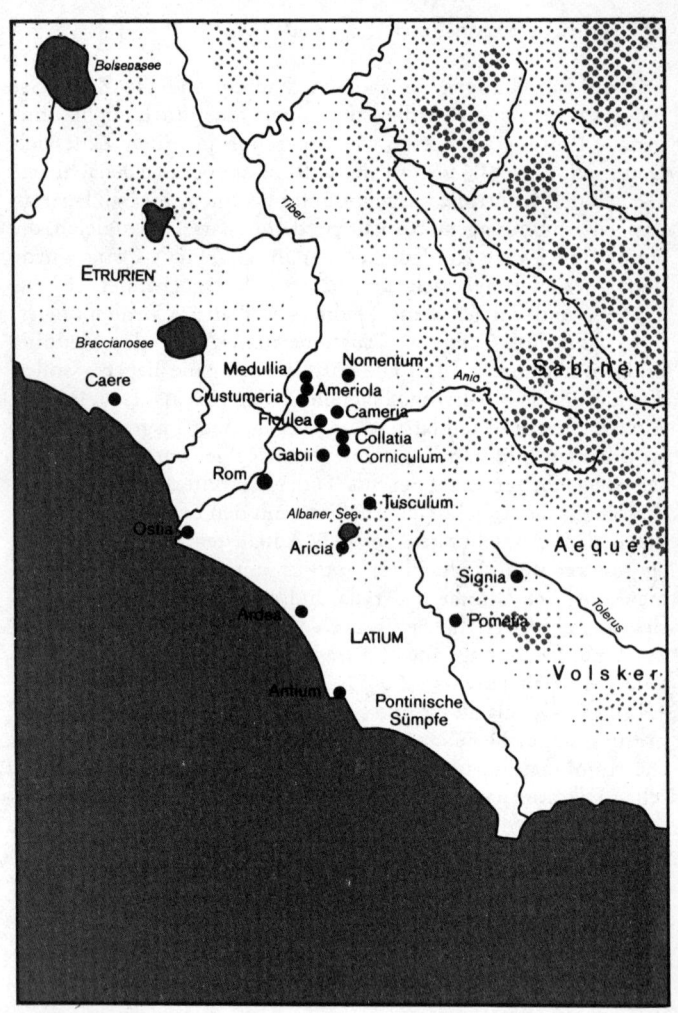

Abb. 6: Latium und die Tarquinii

ist gut möglich, daß die Beute von Pometia in der Weihein-schrift am Iuppitertempel Erwähnung fand. Pometia lag nörd-lich der Pontinischen Sümpfe, vielleicht in der Nähe des heuti-gen Caracupo. Seine strategische Bedeutung erhielt es durch seine Funktion als Außenposten Latiums an der Grenze zum Land der Volsker, eines umbrischen Bergvolkes, das zu dieser Zeit bereits in die Ebene drängte und fast das ganze fünfte Jahrhundert hindurch für Roms Sicherheit eine Bedrohung be-deutete.

Ähnliches trifft auch auf Circeii (s. Abb. 9) zu, das Tarquinius kolonisiert haben soll (Livius 1,56,3). Auf den ersten Blick er-scheint das absurd. Circeii liegt über 110 km von Rom entfernt, und die Idee einer Kolonisierung von dort aus muß aus späterer Zeit stammen. Rom war damals noch viel zu klein, um eigene Kolonien zu gründen, und im übrigen bestätigen Ausgrabungen einen anderen Überlieferungsstrang, nach dem die erste römi-sche Kolonie dort erst 393 v. Chr. entstand (Diodor 14,102). Und dennoch erscheint Circeii in dem nach der Vertreibung der Tarquinier geschlossenen oder erneuerten Vertrag mit Karthago als Gemeinde unter römischem Einfluß (Polybios 3,22,11). Auch Circeii war eine Grenzstadt von großer strategischer Wichtigkeit; das zeigte sich im fünften Jahrhundert, als es den Volskern in die Hände fiel.

Eine weitere wichtige Grenzsiedlung war Signia, das den Fluß Tolerus und die Via Latina beherrschte und das Gebiet der Volsker von dem ihrer stammverwandten nördlichen Verbün-deten trennte. Für die Überlieferung, daß Tarquinius auch die-sen Ort kolonisiert hat, gibt es keine historischen Belege. Die Erwähnung von Signia, Circeii und Pometia erklärt sich aus ihrer Schlüsselstellung in einem Plan, Latium zu einen und zu sichern. Tarquinius wird die Orte wohl nicht kolonisiert, son-dern dort von Zeit zu Zeit kleine verbündete Abteilungen auf-gestellt haben. Es wäre gefährlich, Rom für die damalige Zeit eine zu große Vormachtstellung in Latium anzudichten, aber der Vertrag mit Karthago (s. S. 86) spricht doch für einen gewis-sen Einfluß. Der Vertrag führt nur die von Rom abhängigen Städte an der Küste auf, aber wenn man alle zusammen betrach-tet – Ardea, ebenfalls eine der latinischen Städte, die wie Pome-tia (s. o.) und Tusculum (s. S. 81) den gemeinsamen Gottesdien-sten in Aricia beiwohnte, Antium, Circeii, Anxur (heute Terra-cina) und ein Ort, dessen Name verderbt ist (vielleicht das Lavi-nium der Laurenter) –, erkennt man, daß der römische Einfluß über 100 km weit die Küste südlich von Ostia entlangreichte – eine erstaunliche, freilich nur kurzlebige Leistung.

Ein weiterer Schritt in der römischen Expansionspolitik, der sich stimmig mit der Gestalt des Tarquinius in Verbindung bringen läßt, war die Erwerbung von Gabii. Hier liegt wohl wieder derselbe Plan zugrunde, denn Gabii schirmt die Ostflanke Latiums vor den Sabinern ab und schützt zugleich den Verbindungsweg von Etrurien nach Kampanien zwischen Apennin und Latium. Der Bericht über die Eroberung von Gabii bei den Geschichtsschreibern (z. B. Livius 1,53–54) ist nur eine Kombination zweier Geschichten bei Herodot, also ohne jede historische Grundlage. Aber daß Gabii sich Rom ergeben hat, ist erwiesen, wenn es vielleicht auch nicht erobert wurde. Ein uralter Lederschild, der im Tempel des Dius Fidius aufbewahrt wurde, hielt die Erinnerung an einen Vertrag zwischen Rom und Gabii aufrecht (Dionysios von Halikarnassos 4,57,3; Horaz, Epistulae 2,1,24; Festus 48 L.). Er könnte zwar auch erst aus einer späteren Eroberung Gabiis im vierten Jahrhundert stammen (nach dem Fall einer Stadt wurden ähnliche Weihungen gegeben, z. B. im Jahre 329 v. Chr. nach der Zerstörung von Privernum), aber auch Dionysios könnte ohne weiteres recht haben. Inschriften aus dem sechsten und fünften Jahrhundert haben sich ja wirklich erhalten. Gabii hatte ohnehin eine besondere Beziehung zu Rom, die sich nur durch eine mehr oder weniger friedliche Fusion zur Zeit der Könige erklären läßt. Römische Beamte trugen zu bestimmten Ritualen den *cinctus Gabinus*, d. h. gabinische Tracht (Varro, De lingua Latina 5,33), und das Gabiner Gebiet hatte einen eigenen Rechtsstatus gegenüber römischem und nicht-römischem Land.

Die wichtigste Funktion des Dius Fidius, der später auch außerhalb der römischen Welt noch größere Bedeutung erhielt, war es zudem, über die Einhaltung von Vereinbarungen zwischen den Völkern zu wachen. Unter diesem Namen erscheint er in den Kalendern und im *Argei*-Ritual (s. S. 146). Tarquinius soll ihm einen Tempel erbaut haben, wieder ein kleiner, aber aufschlußreicher Hinweis auf Tarquinius' Interesse an einem guten Ruf bei anderen Völkerstämmen (Dionysios von Halikarnassos 9, 60, 8). Leider hat sich bisher noch keine Spur des Tempels gefunden, also gibt es keinen Beweis für sein Alter. Als im Jahre 466 v. Chr. die Römer mit den Sabinern im Streit lagen, wurde Dius Fidius mit seiner sabinischen Entsprechung Sancus verschmolzen, vermutlich um auf kultischem Wege zwischen beiden Völkern Einigkeit zu schaffen; dieser Versuch mißlang jedoch (s. S. 120).

Der Schutzwall, den Tarquinius offenbar um ein geeintes Latium ziehen wollte, schloß sich durch den Anschluß Tusculums, einer reichen Stadt am Fuße der Albaner Berge bei Frascati. Tusculum war Rom in vielem ähnlich. Es war eine latinische Siedlung, deren Name und ausgegrabene Überreste starken etruskischen Einfluß im sechsten Jahrhundert verraten. Der Sage nach (Livius 1,49,9) verheiratete Tarquinius seine Tochter mit dem bedeutendsten Bürger von Tusculum, Octavius Mamilius, und festigte dadurch die guten Beziehungen beider Städte. Diese Geschichte kann allerdings auch angezweifelt werden: 75 Jahre später verdiente sich ein historisch gesicherter Mamilius, *dictator* von Tusculum, die Dankbarkeit Roms, indem er einen Sklavenaufstand verhinderte (Livius 3,18,2), und erhielt dafür das Bürgerrecht (Livius 3,29,6). Hier wurde offenbar ein Ereignis gleich zweimal verarbeitet. Aber immerhin gehörte Tusculum zusammen mit Ardea (das, wie wir hörten, zur Zeit des Vertrages mit Karthago unter römischem Einfluß stand) und Pometia (das eindeutig von Tarquinius erobert wurde) zum Aricia-Opferbund. Die Tusculaner werden auch in der Liste als erste aufgeführt, und ein Tusculaner, Egerius, brachte für alle das Opfer dar (Cato – s. S. 77; vgl. Livius 1,34,3). Tusculum war also sehr wohl eine der latinischen Städte, die irgendwann unter römische Oberherrschaft gerieten.

Die uralte sogenannte *turris Mamilia* in Rom scheint ebenfalls ein Hinweis auf eine Beziehung Rom – Tusculum zu sein. Dieser Turm spielt in dem archaischen, vielleicht schon voretruskischen Kultbrauch des Oktoberrosses (s. S. 37) eine Rolle. An den Iden des Oktober wurde dem Mars ein Pferd geopfert. Man schnitt ihm den Schwanz (oder die Genitalien) ab und brachte diese(n) zur *Regia;* um das Roßhaupt kämpften die Bewohner der Via Sacra und der Subura. Wenn die letzteren gewannen, nagelten sie den Kopf an den Mamiliaturm. All dies ist kein Beweis für ein Bündnis zwischen Tarquinius und den Mamiliern von Tusculum, aber insgesamt gibt es der Annahme doch zumindest einen Anstrich von Wahrscheinlichkeit.

Pometia, Circeii, Signia, Gabii und Tusculum – diese Städte schlossen einen Kreis um Latium. Ein solches Vorgehen war konsequent und einleuchtend, eigentlich nur eine logische Weiterführung der Politik von Servius Tullius und ganz im Einklang mit Tarquinius' großartigen Vorhaben.

Tarquinius und Delphi?

Ein letzter Punkt bleibt noch zu klären. Uns ist eine seltsame
Episode überkommen, in der Tarquinius nach der Erscheinung
einer Schlange in der *Regia* das Orakel von Delphi befragen läßt
(Livius 1,56). In Delphi bekannt zu sein und Delphi zu kennen
bedeutete für einen griechischen Tyrannen, daß er endgültig
anerkannt werden konnte. Der Wahrheitsgehalt dieser Geschichte, die alle Kennzeichen einer Sage aufweist – mit der
zweideutigen Antwort des Orakels: »Wer seine Mutter (= die
Erde) küßt, wird Rom beherrschen«, und der Einführung einer
angeblich historischen Gestalt, des L. Iunius Brutus –, ist wohl
gleich Null. Der Gedanke eines Kontakts zu Delphi unter Tarquinius' Regierung ist aber nicht völlig von der Hand zu weisen, wenn auch nicht in dieser Form. Roms Nachbar Caere
hatte ein Schatzhaus in Delphi, und seine Bürger schickten nach
der Schlacht bei Alalia um 530 v. Chr. eine Bußgesandtschaft
nach Delphi (Herodot 1,167). Alle Unternehmungen Tarquinius' weisen ihn als sehr aufgeschlossenen Mann aus, der wußte,
wie man eine Alleinherrschaft erfolgreich aufrechterhält. Beziehungen zu Delphi wären für ihn nicht undenkbar gewesen.

7. Der Sturz der Monarchie

Lucretia und die Vertreibung der Tarquinier

Die Geschichte vom Raub der Lucretia ist ein reines Melodram
– und die Theorie der modernen Forscher zu diesem Thema ist
genauso melodramatisch. Wenn wir die ganze Romantik weg-
streichen, bleibt als Faktum übrig, daß die etruskischen Könige
zu einem gewissen Zeitpunkt einer republikanischen Regierung
Platz machten. Dieser Zeitpunkt gehört zu den folgenschwer-
sten in der römischen Geschichte.

Die überlieferte Fassung hat den Vorzug, sehr einfach zu sein.
Einer von Tarquinius' Söhnen vergewaltigte Lucretia, die Frau
seines Verwandten Conlatinus. Sie erzählte es Conlatinus, ihrem Vater Sp. Lucretius und seinen Freunden P. Valerius und L.
Iunius Brutus, dann beging sie Selbstmord. Übrigens dürfte P.
Valerius wohl eine historische Person gewesen sein; vielleicht
deutet eine Inschrift aus Satricum* aus dem fünften Jahrhundert darauf hin, in der von einer Weihung durch die Gefährten
(sodales) eines P. Valesus (die archaische Form) berichtet wird.
Brutus stachelte die anderen dazu an, Lucretias Tod zu rächen,
und vertrieb die Tarquinier aus Rom (Livius 1, 57–59). Gegen
Ende der republikanischen Zeit hatte man als Datum für dieses
außergewöhnliche Ereignis das Jahr 510 v. Chr. festgelegt. Darauf kam man folgendermaßen: Mit Hilfe der Daten der Olym-
piaden stellte man das Gründungsjahr Roms und die Dauer der
Königszeit fest; zur weiteren Datierung gab es die Verzeichnisse
der jährlich wechselnden Beamten (Prätoren, später Konsuln), die
jedem Jahr ihren Namen gaben. Diese *Fasti* reichten praktisch
ohne Unterbrechung bis zur Gründung der Republik zurück.

Das Problem der Datierung

Hier fangen nun die Schwierigkeiten an: Es ist selbstverständ-
lich, daß es Unterbrechungen in der Beamtenfolge gab. Vor

---

* Dem deutschen Leser am besten zugänglich bei H. S. Versnel, *Die
neue Inschrift von Satricum in historischer Sicht.* Gymnasium 89 (1982)
193–235.

allem im vierten Jahrhundert fehlen für vier Jahre namengebende Konsuln; sie werden als Jahre unter Diktatorherrschaft angeführt. Die Angaben über diese Jahre gehen aber so auseinander, daß man annehmen muß, sie seien nur eingebaut worden, um die verwirrte Chronologie wenigstens zahlenmäßig etwas in Ordnung zu bringen. Aber in diesem Zusammenhang stoßen wir noch auf zwei weitere Schwierigkeiten.

1. Die *Fasti* enthalten für die Zeit zwischen 510 und 450 v. Chr. Namen von Beamten, deren Familien in historischer Zeit erwiesenermaßen zu den Plebejern und nicht zu den Patriziern gehörten: Sempronier, Iunier, Minucier, Sicinier, Aquilier, Cassier, dazu Tullier, Sulpicier und Volumnier. Daraus ergeben sich drei Fragen: Waren die höchsten Ämter in Rom überhaupt den Patriziern vorbehalten? Hatten Familien, die später zu den Plebejern gehörten, in früher Zeit patrizische Zweige? Und kann man sich auf diese *Fasti* überhaupt verlassen? Die Beantwortung dieser Fragen ist schwierig. In letzter Zeit neigen die Gelehrten, vor allem die außerhalb Englands, dazu, die letzte Frage zu verneinen, und streichen deshalb alle möglicherweise »plebejischen« Namen aus den Listen. Sie setzen dabei voraus, daß die Gründung der Republik mit einem Abbruch der Beziehung zu den Etruskern zusammenfällt. Die Archäologie belegt einen Bruch erst für die Zeit zwischen 470 und 450 v. Chr. Allerdings ist der Grund dafür eher im allgemeinen Niedergang der etruskischen Kultur und Wirtschaft zu suchen als in einer innenpolitischen Veränderung, denn wie wir gesehen haben, hatten sich in Rom latinische und etruskische Elemente so eng verbunden, daß keine bloße Verwaltungsänderung diese kulturellen Bande zerreißen konnte. R. Werner und R. Bloch datieren deshalb den Sturz der Monarchie auf die Zeit um 471, E. Gjerstad noch etwas später, auf 450; sogar A. Alföldi geht auf etwa 500 herunter (s. Literaturhinweise).

Dieser Lösungsversuch ist jedoch methodologisch nicht stichhaltig. Wir haben gesehen, wieviel Information uns in Inschriften erhalten ist; und die jährlichen Berichte der *pontifices* waren offensichtlich zur Verewigung der Beamtennamen gedacht (s. S. 17).

Es sind die anderen beiden Fragen, die eine genaue Analyse erfordern. Unbestreitbar ist, daß 367 v. Chr. ein Gesetz in Kraft trat, das einem der beiden Konsuln plebejische Abstammung zugestand (Livius 6, 42, 9). Die logische Folgerung daraus ist, daß vorher beide Konsuln Patrizier sein mußten; vor allem,

wenn man an die absolute religiöse Macht denkt, die die Staats-
oberhäupter haben mußten, und die ja den Patriziern vorbehalten war (s. S. 63). Man kann sich recht gut vorstellen, daß all
diese umstrittenen Namen ursprünglich rein patrizisch waren.
Bei manchen Familien (z. B. den Iuniern, Tulliern und Cassiern)
lag eine große Lücke zwischen den Konsuln der frühen Republik und den nächsten Trägern des Namens in hohen Ämtern:
Sie müssen also nicht einmal direkt voneinander abstammen.
Das römische Recht sah auch Fälle vor, in denen Patrizier für
immer auf ihren Stand verzichten konnten; einige solche Fälle
sind uns bekannt (z. B. P. Clodius).

Die Annahme, daß alle Namen in den *Fasti* authentisch und
dazu patrizisch waren, wäre eine saubere Lösung. Ich halte sie
im großen und ganzen für richtig, allerdings mit der Einschrän-
kung, daß in den ersten Jahren der Republik das soziale Gefüge
in dauerndem Fluß war und sich erst um 450 konsolidierte, als
im Zwölftafelgesetz, der Gesetzgebung der Dezemvirn, ein
Artikel unter anderem die Ehe zwischen Patriziern und Plebejern verbot (Cicero, De re publica 2, 37, 63). Dieses Gesetz
brachte vielleicht nur die schon lange bestehenden Konventio-
nen zum Ausdruck, aber es kann sich durchaus auch eine wachsende Entfremdung der Gesellschaftsschichten voneinander
darin widerspiegeln. Erst bei genauer Betrachtung des Dezemvirats wird sich eine Klärung finden lassen.

2. Das zweite Problem ist weniger auffällig. Viele Episoden in
der römischen Geschichte wurden als Parallelen zu griechischen
Geschehnissen erfunden oder zumindest zurechtgebogen. Ein
typisches Beispiel dafür sind die 300 Fabier an der Cremera, die
die Heldentat der Spartaner an den Thermopylen nachspielen.
Die Analogie zwischen den Tarquiniern in Rom und den Peisistratiden in Athen ist schon erwähnt worden (s. S. 76); und
zumindest einem römischen Gelehrten, nämlich Gellius
(17, 21, 4) ist es schon aufgefallen, daß die beiden Familien zur
gleichen Zeit vertrieben wurden: Hippias, der athenische Tyrann aus der Familie der Peisistratiden, wurde 510 wegen einer
fehlgeschlagenen (homosexuellen) Affäre vertrieben, Tarquinius indirekt auch wegen einer (bei ihm heterosexuellen) Lie-
besbeziehung. Eine Spur von Wahrheit mag in dieser Überlieferung enthalten sein, aber die Tendenz einer Angleichung der
Geschehnisse in Datierung und anderen Details an Hippias'
trauriges Ende ist unverkennbar. Um so zweifelhafter wird das
Jahr 510 als Datum der Vertreibung der Könige.

Drei weitere Punkte müssen wir genauer untersuchen, wenn wir den Übergang von der Monarchie zur Republik bestimmen wollen.

Der erste römisch-karthagische Vertrag

Der griechische Geschichtsschreiber Polybios (um 150 v. Chr.) behauptet, die Römer hätten im ersten Jahr der Republik (nach griechischen Parallelen also 508/507 v. Chr.), einen Vertrag mit den Karthagern geschlossen.

Er zitiert dessen Wortlaut:

Unter folgenden Bedingungen soll Freundschaft bestehen zwischen den Römern und ihren Verbündeten und den Karthagern und deren Verbündeten:
(A. 1) Die Römer und ihre Verbündeten dürfen nicht über das »Schöne Vorgebirge« hinaussegeln, sofern nicht Wetter oder Feinde sie zwingen. Wer weitergetrieben wird, soll dort nichts anbieten oder einkaufen, außer was er für die Ausrüstung seines Schiffes oder für religiöse Zwecke braucht. Er soll innerhalb von fünf Tagen wieder weitersegeln.
(A. 2) (Diverse Handelsbestimmungen)
(B. 1) Die Karthager dürfen weder den Bewohnern von Ardea, Antium, [Areninum], Circeii und Terracina noch anderen Latiner-Stämmen etwas zuleide tun, soweit diese (Rom) botmäßig sind.
(B. 2) Von allen Städten, die Rom nicht botmäßig sind, sollen sich die Karthager fernhalten. Wenn sie eine erobern, sollen sie sie den Römern ungeplündert übergeben. Sie sollen in Latium keine militärischen Stützpunkte errichten. Wenn sie als Feinde in ein Gebiet einrücken, dürfen sie dort nicht über Nacht bleiben.   (Polybios 3, 22, 4–13)

Nach römischer Zeitrechnung waren im Jahr des Vertragsabschlusses L. Iunius Brutus und M. Horatius Konsuln; sie waren die ersten nach der Auflösung des Königtums. Im selben Jahr soll der Tempel auf dem Kapitol eingeweiht worden sein.

Keine andere antike Textstelle ist so umstritten wie die eben zitierte, aber die Fragen selber sind verhältnismäßig einfach: a. Ergeben die Vertragsbedingungen, wie sie uns von Polybios überliefert sind, auch historisch einen Sinn? b. Ist die Erwähnung von Brutus und Horatius historisch glaubwürdig?

a. Im sechsten Jahrhundert waren die Beziehungen zwischen Karthago und Etrurien (Rom war schließlich eine bedeutende Etruskerstadt) schon gut ausgebildet. Aristoteles (Politik p.

1280 a 35) wußte von einem etruskisch-karthagischen Vertrag, und eine etruskische Inschrift (TLE^2 724) aus dem sechsten Jahrhundert hat sich in Karthago gefunden. Dieses Bündnis wurde in der Schlacht bei Alalia auf die Probe gestellt (um 535 v. Chr.), als die etruskischen und karthagischen Armeen einen harten Kampf gegen die Phokäer ausfochten (Herodot 1, 163). Eine sensationelle Bestätigung für dieses Bündnis lieferte 1957 der Fund von drei Goldblättern in Pyrgi, einem der Häfen von Caere (TLE^2 873–4; s. Abb. 7). Das eine war mit phönikischer, die beiden anderen mit etruskischer Schrift beschrieben. Der Wortlaut ist nicht derselbe, aber alle drei nehmen Bezug auf die Weihe eines Tempels. Der phönikische Text lautet in Auszügen übersetzt:

Der Herrin Astarte ist dies der geheiligte Ort, den Thefarie Velianas, König von Caere, im Monat des Sonnenopfers als Geschenk gemacht und gegeben hat . . . weil Astarte ihn erwählt hat.   (TLE^2 ad 874)

Inhaltliche Indizien für eine Datierung des Textes gibt es nicht, aber er muß in die Zeit um 500 gehören. Ebenso ist noch nicht endgültig geklärt, welche Phönizier (ob aus Karthago oder aus dem Osten) beteiligt waren. Aber wichtig und erwiesen ist auf jeden Fall der Kontakt zwischen der etruskischen und der phönikisch-karthagischen Welt, den Polybios' Vertrag voraussetzt. Ein solcher Vertrag paßt hier genau ins Bild.

b. Das zweite Problem ist eher technischer Art. Polybios nennt die Namen Brutus und Horatius nicht direkt im Zusammenhang mit dem Vertrag. Wir haben auch guten Grund anzunehmen, daß in der Frühzeit nicht die römischen Könige oder die höchsten Beamten, sondern spezielle Beauftragte – *fetiales* (Livius 1, 24) – Vertragsverhandlungen zu führen hatten. Also wurden in offiziellen Verträgen ihre Namen angegeben. Aber wir wissen nicht, zu welcher Art von Unterlagen Polybios Zugang hatte. War es das Original des Vertrags? Oder ein Entwurf aus den Senatsarchiven? Wir wissen einfach nicht genug, um Polybios' ehrliches (und reichlich überraschendes) Zeugnis verwerfen zu können. Er muß seine Gründe gehabt haben, daß er Brutus und Horatius als erstes Konsulpaar nennt und den Vertrag auf die Jahre 508/507 datiert. Wir können seine Aussage genausogut für richtig wie für falsch halten.

Die Gestalt des L. Iunius Brutus weckt noch weitere Zweifel. Sein Geschlecht taucht erst viel später auf, und zwar als plebejisches. Solche Familien erfanden sich gerne berühmte

Abb. 7: Die Inschrift auf einem der Goldplättchen von Pyrgi

Ahnen, um ihrer Abstammung Glanz zu verleihen. Ein Beispiel dafür ist der Fall von Cornelius und dem Dianatempel (s.
S. 70f.), ein weiteres findet sich bei Livius (7, 9, 4f.), der sich
darüber beklagt, daß der Geschichtsschreiber C. Licinius Macer allzu unverschämt allzu viele Heldentaten für seine Familie
in Anspruch nehme. Die Iunier glaubten fest an die Legende
über ihre Familie; M. Iunius Brutus, der eine Schlüsselrolle bei
der Ermordung Caesars hatte, nützte die Familientradition bei
der Tötung von Tyrannen aus – Livius' Bericht über die Vertreibung der Tarquinier hat ja auch Anklänge an die Geschehnisse des Jahres 44. Die Geschichte wiederum, die davon er-

zählt, daß der erste Iunius Brutus seine Söhne hinrichten ließ, weil sie die Rückkehr der Tarquinier durch eine Verschwörung erreichen wollten, ist offensichtlich erfunden und soll den langen Zwischenraum zwischen ihm und den späteren Generationen der Brutier erklären.

Der kapitolinische Tempel

Im zweiten Fall geht es um die Datierung des kapitolinischen Tempels. Er gehört eindeutig in das letzte Viertel des sechsten Jahrhunderts und ist in seiner Form betont etruskisch. Dem Stil und der Zeit der Erbauung nach müßte er ein Repräsentationsbau nach Ideen eines ehrgeizigen Tarquiniers sein. Die Überlieferung aber berichtet ohne Ausnahme, daß er im ersten Jahr der Republik durch den Konsul Horatius eingeweiht wurde (Livius 8,7). Wie erwähnt, wurde dieses Ereignis vielleicht auf einer Weihinschrift festgehalten. Von der Gründungsgeschichte des Tempels abgesehen, haben wir noch eine weitere interessante Information in Händen. Livius (7,3,5–9) berichtet, daß es in einem alten, in altertümlichen Buchstaben und Formulierungen verfaßten Gesetz hieß, »der *praetor maximus,* der oberste Prätor, solle an den Iden des September (dem Geburtstag des kapitolinischen Tempels) einen Nagel einschlagen ... Man sagt, daß diese Nägel die Zahl der Jahre festhielten, denn die Verwendung von Nägeln war damals nicht üblich ... Es gab einen ähnlichen Brauch im Tempel der etruskischen Göttin Nortia in der etruskischen Stadt Volsinii. Nach diesem Gesetz weihte der Konsul M. Horatius den Tempel des Iuppiter Optimus Maximus im Jahr nach der Vertreibung der Könige.« Die alljährliche Zeremonie, bei der ein Nagel in die Wand eingeschlagen wurde, hatte zweifellos apotropäische Funktion: Sie sollte Unglück und Krankheiten abwehren. In späterer Zeit wurden mehrere Male – in den Jahren 363, 331, 313, 263 v. Chr. – Diktatoren zum Zweck des Nageleinschlagens ernannt *(clavi figendi causa).* Wenn die Zeremonie aber ursprünglich jedes Jahr stattfand, dann könnte sie wirklich Rohmaterial für sehr genaue chronologische Untersuchungen liefern. Der Ädil Cn. Flavius, der beachtliches Interesse an den unveröffentlichten Geheimakten der etablierten Regierung zeigte, weihte 304 v. Chr. der Concordia einen Altar. Dafür gab er als Datum ausdrücklich an: »204

Jahre nach der Einweihung des Tempels auf dem Kapitol« (Plinius, Naturalis historia 33, 19). Wie er zu so präzisen Angaben kam, wissen wir nicht genau, aber die bei weitem praktischste Berechnungsgrundlage hätten ihm die Nägel geboten (wenn es sie eben gab).

Wir haben also eine gewichtige Überlieferung vor uns, der eventuell auch eine Inschrift zugrunde liegt, daß der Tempel im ersten Jahr der Republik eingeweiht wurde; bestätigt wird das annähernde Datum weiterhin durch eine Berechnung, die als Weihejahr für den Tempel den Zeitraum zwischen 508 und 507 festlegt, vermutlich den 13. September 507 v. Chr. (da die Iden des September der »Geburtstag« des Tempels waren).

Die *Regia*

Beim dritten Punkt erhalten wir keinen so aufschlußreichen Hinweis, aber er ist doch von Wichtigkeit. Die *Regia* (das Königshaus) war nach einem ungewöhnlichen Plan erbaut, der trotz mehrerer Renovierungen bis ans Ende der Antike erhalten blieb: Sie war als Tempel, nicht als Wohnhaus gedacht. Sie bestand aus einem trapezförmigen Hof an der Nordseite und einem südlich daran anstoßenden rechteckigen Gebäude mit drei Räumen – dem *sacrarium Martis* (Marsheiligtum) mit aufgeschütteter Feuerstelle, einem Vorraum und dem *sacrarium Opis Consivae* (der Göttin des Erntesegens und des Überflusses, deren Kult mit dem des Consus eng verbunden war) in einer Kammer. Der Bau der *Regia,* die an die Stelle eines früheren Altars trat, läßt sich anhand von Stuckresten und importierten griechischen Vasen mit Sicherheit in das letzte Jahrzehnt des sechsten Jahrhunderts datieren. Wir müssen uns darüber klar sein, was das bedeutet: Nach der Vertreibung der Tarquinier wurde ein Amt eingeführt, dessen Träger, der *rex sacrorum,* einige der kultischen Ämter der Könige übernahm. Die *Regia* wurde zur Ausübung gewisser religiöser Riten erbaut, nicht als Residenz eines Königs; in anderen Worten für den *rex sacrorum* und nicht für den *rex.* Ihr Erbauungsdatum bestätigt also ebenfalls die Überlieferung über die Entstehung der Republik.

Absolute Sicherheit läßt sich nicht gewinnen, aber das Jahr 507 v. Chr. ist als Datum für die Vertreibung der Tarquinier genausogut vorstellbar wie jedes andere. Man verlegte es vor auf das Jahr 510, um die Parallele zur Vertreibung der Peisistratiden vollkommen zu machen. Dadurch verschob sich die Chronologie der späteren Jahrhunderte; das zeigt sich z. B. in den Jahren der Dictatorenherrschaft oder in der Datierung des Galliereinfalls in Rom, für den die römische Überlieferung das Jahr 390 v. Chr. angibt, während aus griechischen Quellen eindeutig das Jahr 386 hervorgeht. Der Einfachheit halber behalte ich im folgenden die überlieferten Daten bei, aber wir sollten dabei nicht vergessen, daß sie nach absoluter Chronologie um vier Jahre verschoben sind.

Nach dem Sturz der Monarchie

Die Zeit nach der Vertreibung der Tarquinier liegt noch mehr im dunkeln. Die römischen Autoren nehmen an, die Umstellung auf das Konsulsystem sei schnell und reibungslos vor sich gegangen und Rom habe sich mehr oder minder ohne jede Unterbrechung weiterentwickelt. In Wahrheit wird Rom wohl einige chaotische Jahre und als deren Folge einen starken Rückschlag in seiner Entwicklung erlebt haben, der sich über ein halbes Jahrhundert auswirkte. Über diese Jahre gibt es eine Reihe widersprüchlicher Sagen und Berichte, die wir uns im einzelnen etwas genauer ansehen wollen:

Das oben erwähnte Gesetz führte näher aus, daß der *praetor maximus* den Nagel einschlagen solle. Wir nennen diesen obersten Beamten gewöhnlich Konsul, aber dieser Titel wurde frühestens unter dem Dezemvirat eingeführt, und nach den Angaben des Lexikographen Festus (249 L.) war der Titel ursprünglich *praetor.* Bezeichnenderweise hieß im Griechischen der Prätor *stratēgos* und der Konsul *stratēgos hypatos,* also höchster Heerführer. Erst als das Regierungssystem komplizierter wurde, wurde eine Erweiterung der führenden Beamtenschaft nötig. Nun gab es drei Ämter: Konsul, Prätor und Quästor. Der Titel *praetor maximus,* ebenfalls bei Festus überliefert (152 L.), ist eine Kuriosität. Der Anspruch des römischen Rechts war ja gerade, daß die beiden obersten Beamten gleich viel Amtsgewalt hatten; *maximus* aber heißt, daß der eine mehr Macht hatte. Dafür gibt es etruskische Parallelen, wo man den *zilath purthne* als den obersten der *zilath* genannten Beamten verstehen kann (s. S. 94 f.), und auch in Kampanien, wo Livius (26, 6, 13) den *meddix tuticus* als obersten Beamten bezeichnet, obwohl es noch mehr *meddices* gab. Es ist also möglich, wie unter anderen K. Hanell (s. Literaturhinweise) ausgeführt hat, daß es tatsächlich nur *einen* obersten Beamten gab. Hanell streicht aufgrund dieser Hypothese alle »plebejischen« Namen aus den Fasti und erstellt ein neues Verzeichnis für die Anfangszeit der Republik, in dem jeweils *ein* Prätor dem Jahr seinen Namen gibt. So weit brauchen wir aber gar nicht zu gehen, wie wir gesehen haben, und wir haben auch keinen Grund anzunehmen, daß das möglicherweise existierende System *praetor maximus* plus ein oder mehrere Untergebene länger als die paar unruhigen Anfangsjahre Bestand hatte. Das System der ungleich verteilten Macht blieb jedoch im Notstandsgesetz erhalten, das dem Dictator (oder *magister populi*, Festus 216 L.) mit seinem Adjutanten, dem *magister equitum*, in höchster Gefahr die alleinige Macht verlieh. Das erste Mal ist die Diktatur für das Jahr 501 bezeugt (Livius 2, 18, 3), aber es ist gut möglich, daß in den ersten sechs Jahren nach dem Sturz der Tarquinier Änderungen und Experimente in der Regierungsform stattfanden, die sich heute nicht mehr feststellen lassen.

Macstarna

Vor diesem Hintergrund muß man die seltsame Gestalt des Macstarna sehen. Für ihn gibt es vier Zeugnisse aus zusammengehörigen, aber unabhängigen Quellen:

Aus dem Werk des Augusteers Verrius Flaccus hat sich ein verstümmeltes Fragment erhalten (Festus 486 L.): »die Brüder Caeles und Aulus Vibenna aus Vulci [kamen] nach Rom [um] Tarquinius mit Max[tarna] (zu besuchen/helfen o. ä.).«

Kaiser Claudius erwähnt in einer auf einer Bronzetafel aus Lyon (CIL XIII 1668) erhaltenen Rede etruskische Geschichtsschreiber, die Servius Tullius als ständigen Begleiter des Caelius Vibenna bei all seinen Abenteuern in Etrurien nennen. Caelius sei besiegt worden, und Servius Tullius habe mit den Resten seiner Armee nach Rom fliehen müssen, wo er den Caeliushügel nach seinem Freund benannte und über Rom unter dem Namen Servius Tullius regierte, »denn auf Etruskisch hieß er Macstarna«.

In Vulci selbst liefert ein berühmtes Fresko mit Namensin-

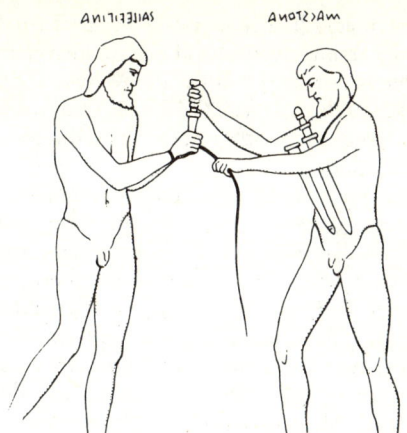

Abb. 8: Macstarna befreit Caelius Vibenna. Wandgemälde aus dem François-Grab in Vulci

schriften (TLE² 293 ff.) aus dem François-Grab weitere Details. Macstarna befreit Caile Vipina (Caelius Vibenna) von seinen Fesseln (s. Abb. 8).

J. Heurgon* beschreibt die Szene folgendermaßen: »Daneben sind mehrere Kriegerpaare im Zweikampf festgehalten. Über einer jeden Figur ist der Name vermerkt: *Larth Ulthes,* d. h. Lars Voltius, tötet *Laris Papathnas Velznach*, Lars Papatius aus Volsinii; *Rasce* oder Rascius ersticht *Pesna Arcmsnas Sveamach*, Pesius Arcumnius aus Sovana; *Avle Vipinas,* Aulus Vibenna selbst beseitigt einen Gegner, dessen Namen *Venthical ...plsachs* verstümmelt ist. Vielleicht bezeichnet er einen Mann aus Falerii. Nicht weniger interessant ist es, daß ein *Marce Camitlnas*, Marcus Camitilius, *Cneve Tarchunies Rumach*, Cnaeus Tarquinius aus Rom, mit dem Schwert durchbohrt ... Jedenfalls wird bei all diesen Einzelkämpfern nur die Heimat der Besiegten angegeben. In Vulci war es nicht nötig, die Vaterstadt eines Caelius und Aulus Vibenna, Macstarna, Lars Voltius, Rascius und M. Camitilius zu nennen.«

Über die Familie Vibenna ist noch mehr bekannt. Nach römischer Überlieferung hatte sie das Recht erhalten, sich auf dem

* *Die Etrusker.* (RUB 7989) Stuttgart 1971, S. 72.

Caelius-Hügel niederzulassen, nachdem sie Tarquinius (nach einer späteren Version: Romulus) beigestanden hatte. Der Name *Avile Vipiienes* erscheint auf einer Weihinschrift auf einem Becher um 550 v. Chr. aus Veii (TLE^2 35) und in anderer Form *(Avles Vpinas)* auf einer rotfigurigen Vase, die um 450 v. Chr. entstanden sein muß.

Was können wir nun mit all diesen Einzelheiten anfangen? Nach allgemeiner Überzeugung verkörpern Macstarna und die Familie Vibenna den Typ des säbelrasselnden Condottiere im frühen sechsten Jahrhundert, vielleicht vorübergehend in Verbindung mit den Römern. Eine verfeinerte Version dieser Ansicht übernimmt Claudius' Gleichsetzung von Macstarna mit Servius Tullius und sieht in ihm den Führer eines Vulcerstreichs gegen die Tarquinier von Caere. Mir scheint es jedoch sinnvoller, das Eingreifen Macstarnas und der Vibenner mit den chaotischen Zuständen nach dem Sturz der Tarquinier in Verbindung zu bringen. Macstarna ist die etruskische Form für *magister* (s. u.), ein Eigenname, der aus einem Titel entstanden war, nämlich aus *magister populi*. Es sieht so aus, als habe ein etruskischer Abenteurer aus Vulci die Herrschaft in Rom (in Form des höchsten Amtes) mit Hilfe seiner Freunde an sich gerissen und dabei einen Tarquinier ausgeschaltet, genau wie Porsenna aus Clusium kurze Zeit Rom seinen Willen aufzwingen konnte. Doch es war nur ein kurzlebiges Abenteuer und zu entehrend, als daß es eine dauerhafte Spur in der römischen Geschichte hinterlassen hätte.

Porsenna

Macstarna bleibt weiter sehr umstritten; die Informationen über Porsenna dagegen sind relativ gut gesichert. Porsenna ist entweder ein echter Eigenname, oder er ist aus dem Titel des obersten Beamten *zilath purthne* entstanden, der wiederum mit dem griechischen *prytaneios* (Ältester) verwandt zu sein scheint. Lars Porsenna hat jedenfalls einen festen Platz in der Geschichte, und zwar als Herrscher der Stadt Clusium im Inneren Etruriens, der einen räuberischen Überfall gegen Latium führte. Wahrscheinlich war sein eigentliches Ziel Kampanien, wo schon eine beträchtliche Anzahl etruskischer Siedlungen enge Kontakte und Handelsbeziehungen mit Griechenland hatte.

Etwas später begannen die Kelten, Druck auf den Norden Etruriens auszuüben, aber der wird sich wohl erst nach 500 richtig bemerkbar gemacht haben. Die frühesten Grabstätten eindeutig keltischen Ursprungs in der Poebene stammen aus der Latènezeit. Deshalb läßt sich Porsennas Zug nicht aus dem Wunsch erklären, dem keltischen Druck zu entkommen und ein neues Reich zu gründen. Man muß das Ereignis in dem größeren Zusammenhang der Völkerbewegung zu Ende des sechsten vorchristlichen Jahrhunderts sehen. Die Wanderungen der Volsker und Aequer wurden schon erwähnt, ähnliche Ruhelosigkeit zeigten die Sabiner und Herniker. Die Stabilität Mittelitaliens war gestört, und bald sollte sich ein Keil zwischen Etrurien und Kampanien schieben. Es war eine Zeit, in der sich ganze Völker auf den Weg machten und alte Bindungen lösten. Etwas Derartiges muß sich auch in Vulci abgespielt haben; später passierte Ähnliches auch in Veii. Es muß etwas zu bedeuten haben, daß die große blühende Siedlung in San Giovenale bei Viterbo um 500 plötzlich verlassen wurde. Porsennas Vorstoß brachte ihn zwischen 508 und 507 nach Rom. In der von den Geschichtsschreibern verbreiteten, offiziellen Version wurde Rom tapfer gehalten, gerettet durch den Heldenmut von Horatius Cocles, Mucius Scaevola und Cloelia. Diese Sagen sind aber reine Erfindung. Die Wahrheit steht bei Tacitus (Historiae 3, 72, 1) und Plinius (Naturalis historia 34, 139): Porsenna nahm Rom ein und setzte zweifellos eine von ihm kontrollierte Regierung ein. Rom war ja gegen den geballten Angriff einer so starken etruskischen Armee völlig hilflos.

Die Sage behauptete zwar, Tarquinius habe einen ersten Schutzwall um die Stadt gezogen, was aber durch Ausgrabungen widerlegt wird. Die früheste Erdaufschüttung zu Verteidigungszwecken (agger) läßt sich anhand einer Tonscherbe auf die Zeit zwischen 490 und 470 v. Chr. datieren (s. S. 95).

Die Sage sollte auch die Vorstellung unterstützen, daß Porsenna gekommen sei, um Tarquinius wieder zu seinem Thron zu verhelfen – ein Etrusker, der seinem Landsmann hilft. Es gibt aber keinen Grund anzunehmen, daß ein König von Clusium besonders viel Zuneigung oder Interesse für einen Tarquinier hatte. Porsennas weiteres Schicksal widerlegt diese Idee auch. Bald nach der Einnahme Roms trat er den militärischen Oberbefehl seinem Sohn Arruns ab, der tiefer in Latium eindrang, bis ihm bei Aricia ein Heer aus Latinern und Griechen aus Cumae unter Aristodemos entgegentrat. Arruns wurde vernichtend geschlagen, und Rom gewann seine Unabhängigkeit zurück. Ausführlich berichtet Dionysios von Halikarnassos (7, 3–6) über die Schlacht bei Aricia. Seine Darstellung läßt auf die Benutzung nichtrömischer Quellen schließen (angeblich gab es eine schriftlich fixierte Geschichte der Stadt Cumae) und liefert vermutlich selbständige, nicht römisch gefärbte Informationen. Auch hier wird Tarquinius kaum erwähnt. Durch seine Vertreibung hatte er seinen guten Ruf verloren. Er soll sich eine Zeitlang in Caere und Tusculum aufgehalten haben und schließlich als Gast des Aristodemos in Cumae gestorben sein. Porsenna und Aristodemos können nicht alle beide den Wunsch gehabt haben, ihn wieder auf dem Thron zu sehen; wahrscheinlich wollte es keiner von beiden.

Aber Porsennas Einfälle haben, abgesehen von der Störung, die sie in der römischen Innenpolitik verursachten, auch zum Auseinanderbrechen des durch Tarquinius geeinten Latium beigetragen. Wieder einmal war das ganze Gebiet zersplittert. Rom konnte nicht mehr behaupten, daß ihm das ganze Land von der Tibermündung bis Anxur (Terracina) und von Gabii bis Pometia untertan sei. Jeder kleine Ort mußte nun wieder allein für sich sorgen.

Der Zuzug der Claudier

Vor diesem Hintergrund muß man auch eine der interessantesten und umstrittensten Episoden in der römischen Geschichte betrachten. Die Annalisten berichten, daß 505 v. Chr. ein vornehmer Sabiner namens Attius Clausus mit 5000 Abhängigen nach Rom gekommen sei und sich am Rand der Stadt niedergelassen habe (Livius 2, 16, 4; Dionysios von Halikarnassos 5, 40; Plutarch, Publicola 21). Es gibt jedoch auch noch andere Berichte über den Zuzug der Claudier. Sueton, der sein Wissen aus der Umgebung der claudischen Kaiser bezog, verlegte ihn bis in die Zeit des Romulus zurück (Tiberius 1), Appian dagegen, der aus alten Quellen schöpfte, aber erst um 150 n. Chr. schrieb, datierte ihn in die Tarquinierzeit (Basilikē 12). Diese Diskrepanz läßt sich kaum lösen; es gibt zwei unvereinbare Versuche. Einerseits waren die Claudier bestimmt Patrizier, sie hatten sogar eine eigene Begräbnisstätte am Fuß des Kapitols (Sueton, Tiberius 1). Sie hatten also eine sehr privilegierte Stellung inne, und es ist nicht recht vorstellbar, wie sie zu ihrem Patrizierstatus gekommen sein sollen, wenn nicht durch einen König, vermutlich einen etruskischen. Demzufolge dürften sie vor 507 eingewandert sein.

Andererseits ist belegt, daß die Anzahl der Tribus 495 v. Chr. auf 21 erhöht wurde, und zwar vermutlich durch die Schaffung der *tribus Claudia* und *Clustumina* (die das Gebiet des 499 eingenommenen Crustumerium umfaßte). Die Entstehung der Claudia läßt sich schwer erklären, wenn sie nicht für das von den Claudiern neu besiedelte Land gedacht war (Livius 2, 21, 7).

Angesichts so widersprüchlicher Zeugnisse muß man mit einem Urteil vorsichtig sein. Man könnte anführen, die Claudier hätten den Zeitpunkt ihrer Einwanderung mit Absicht aus Propagandagründen auf später verlegt, damit sie als die großen Stützen der Freiheit auftreten konnten, unberührt von jedem Kontakt mit der schändlichen Monarchie. Mit gleichem Recht könnte man behaupten, sie hätten ihr Kommen in die Zeit von Tarquinius oder Romulus zurückverlegt, um sich einen ehrenwerten Stammbaum ohne Unterbrechungen zu verschaffen. Insgesamt neige ich eher der Datierung bei den Annalisten zu, da sie in die unruhigen Zeiten paßt, als große Volksgruppen unterwegs waren, und als die Verfassung noch einige Jahre lang im Aufbau begriffen war, so daß man damals leicht als *pater familias* und Senatsmitglied den Patrizierstand erwerben konnte. Der Gesamteindruck würde nicht getrübt, wenn die Claudier wirklich schon zwischen 550 und 507 eingebürgert worden wären. Es ist ja möglich, daß 475 nur eine neue Tribus, nämlich die Clustumina, gegründet wurde, und daß es vorher schon 20 waren. Die Quellen betonen ja nicht ausdrücklich, daß zwei neue Tribus dazu kamen, sondern nur, daß sie nun insgesamt 21 waren. Es muß ja nicht immer eine ungerade Anzahl Tribus gegeben haben, jedenfalls so lange nicht, bis die Tribusversammlung zum einflußreichen Wahlgremium wurde. In diesem Fall könnten die Claudier und ihre Tribus auch in die Mitte des sechsten Jahrhunderts gehören.

8. Die Anfänge der Republik

Rom sah sich nun auf allen Seiten von Feinden umgeben. Die Annalen berichten in unzusammenhängenden Bemerkungen von Kriegen und Überraschungsangriffen. Auch wenn nicht immer jedes Detail stimmt, geben sie doch ein glaubhaftes Bild von der gefährlichen und wechselhaften Lage in Latium nach dem Zusammenbruch der Tarquinierhegemonie. Bezeichnenderweise waren die einzigen, die Rom anscheinend nicht bedrohten, seine etruskischen Nachbarn – Veii, Caere und andere. Das läßt darauf schließen, daß Rom durch den Regierungswechsel nichts von seiner etruskischen Eigenart verloren hatte. Im Süden und Osten waren jedoch Wachsamkeit und Verteidigungsbereitschaft erforderlich.

Sabiner

Die erste Konfrontation fand mit den Sabinern statt, einem Bergvolk, das auf den Hängen des Apennin lebte. Zentren waren Cures und Reate. Latium mit seinem besseren Weideland und seinem Zugang zum Meer war eine immerwährende Verlockung für die Sabiner. Dionysios von Halikarnassos registriert für die Zeit zwischen 505 und 500 vier Kriege gegen die Sabiner, aber obwohl sie mit »Triumphen« und Siegesfeiern verherrlicht wurden, waren sie vermutlich nur kleine Strafexpeditionen. Wichtig ist hier die Tatsache, daß die Sabiner damals wirklich die Römer bedrängten. Vielleicht hat das auch zu der überlieferten Datierung des Claudierzuzugs geführt (s. S. 96 f.). Livius' Bericht (2, 16–18) fußt teilweise auf derselben Quelle wie der des Dionysios, mittendrin schwenkt er aber zu einer anderen Quelle um, was ein historisches und chronologisches Durcheinander zur Folge hat. So berichtet er z. B. dasselbe Ereignis, nämlich den Kampf um Cora und Pometia, zweimal unter zwei verschiedenen Jahren (503 und 495; 2, 16, 8 und 2, 22, 2) und läßt dafür zwei Sabinerangriffe aus, die bei Dionysios stehen. Livius' Irrtum läßt sich aber leicht erkennen, und wie real die Bedrohung durch die Sabiner war, läßt sich auch noch an einem weiteren Ereignis ablesen.

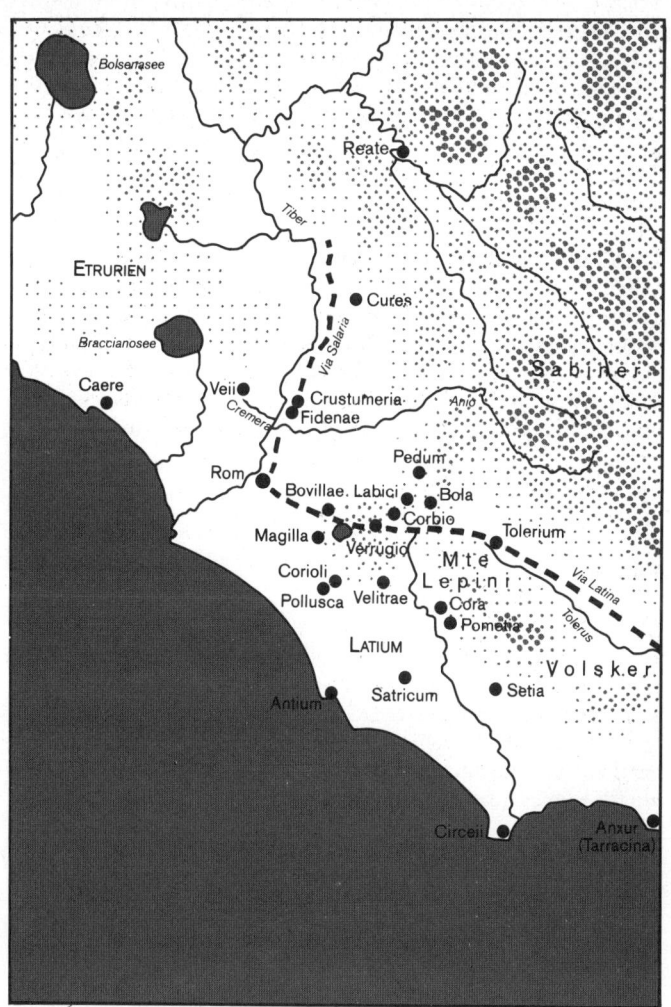

Abb. 9: Latium im Kampf gegen Sabiner und Volsker

99

Unter der Jahreszahl 499 nennt Livius die Belagerung von Fidenae, einer etruskischen Enklave am linken Tiberufer nördlich von Rom, und die Einnahme von Crustumerium (heute Casale Marcigliana), einer strategisch bedeutenden Stadt, die die Via Salaria und eine wichtige Tiberfurt beherrschte. Keines der beiden Ereignisse ist völlig gesichert. Bei Dionysios findet sich z. B. die Version, Fidenae sei 504 erobert, Crustumeria schon unter Tarquinius dem Älteren annektiert worden (3, 49, 6). Aber die Tribus Clustumina entstand 495, und es ist doch äußerst wahrscheinlich, daß die Tribusbildung bald nach der Annektierung des *ager Crustuminus* erfolgte. In diesem Fall wären die römischen Bemühungen um Fidenae und Crustumeria darauf ausgegangen, die Via Salaria zu schützen (sie war für die Sabiner der direkte Weg nach Rom!) und die Grenzen von der unmittelbaren Nähe Roms weg und tiefer ins Sabinerland zu verlegen.

Volsker

Die zweite Bedrohung kam von Süden. Wieder war es ein Bergvolk – die Volsker –, das begehrliche Blicke auf die latinische Campagna warf. Tarquinius hatte es mit seiner ehrgeizigen Strategie eine Weile in Schach gehalten, aber mit dem Zusammenbruch seiner Machtstellung war auch das Bündnis auseinandergefallen. Die Volsker waren nun nicht gebunden und drangen vor, soweit es nur ging. Ihr Weg läßt sich anhand von Sagen und Ausgrabungsfunden verfolgen. So fiel Terracina, das gegen Ende von Tarquinius' Herrschaft zur römischen Einflußsphäre gehört hatte, an sie und wurde in Anxur umbenannt – dieser Name lebte weiter im Kult dieser Gegend um Iuppiter A(n)xoranus (CIL X 6483). Es gibt viele volskische Funde, datierbar vom fünften Jahrhundert an, aus dieser Gegend. Terracinas Nachbar Circeii erlitt ein ähnliches Schicksal. Livius schreibt, es habe sogar noch im vierten Jahrhundert Sympathien für die Volsker gezeigt (6,12,6; 13,8; 17,7). Velitrae, wie Rom eine etruskisch gewordene Latinerstadt (daher der etruskische Name; vgl. Volaterra), soll mehrmals den Herren gewechselt haben (s. u.), aber bis zum fünften Jahrhundert hatten sich seine etruskischen Eigenheiten schon deutlich ausgeprägt. Hier fand man das Hauptzeugnis für die Volskersprache, die sogenannte *Tabu-*

la Veliterna (um 350 v. Chr.), eine lange Weihinschrift an eine Ortsgottheit namens Declun. Auch in Cora und Carascupo (vielleicht das antike Pometia?) und vor allem in Antium haben die Volsker Spuren hinterlassen.

Mit dieser Rückendeckung durch die Archäologie können wir uns zuversichtlicher den schriftlichen Quellen zuwenden. Sie bestehen im Grunde nur aus einer Aufzählung von Kriegen und angeblichen Kämpfen, die Livius getreulich für fast alle Jahre des fünften Jahrhunderts festgehalten hat. Bei genauerer Analyse gewinnt man aber den Eindruck, daß die gefährlichste Zeit das erste Viertel des Jahrhunderts war, als die Volsker weit nach Latium eindrangen und Rom selbst in Gefahr geriet. Drei solche Szenen sind beschrieben.

1. Um 495 hatten sich die Volsker offenbar in Cora und Pometia etabliert (Livius 2, 22, 2 berichtet, daß sie sich nach einem vorübergehenden Rückschlag bereit erklärten, den Römern aus diesen Städten Geiseln zu stellen). Auf welche Art und wann sie diese Städte von den Latinern übernahmen, wissen wir nicht, aber daß die Städte verloren gingen, bestätigt eine Liviusstelle (2, 31, 3) über den Sieg der Römer über die Volsker bei Velitrae (heute Velletri) im Jahre 494 v. Chr. und ihren (erfolglosen) Versuch einer Neubesiedelung. Die Volsker hatten es also in einem Jahrzehnt nach 500 v. Chr. geschafft, einen Korridor zwischen den Albaner Bergen und dem Monte Lepini durchzutreiben, als direkten Zugang nach Antium. Antium figuriert im Vertrag mit Karthago noch als römisches Herrschaftsgebiet, tritt aber bei seiner nächsten Erwähnung (493) als Besitz der Volsker auf (Livius 2, 33, 4). Schriftliche und archäologische Zeugnisse bestätigen sich also gegenseitig.

2. Die dramatischste Episode ist die Coriolan-Sage. Einem jungen Soldaten namens Cn. Marcius verdankten die Römer die Einnahme der Stadt Corioli, deshalb erhielt er den Beinamen Coriolanus. Von seinen Kameraden in seinem Ehrgeiz gekränkt, lief er zum Feind, den Volskern, über und führte sie zweimal als Heerführer gegen die Mauern Roms. Nur durch das an sein Gefühl appellierende Eingreifen seiner Mutter ließ er sich vom Sturm auf die Stadt abhalten. Es ist unmöglich, hier Dichtung und Wahrheit auseinander zu halten. Die Sage war ursprünglich zeitlich nicht fixiert, da Cn. Marcius Coriolanus in der Liste der Jahresbeamten nicht erschien. Außerdem hatte die Marcierfamilie während ihres Aufstiegs im vierten Jahrhundert die Sage willkürlich ausgeschmückt. Sogar der Name Coriola-

nus ist problematisch, denn es wäre ein harter Anachronismus*, wenn er ihn damals für die Eroberung Coriolis erhalten hätte; wenn er ihn aber als Bürger von Corioli trug, ist seine Anwesenheit und sein Einfluß in Rom ebenso unerklärlich. Weiter kompliziert wird der Tatbestand durch eingebaute Parallelen zu griechischen Sagen und Berichten. Coriolanus ist ein zweiter Themistokles, der seine Heimat verrät (Cicero, Brutus 41). Die Begegnung Coriolans mit seiner Mutter soll an die berühmte Szene zwischen Iokaste und ihren Söhnen aus der Ödipussage erinnern.

Das einzige, was wir der Sage m. E. mit Sicherheit entnehmen können, ist die Tatsache, daß die Volsker im ersten Viertel des Jahrhunderts gegen die Römer zu Felde zogen, und daß diese Angriffe die Existenz Roms ernsthaft gefährdeten. Coriolan führte zwei Feldzüge gegen Rom, den einen von Circeii aus, die Via Latina entlang, und nach der Einnahme von Tolerium, Bola, Labici, Pedum, Corbio und Bovillae bis zur Stadtgrenze von Rom; den anderen durch das Küstengebiet von Latium, wobei Longula, Satricum, Setia, Pollusca, Corioli und Mugilla erobert wurden (Dionysios von Halikarnassos 8, 14–36; Livius 2, 39). Wie die Namen der einzelnen Städte überliefert wurden, ob in Liedern oder in mündlicher Weitergabe, und ob sie überhaupt historisch sind, läßt sich nicht mehr feststellen. Aber immerhin bestätigt die Sage die ernsthafte Bedrohung durch die Volsker.

3. Ein letzter Hinweis ist eine verstümmelte Stelle bei Festus (180 L.), in der neun Krieger genannt werden, die wahrscheinlich 487 v. Chr. in der Schlacht gegen die Volsker fielen und eingeäschert wurden. Anscheinend zitiert Festus eine Inschrift, aber da die Männer mit ihren *cognomina* aufgeführt sind (ein Phänomen erst des vierten Jahrhunderts), muß die Kopie, die er – oder vielmehr sein Gewährsmann, wahrscheinlich Verrius Flaccus – benutzte, aus späterer Zeit stammen und im Vergleich zum Original ergänzt gewesen sein. Trotzdem bietet das Fragment einen eigenständigen, authentischen Beleg für die Größe der Gefahr.

[Neun Tribunen der Soldaten im Heer von]
T. Sicinius (cos. 487 v. Chr.), als die Volsker
[rebellierten und einen grausamen Kampf] fochten gegen
[die Römer, fielen und] sollen verbrannt worden

---

* Die erste formale Verleihung eines Beinamens war die an Scipio »Africanus«, 201 v. Chr. (Livius 30, 45, 7).

sein [im Cir]cus, [und wurden dort begraben
an einem Pla]tz beim Circ[us],
[der später] mit weißen Steinen ausgelegt wurde.
[Die für den Staat starben, waren] Opiter Verginius
[(Tricostus (cos. 502), M. (oder M.') Valerius] Laevinus,
Postumius Co[minius Auruncus (cos. 493)],
[M'. Tu]llius Tolerinus (cos. 500), P. Ve[turius
(cos. 499)], [A. Sempr]onius Atratinus (cos. 491),
Ver[ginius Tircostus (cos. 494 oder 496)],
[P. Mu]tius Scaevola, Sex. Fusi[us (cos. 488)].   (Festus 180 L.)

Auch die Erbauung der ersten Verteidigungsmauer ist ein Beweis für die reale Bedrohung Roms. In der Überlieferung wird
sie Servius Tullius zugeschrieben (Livius 1, 44, 3), aber in Wirklichkeit stammt die Mauer, deren Reste man gefunden hat, aus
republikanischer Zeit (viertes Jahrhundert v. Chr.) und wurde
vermutlich nach der Eroberung Roms durch die Gallier gebaut.
Vorher hatte nur ein Erdwall *(agger)* existiert, dessen Entste-
hungszeit eine dort gefundene kleine rotfigurige Scherbe auf die
Zeit zwischen 490 und 470 festlegt. Das dürfte wohl die früheste Verteidigungsanlage der Stadt gewesen sein, obwohl wir
nicht mit Bestimmtheit wissen, ob man den Verteidigungsring
jemals ganz geschlossen hat. Zur Tarquinierzeit brauchte Rom
keinen Schutz; erst in den unruhigen Zeiten um 500 v. Chr.
mußte es sich, wie viele andere Städte, wieder selber schützen.
Bezeichnenderweise stammen die ersten Wälle in Veii ebenfalls
aus der Zeit kurz vor 450.

Latiner

Doch die Latiner selbst stellten die bei weitem größte Bedrohung dar. Rom war ja schon heftigen Anstürmen der Sabiner
und Volsker ausgesetzt (und sicher auch noch von anderen
Stämmen wie den Aequern und Hernikern bedroht); nun befand es sich in verzweifelter Lage, da seine früheren Verbündeten, oder vielmehr Abhängigen sich entschlossen weigerten,
weiterhin seine Führerrolle zu akzeptieren. Ein neuer Latinerbund, unabhängig von Rom, wurde gegründet, und bevor die
Latiner wieder geschlossen gegen ihre Feinde vorgehen konnten, mußte erst der erbitterte Streit zwischen Rom und dem
Bund geschlichtet werden. Dies geschah in der Entscheidungs-

schlacht am Lacus Regillus (496 v. Chr.), wo sich die römische Hopliteninfanterie der hauptsächlich aus Kavallerie bestehenden Latinerarmee überlegen zeigte.

Für den Latinerbund haben wir neben den Stellen bei Livius, Dionysios und anderen Autoren auch noch ein archäologisches Zeugnis. Bei Pratica di Mare, wo in der Antike Lavinium lag, hat man die Ruinen eines riesigen Heiligtums gefunden, das mindestens dreizehn archaische Altäre aus dem örtlichen Tuffstein enthielt (es waren wahrscheinlich sogar mehr, aber die genaue Anzahl ließ sich noch nicht feststellen). Einige der Altäre waren wegen Umbauten nicht in ihrer ursprünglichen Gestalt erhalten, doch läßt sich der älteste in die Zeit um 500 (oder etwas eher) datieren; wahrscheinlich stammt das ganze Heiligtum aus dieser Zeit. Die Altäre muten in Aufbau und Konstruktion griechisch an (also nicht etruskisch oder italisch). Außer einer frühen Inschrift (s. u.; eine weitere aus dem dritten Jahrhundert fällt nicht in den für uns wichtigen Zeitraum) gibt es keine Hinweise darauf, welche Gottheiten dort verehrt wurden, aber im Vergleich mit anderen Heiligtümern dieses Ausmaßes kann man annehmen, daß es ein wichtiges Heiligtum für mehrere Gruppen war, das Kultzentrum eines Bundes. Irgendwann zu geschichtlicher Zeit beanspruchte Lavinium Aeneas für sich; damit trat es bewußt in Wettstreit mit Rom. Zur Zeit des Dichters Lykophron (Alexandra 1250–60; um 290 v. Chr.) hatte sich dieser Anspruch schon gefestigt. Lykophron erwähnt die Sau mit den dreißig Ferkeln, die Aeneas an der Stelle des späteren Lavinium als Prodigium erschien, und dieses Prodigium ging in die offizielle Fassung der römischen Urgeschichte ein, die Varro und Vergil (Aeneis 1, 2–3 u. a.) übernahmen. Vor einigen Jahren entdeckte man in dem etwa 8 km von Lavinium entfernten Tor Tignosa am Fluß Numicus (wo Aeneas den Augen der Menschen entrückt worden sein soll) eine Inschrift*. Sie lautet: *Lare Aineia D*[*ono* oder *-onum*]. Sie stammt aus der Zeit um 300 v. Chr. und bezeugt eine schriftliche Überlieferung, nach der Aeneas in der Gegend als Aeneas Indiges verehrt wurde: S. Weinstock, der die Inschrift veröffentlicht hat, meint mit Recht, daß die Bezeichnungen *Lar* und *Indiges* die Bedeutung »vergöttlichter Vorfahr« haben. Als Lavinium mit Rom in Wettstreit trat, versuchte es vermutlich, den Aeneasmythos auf sich

---

* S. Weinstock, *Two Archaic Inscriptions from Latium.* Journal of Roman Studies 50 (1960) 112–118, spez. 114 ff.

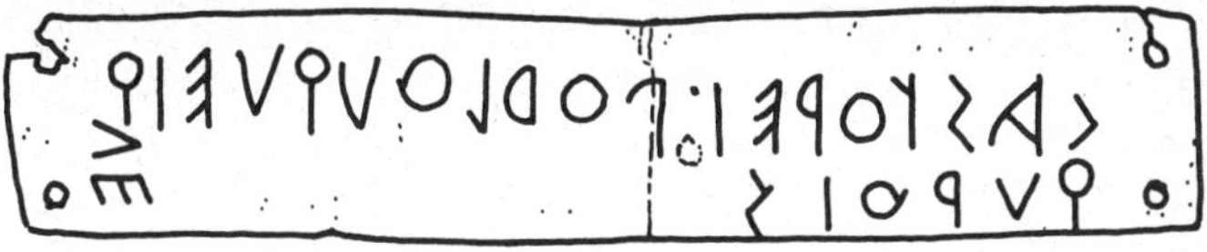

Abb. 10: Weihung für Castor und Pollux. Metalltäfelchen aus Lavinium

selbst zu beziehen und sich mit dem Glanz trojanischer Abstammung zu schmücken.

Eine archaische Weihinschrift* aus dem »Bundesheiligtum« ist klarer. *Castorei Podlouqueique qurois* (griech. *kourois*) – »den Jünglingen Castor und Pollux« (s. Abb. 10). Zwei Besonderheiten an ihrem Kult verdienen festgehalten zu werden. Beide waren vor allem Schutzgötter der Pferde. Zur fraglichen Zeit wurden sie auch in anderen latinischen Gemeinden verehrt, von denen wir wissen, daß sie an der Schlacht gegen die Römer am Lacus Regillus teilnahmen. Tusculum war eines ihrer Kultzentren (Cicero, De divinatione 1, 98; Festus 408 L.), Ardea besaß einen alten Altar (Servius, zu Aeneis 1, 44), weitere Kultorte waren Praeneste (ebd. 7, 678) und Cora (CIL I^2 1506).

Mit dieser Grundlage aus archäologischen Befunden können wir uns nun den schriftlichen römischen Berichten über die Schlacht am Lacus Regillus zuwenden.

Es findet sich nirgends auch nur eine Andeutung darüber, warum die Feindseligkeiten ausbrachen, nur die Feststellung bei Livius (2,18,2), daß »man allgemein darin übereinstimmt, daß Octavius Mamilius die 30 Latinerstämme aufstachelte«, vermutlich um die Rückkehr seines Schwiegervaters Tarquinius zu betreiben. Eine Beschreibung des Schlachtverlaufs liefern Livius und Dionysios von Halikarnassos, gänzlich in homerischer Tradition. Die Einzelheiten sind den Taten von Paris und Menelaos, Agamemnon, Hektor und Nestor in der Ilias nachempfunden. Das bedeutet, daß es überhaupt keinen Augenzeugenbericht über die Schlacht gab. Warum auch? Doch die Erinnerung an manches blieb lebendig, möglicherweise in der Postumierfamilie, die sicherlich jahrhundertelang das Verdienst um den siegreichen Ausgang der Schlacht für sich in Anspruch nahm.

* F. Castagnoli, *Dedica arcaica Lavinata a Castore e Polluce*. Studi e Materiali di Storia delle Religioni 30 (1959) 109–136.

Die erste erhaltene Information ist die Ortsangabe: Die Schlacht fand statt am Lacus Regillus nahe bei Tusculum (vielleicht das heutige Pantano Secco), knapp 4 km nördlich von Frascati. Diese Angabe ist wichtig, da man aus ihr schließen kann, daß die Römer zum Angriff übergingen und es auf Tusculum, eine der führenden Städte im Latinerbund, abgesehen hatten (s. S. 81).

Weiterhin ist bekannt, daß an der Schlacht so gut wie alle Latinergemeinden teilnahmen. Livius gibt die runde Zahl 30 an, aber wahrscheinlich blieb diese Zahl beim wechselnden Schicksal des Bündnisses nur Theorie, und nur eine Gruppe der beteiligten Stämme kämpfte wirklich auf der Seite von Tusculum und Lavinium. Trotzdem ist die Spaltung deutlich genug erkennbar.

Schließlich ist überliefert, daß der Diktator A. Postumius Albus mitten im Kampfgetümmel den Dioskuren Castor und Pollux einen Tempel gelobte, und wir wissen, daß dieser Tempel 484 v. Chr. geweiht wurde. Die Römer gewannen die Schlacht, und mit der Einrichtung des Dioskurenkults hofften sie zweifellos, die Latiner der Unterstützung durch ihre Kriegsgötter zu berauben und zugleich die reaktionären Verfechter der Kriegführung mit Kavallerie von der Überlegenheit eines Infanterieangriffs zu überzeugen. Ein solches Vorgehen, bei dem die Loyalität einer Gottheit von einem andern Volk auf die Römer umgeleitet wurde, hieß *exoratio* (s. S. 166).

Der römisch-latinische Vertrag *(foedus Cassianum)*

Es muß ein sehr ungleicher Kampf gewesen sein, in dem die Römer mit dem Mut der Verzweiflung fochten; sein Ausgang war unerwartet. Die direkte und wichtigste Folge der latinischen Niederlage war ein Vertrag, der einen Verteidigungsbund zwischen Latinern und Römern nach einem Prinzip der Gleichberechtigung vorsah. Bis zum ersten vorchristlichen Jahrhundert stand eine Abschrift davon auf einer Bronzesäule auf dem Forum, wie wir aus Cicero (Pro Balbo 53) und Livius (2,33,9) wissen. Ob es eine Originalabschrift oder eine modernisierte und bearbeitete Fassung des Vertrags war, läßt sich jedoch nicht feststellen. Mit Gewißheit enthielt der Text den Namen Sp. Cassius, womit man das Datum auf 493 (sein erstes Konsulat) festlegte; aber er kann auch in seiner Funktion als *fetialis* erwähnt worden sein (s. S. 87) – daher ist es möglich, daß der Vertrag bald nach der Schlacht niedergeschrieben worden ist, also zwischen 496 und 495 v. Chr.

Dionysios zitiert die Bedingungen des Vertrages:

1. Es soll Friede herrschen zwischen Rom und den gesamten latinischen Städten, solange Himmel und Erde den gleichen Stand haben. Sie sollen sich weder selber gegenseitig bekriegen, noch von auswärts Kriege einführen, noch Angreifern sichere Zuwege überlassen.
2. Sie sollen den Angegriffenen mit ganzer Kraft Hilfe leisten.
3. Die Beute aus gemeinsamen Kriegen soll gleichmäßig unter die beiden Parteien verteilt werden.
4. Entscheidungen in privaten Handelsfällen sollen an dem Ort des Vertragsabschlusses innerhalb von zehn Tagen gefällt werden.*
5. Diesen Vertragsbedingungen darf nur mit gemeinsamer Zustimmung der Römer und der Latiner etwas hinzugefügt oder gestrichen werden. (Dionysios von Halikarnassos 6,95,2)

Ob die von Dionysios genannten Bedingungen im Original so gelautet haben können, ist sehr umstritten. Was über Frieden und Neutralität gesagt wird, entspricht in etwa dem üblichen, aber einiges ist ungewöhnlich.

1. Für die Festlegung der Dauer des Vertrages (»solange Himmel und Erde den gleichen Stand haben«) gibt es so gut wie keine Parallelstellen. Am nächsten kommt noch ein Vertrag von 335 v. Chr. zwischen Alexander dem Großen und den Kelten (Arrian, Anabasis 1,4,6–8). Die übliche Formulierung war »auf ewig«.

2. Den Passus über die Verteilung der Kriegsbeute zu gleichen Teilen hat man für nicht authentisch angesehen, aber er ist in neuerer Zeit durch das Fragment eines Vertrags zwischen Rom und Aetolien aus dem Jahr 212 v. Chr. (IG IX 1² 2,241) bestätigt worden, das besagt, die bewegliche Beute aus den eroberten Städten solle zwischen den beiden Verbündeten aufgeteilt werden und nicht Rom allein zufallen (wie es gewöhnlich der Fall war). Da Rom mit den Latinern nicht aus einer unbestrittenen Vormachtstellung heraus verhandelte, und das Bündnis gemeinsame Kriegszüge unter gemeinsamem Kommando vorsah, erscheint auch eine Aufteilung der Beute denkbar.

3. Die Handelsklausel ist ungewöhnlich. Normalerweise ha-

---

* Zwei kurze lateinische Zitate bei Festus 166 L. gehören vermutlich zu den finanziellen Bedingungen unter Punkt vier.

ben private Vereinbarungen in Staatsverträgen nichts zu suchen. Außerdem wären eigentlich die Handelsbeziehungen durch die öffentliche Einrichtung des *commercium* abgedeckt. Diese vertragliche Verpflichtung gäbe etwa einem Tusculaner das Recht, mit einem Römer Verträge zu schließen, deren Erfüllung vor einem römischen Gericht nach römischem Recht durchgesetzt werden könnte; umgekehrt gälte das gleiche. Vor dem Hintergrund der besonders schwierigen wirtschaftlichen Lage im Jahrzehnt nach 500 v. Chr. betrachtet (s. S. 111), hatte diese Klausel aber durchaus ihren Sinn.

Insgesamt bekennen sich deshalb die meisten Gelehrten zu der Auffassung, daß der von Dionysios überlieferte Vertrag in seiner Substanz echt ist (wenn auch vielleicht modernisiert und nicht ganz vollständig).

Zwei Fragen bleiben noch offen. Wie viele latinische Staaten waren es, mit denen Rom diesen Vertrag schloß? Und wie gut war die Organisation dieses Verteidigungsbündnisses?

Dionysios (5,61) schreibt, es seien 30 Städte gewesen. Das wurde im Laufe der Zeit zur feststehenden Zahl, die auch Livius nennt und die auch im Prodigium der Sau mit den 30 Ferkeln erscheint. Dionysios führt sogar eine Liste der Städte auf, aber bei einigen besteht der Verdacht, daß sie zeitlich nicht passen (etwa Setia, Circeii, Norba). Seine Liste (vgl. Abb. 11) umfaßt: Ardea, Aricia, Boillae (vermutlich Bovillae), Bubentum, Corni (? Corani = Cora), Carventum, Lavinium, Lanuvium, Circeii, Corioli, Corbio, Cabum, Fortinii, Gabii, Laurentum, Labici, Nomentum, Norba, Praeneste, Pedum, Querquetulum, Satricum, Scaptia, Setia, Tibur, Tusculum, Tolerium, Tellenae und Velitrae. Das sind nur neunundzwanzig Namen. Einer davon kann im Lauf der Überlieferung verlorengegangen sein, vielleicht Pometia oder sogar Tarracina, oder aber Dionysios hat Rom selbst mitgezählt. Weiterhin ist sicher, daß damals Laurentum nicht mehr existierte, und daß die Laurenter mit Lavinium *eine* Gemeinde bildeten (so wie die Rutuler in Ardea). Viele der genannten Orte werden bei den Volskerzügen des Coriolan genannt, und nach einem unklaren Hinweis bei Livius (2,19,2) soll Praeneste 499 zu den Römern abgefallen sein; vermutlich lebt hier aber einfach die Erinnerung an Praenestes Mitgliedschaft in der latinischen Allianz weiter.

Es gibt noch weitere Aufstellungen von latinischen Gemeinden, u. a. eine viel spätere bei Livius (27,9,7), der für 209 v. Chr. 30 römische Kolonien aufführt; da aber keine auch nur andeu-

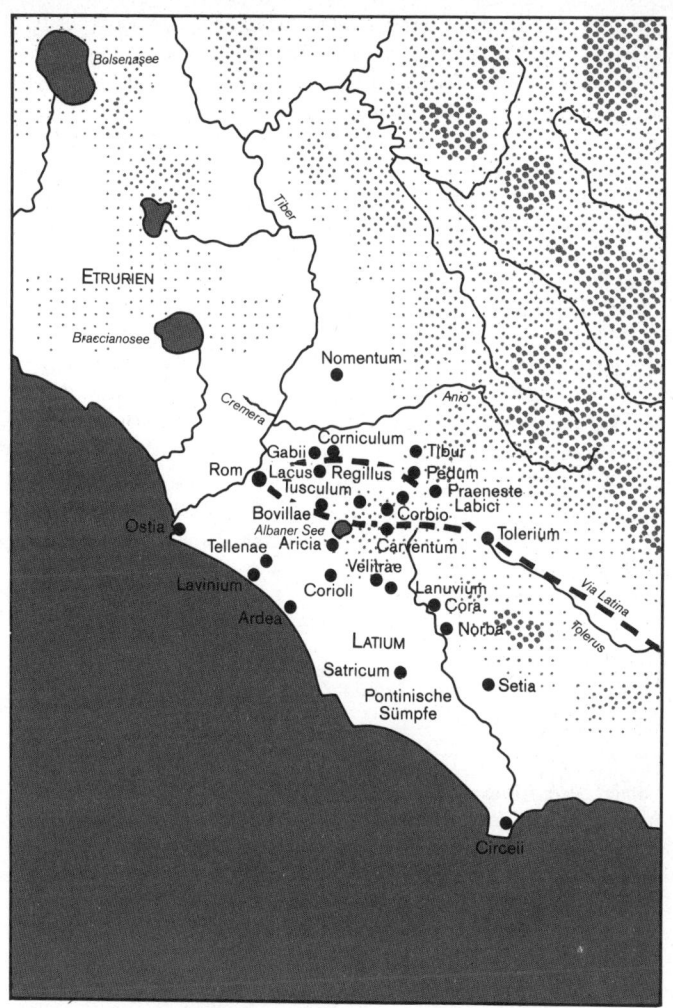

Abb. 11: Mitglieder des Latinerbundes

tungsweise etwas mit der Schlacht am Lacus Regillus und dem Vertrag des Cassius zu tun hat, läßt man sie am besten ganz außer acht. Aller Wahrscheinlichkeit nach unterzeichneten die bei Dionysios genannten Stämme den Vertrag sofort oder innerhalb von zehn Jahren. Das alte Bündnis Rom-Latium, das die Tarquinier geschaffen hatten, wurde dadurch von Grund auf umgestaltet, wobei Rom in seiner führenden Position stark eingeschränkt wurde. Der Vertrag blieb bis 330 v. Chr. gültig; zu dieser Zeit waren immer noch dreizehn Vertragspartner vertreten.

Für die Praxis bedeutete der Vertragsabschluß die Bildung eines Bundesheeres zur Verteidigung Latiums. Darüber finden wir ein wertvolles Zeugnis bei dem Altertumsforscher Cincius (bei Festus 276 L.). Hier berichtet er über die Sitte, den Prätor am Tor zu grüßen, wenn er als Proprätor oder Prokonsul in eine Provinz aufbricht.

Bis zum Konsulatsjahr von P. Decius Mus (240 v. Chr.) trafen sich die Latinerstämme gewöhnlich an der Quelle von Ferentina (bei Aricia – Anspielung auf das alte Dianabündnis) und entschieden gemeinsam über den Oberbefehl. In dem Jahr, in dem es Aufgabe der Römer war, nach Anordnung der Latiner Heerführer zum Heer zu schicken, pflegte deshalb eine Anzahl römischer Bürger von Tagesanbruch an auf dem Kapitol die Vogelzeichen zu beobachten. Wenn die Vögel ihr Urteil gesprochen hatten, grüßte immer der zu diesem Zweck vom Bund der Latiner geschickte Soldat den Mann als Heerführer *(praetor)*, den die Vögel ausgezeichnet hatten, die Verantwortung des Oberbefehls zu übernehmen. (Festus 276 L.)

Diese Zeremonie muß aus der Anfangszeit des Latinerbundes stammen. Sie setzt voraus, daß die Führer des Latinerheers nach einem rotierenden System ausgewählt wurden (normalerweise gab es zwei Prätoren; Livius 8,3,9) und Rom dabei genauso an die Reihe kam. Wir erfahren z. B., daß T. Quinctius 464 v. Chr. als Prokonsul (d. h. als Latiner-Prätor) mit dem Bundesheer gegen die Aequer ausgeschickt wird (Livius 3,4,10). Weiterhin setzt die Cincius-Stelle voraus, daß jedes Jahr ein stehendes Heer mit Kontingenten aus Rom und den verbündeten Städten einsatzbereit zur Verfügung stand. Allmählich gewann Rom natürlich beherrschenden Einfluß auf das Bündnis, und die alte Gleichberechtigung bestand nur mehr in der Erinnerung; aber mindestens 50 Jahre lang sicherte doch das Bündnis Schutz und Gedeihen in Latium, das sich drohenden Steuern gegenübersah.

Die Krise Roms nach 500 v. Chr.

Um 490 hatte sich die Lage zwar militärisch stabilisiert, aber die innenpolitischen Probleme in Rom waren dadurch kaum geringer geworden.

Der Zusammenbruch der Tarquinierdynastie hatte nicht nur Auswirkungen auf die Beziehungen der Staaten untereinander, sondern auch auf die wirtschaftliche Lage Roms. Lange bestehende Handelsrouten, wie die nach Kampanien, wurden unterbrochen, und der Handel brach zusammen. Sogar das einträgliche Geschäft mit dem Salz, auf dem Roms Wohlstand zum großen Teil beruhte, wird wohl zum Erliegen gekommen sein, da Porsennas Einfälle und die Sabinerkriege die Salzstraße nach Mittelitalien (die Via Salaria) bedrohten. In einer unklaren Bemerkung zum dritten Jahr der Republik sagt Livius (2,9,6), der Salzpreis sei staatlicher Aufsicht unterworfen gewesen. Darin zeigen sich schon einige der Schwierigkeiten, mit denen Rom zu kämpfen hatte.

Einiges über Roms kritische Lage läßt sich auch von der Menge des importierten Tongeschirrs ablesen. Natürlich ist die Verteilung der Funde dem Zufall unterworfen, doch läßt sich ein deutlicher Trend feststellen. In Rom hat man Scherben von über 200 importierten griechischen Gefäßen aus der Zeit von 530 bis 500 v. Chr. gefunden. Die meisten sind attisch (171 schwarz-, 20 rotfigurig), aber es sind auch ein paar ionische Stücke und eine vermutlich lakonische Scherbe darunter. Für die darauffolgenden fünfzig Jahre (500–450), einen fast doppelt so langen Zeitabschnitt, fand man nur 145 importierte Gefäße attischer Herstellung. Ein ähnlicher Niedergang zeigt sich auch bei der einheimischen Töpferware. Wie E. Gjerstad (s. Literaturhinweise) sagt, »ist die Zeit inspirierter Handwerkskunst vorbei: Die Bucchero-Keramik wird immer schlechter ... Bucchero sinkt allmählich ab zum deprimierend grau in grau gehaltenen subarchaischen Bucchero; und neu kommt als bemalte Keramik die sogenannte grobbemalte. Der Name sagt alles.«

Dieser Niedergang war in Rom besonders deutlich ausgeprägt, aber er zeigt sich auch fast überall in Latium und Etrurien, wie wir an den Ausgrabungen in San Giovenale sehen. In ganz Mittelitalien waren Gesellschaft und Handel erschüttert; die Etrusker konnten sich immer schlechter in Kampanien halten, bis sie 474 v. Chr. durch den Sieg der Syrakusaner bei Cumae praktisch allen Einfluß verloren. Für die Römer war die

Lage besonders schlimm, da sie nach mehreren Mißernten in Etrurien, Cumae und sogar Sizilien Korn einkaufen mußten. Schlechte Ernten und der Kornpreis *(annona)* waren Standardthemen der Annalen (Cato Frg. 77 Peter=Schönberger) – es besteht also kein Grund, die Bemerkungen darüber seit Anfang der Republik anzuzweifeln, selbst wenn man für die Daten einen gewissen Spielraum zugibt; an der Auswahl der Gebiete, an die man sich um Hilfe wandte, kann man Roms enge Beziehungen zu den Etruskern und Karthagern ablesen; die Karthager hatten ja in Sizilien Stützpunkte. Hinweise dieser Art finden sich für das dritte Jahr der Republik, dann für 499, 492, 486, 477 und 476 v. Chr. (traditionelle Zählung). Aus der Erwähnung von Krankheiten in den Annalen kann man schließen, daß im fünften Jahrhundert mehrere schwere Epidemien auftraten, die früheste im Jahre 490. Nach zwei schlimmen Jahren (463 und 453) folgte ein katastrophales Jahrzehnt zwischen 437 und 428, in dem Roms Entwicklung fast zum Stillstand kam (s. S. 145 f.). Über den großen Zeitraum hinweg lassen sich diese Epidemien nicht mehr diagnostizieren, aber da von einigen dieser Seuchen Mensch und Tier gleichermaßen befallen worden sein sollen, dürfte es sich um Milzbrand gehandelt haben. Man muß sich auch klar darüber sein, daß sich die Malaria im fünften Jahrhundert im nördlichen Mittelmeerraum zu einer verbreiteten Seuche entwickelte, sicher begünstigt durch die Drainage der Salzseen bei Ostia und die ausgedehnten Pontinischen Sümpfe. So sollen die Volsker krank geworden sein, als sie sich 490 in der Nähe der Pontinischen Sümpfe aufhielten (Livius 2,34,5), und ohne Zweifel hatte die Schwächung durch die Krankheit an ihrer Niederlage genausoviel Schuld wie die geballte römisch-latinische Verteidigungsmacht. Wegen der Malaria verschwanden im fünften Jahrhundert auch einige der tiefergelegenen latinischen Gemeinden, z. B. Longula und Pollusca.

Neue Tempel

Aus den Priesterchroniken wissen wir von Mißernten und Seuchen. Aber selbst ohne diese Zeugnisse könnten wir anhand der großen Anzahl von Tempelstiftungen auf die Wahrheit kommen. Auf den ersten Blick erwartet man nicht, daß die Römer sich prunkvolle Tempelbauten leisten konnten, wenn sie in einer Wirtschaftskrise steckten, und daß es damals in der gesamten etruskischen Welt modern war, Tempel zu bauen, ist auch keine ausreichende Erklärung. (In Velletri, Pyrgi, Satricum und Veii wurden zu dieser Zeit imposante Tempel errichtet.) Unabhängig von einer Mode waren die Motive sicher Ängste und Sorgen, deren Art sich von den Funktionen der verehrten Götter ablesen läßt.

1. Im Jahr 497 entstand ein Saturntempel (Livius 2,21,2), wahrscheinlich an der Stelle eines früheren Altars (Festus 430 L.). Saturns ursprüngliche Funktion wurde später durch die Gleichsetzung mit dem griechischen Kronos und die falsche Herleitung des Namens von *sata* (Saaten) verdunkelt. Der Name ist etruskischen Ursprungs, seine Bedeutung unbekannt, aber sein Einflußbereich in frühester Zeit wird durch die archaischen Gebete klar, in denen als seine spezielle Wirkung die *Lua Saturni* angerufen wird (Livius 8,1,6; Varro, De lingua Latina 8,36; Gellius 13,23). *Lua* muß verwandt sein mit Wörtern wie *luo, lues, lustrum* und die Kraft der Befreiung, der Reinigung von Seuchen bedeuten. Bestimmt wurde Saturn gegen Seuchen angerufen.

2. Zwei Jahre später, 495 wurde ein Mercurtempel geweiht (Livius 2,21,6; 27,5). Einer Sage zufolge soll das Volk das Recht selbst in die Hand genommen und die Weihe des Tempels nicht den Konsuln, sondern einem plebejischen Soldaten namens M. Laetorius übertragen haben. Die Sage hat keinen Informationswert, außer vielleicht den, daß darin das Interesse der Plebejer am Mercurkult zum Ausdruck kommt. Er hatte ja den Zweck, den Handel zu beleben.

3. Der 496 gelobte und 493 geweihte Cerestempel dagegen war überwiegend plebejisch. Gründungsdatum und Art des Kults stehen fest, wenn auch A. Alföldi (s. Literaturhinweise) die traditionelle Chronologie zu bestreiten versucht hat. Der Tempel ist unter dem Namen der Ceres bekannt, aber tatsächlich war er für drei Gottheiten gedacht: Ceres, Liber und Libera, abgeleitet von den griechischen Göttern Demeter, Dionysos und Persephone. Die Anregung zu diesem Kult kam zweifellos aus Cumae, wo Demeter, die wichtigste Göttin, und ihre Priesterschaft sehr angesehen waren. Die Tendenz zu Griechenland zeigt sich weiterhin im Stil; die Namen von zwei griechischen Künstlern, die die Dekorationen entworfen haben, Damophon und Gorgasos, standen am Tempel (Plinius, Naturalis historia 35,154). Viele Einzelheiten bringen den Tempel in Verbindung

mit den Plebejern. Er lag am Fuß des Aventin, der nach der Überlieferung plebejisch war (Livius 3,31,1), seine Überwachung lag in den Händen der plebejischen Ädilen (Livius 3,55,13: Der Name *aedilis* bedeutete wahrscheinlich ursprünglich Tempelwächter), die Erhaltung des Tempels wurde durch die von Volkstribunen verhängten Geldstrafen finanziert (Livius 10,23,13); außerdem standen die Tribunen selbst unter dem Schutz der Ceres, und jeder, der sie angriff, galt der Rache der Ceres verfallen (Dionysios von Halikarnassos 6,89; Livius 3,55,13 nennt statt dessen Iuppiter).

Daraus lassen sich zwei wichtige Schlußfolgerungen ziehen: Der Kult muß als Reaktion auf die oben erwähnte Kornknappheit entstanden sein. Darüber hinaus waren offenbar die Plebejer die Hauptleidtragenden. Die Tatsache, daß sie einen Kult begründeten, der fast ihnen allein vorbehalten war, und sich für religiöse und politische Anregungen Griechenland zuwandten, zeigt, wie groß der Machtkampf und die Spannungen in Rom waren.

Der erste Auszug der Plebs

Diese Spannungen lösten sich schließlich gewaltsam in Aufständen der Bevölkerung. Schon waren die ärmeren Klassen aufgebracht über Hunger und Armut, die die wirtschaftliche Flaute seit 505 v. Chr. und die ungeordneten Verhältnisse verschuldet hatten. In solchen Zeiten werden die Armen noch ärmer und die Reichen noch reicher. Vielleicht ist das die Erklärung für die ungewöhnliche Klausel über die schleunige Beilegung von Handelsdifferenzen in Cassius' Vertrag. In Rom wurde die Lage noch schlimmer durch eine harte Regelung im Schuldenfall (*nexum*), die sich bis ins vierte Jahrhundert hielt. Das System ist nirgends eingehend beschrieben, aber mit Hilfe einer ausführlichen Darstellung bei Varro (De lingua Latina 7,105) läßt es sich rekonstruieren. Die Stelle schließt: »Ein freier Mann, der sich in Sklaverei verkauft im Austausch für das Geld, das er schuldet (welches vor fünf Zeugen auf der Waage gewogen wird – *per aes et libram*), wird *nexus* genannt, bis er es zurückgezahlt hat.« Der Schuldner trat also zur Begleichung der Schuld in die Dienste des Gläubigers. Er behielt dem Namen nach seine Bürgerrechte, denn nach römischem Recht konnte man nur seine

Dienste, aber nicht sich selbst verkaufen; doch in Wirklichkeit wurde man zum Schuldsklaven und konnte beliebig ausgebeutet und mißhandelt werden. Diese Schuldknechtschaft war auch keineswegs an Bedingungen oder Zeitbeschränkungen geknüpft: Sie bestand für immer, wenn nicht ein Dritter kam und einen loskaufte. In einer Welt ohne Münzgeld gab es nicht viele Möglichkeiten, seine Schuld wieder loszuwerden. Die große Anzahl der *nexi* war eine der traurigsten Eigenheiten der frühen römischen Gesellschaft.

Wenn es sich nur um den Ausbruch eines Konflikts zwischen Arm und Reich gehandelt hätte, wären die Ereignisse des Jahres 494 v. Chr. – der sogenannte erste Auszug der Plebs – leicht zu verstehen. Die Geschehnisse lassen sich mit einigem Anspruch auf Wahrscheinlichkeit rekonstruieren, wenn sich die Überlieferung auch weiterentwickelte und immer ausführlicher wurde, als ein Geschichtsschreiber nach dem anderen sie verarbeitete und zu den politischen Ereignissen seiner Zeit in Beziehung setzte. Frühe Versionen finden sich bei Cicero (De re publica 2, 33, 58; Quelle Polybios?) und L. Calpurnius Piso (cos. 133 v. Chr.; s. Quellenübersicht). Die späteren Versionen, die Livius (2, 32–33) und Dionysios (6, 45 ff.) vollständig überliefern, erfuhren Ausschmückungen durch die sullafreundlichen Autoren Licinius Macer und Valerius Antias.

Eine Gruppe Plebejer zog sich auf den Aventin zurück und »streikte«. Nach alter italischer Sitte schworen sie einen Gruppeneid gegenseitiger Selbsthilfe. Ein sehr ähnlicher Eid ist von den Samniten überliefert. Nach Verhandlungen mit dem Senat und den Konsuln erklärten sich die Plebejer bereit, zurückzukehren, unter der Bedingung, daß die *comitia curiata* zwei Beamte, die Volkstribunen *(tribuni plebis)*, wählten, deren Aufgabe unter anderem darin bestehen sollte, Bürger vor Verhaftung und anderen Übergriffen zu schützen *(auxilium)*. Diese Amtsgewalt verdankten sie nicht so sehr gesetzlichen Grundlagen als vielmehr der Gewißheit, daß das Volk zu ihrer Unterstützung auch rebellieren würde, und daß jeder, der sie antastete, der Ceres verfiel (d. h. vogelfrei wurde). Die beiden ersten Tribunen waren L. Sicinius und L. Albinius – beides etruskische Namen.

An dieser Geschichte, die so sehr ein Teil der populären politischen Mythologie war, daß sie im Umriß sicher den Tatsachen entspricht, fallen zwei Punkte besonders ins Auge: Titel und Anzahl der Tribunen, und ihre Wahl durch die *curiae*. Vorbild für den Titel müssen die Militärtribunen gewesen sein, die die

1000 Mann starken Einheiten kommandierten (griechisch *chiliarchoi*). Varro sieht diesen Zusammenhang, erklärt den Titel allerdings anders (De lingua Latina 5,81: »Volkstribunen, weil sie anfangs aus den Militärtribunen gewählt wurden, um das Volk zu verteidigen«). Ihre Anzahl war als Gegengewicht zu den zwei Konsuln gedacht. Die Wahl durch die *curiae* und nicht durch *comitia centuriata* läßt erneut auf Mißtrauen gegenüber der Militärorganisation schließen. Bis sie im Jahr 471 v. Chr. ihre eigene Tribusversammlung bekamen, hatten die ärmeren Plebejer keinerlei Interesse daran, die Wahl ihrer eigenen Tribunen einer Körperschaft anzuvertrauen, bei der die Mitgliedschaft vom Vermögen abhängig war und die als einzige von den augenblicklichen Kriegswirren profitierte, was die Beuteverteilungsklausel in Cassius' Vertrag (s. S. 107) deutlich macht.

Der Konflikt scheint also auf den ersten Blick wirklich zwischen den Reichen *(classis)* und den Armen *(infra classem)* ausgebrochen zu sein. Damit würde A. Momiglianos Auffassung über die eigentliche Bedeutung des Ausdrucks »plebejisch« bestätigt (s. S. 60 f.).

Andererseits könnte man sich aber versucht fühlen, darin eine gezielte Bewegung gegen eine etruskische oder etruskisierte Aristokratie zu sehen. Die Armen blickten nach Griechenland, der Heimat demokratischer Ideen beziehungsweise volksfreundlicher Tyrannis. Sprach die Verbindung zu Cumae die Plebs vielleicht auch deshalb besonders an, weil der Volksfreund Tarquinius dort im Exil lebte? Etruskische Namen finden sich jedenfalls in den Fasti, und bis 490 v. Chr. bestanden gute Beziehungen zu den größeren Städten in Südetrurien. Und die Hoplitenarmee war im wesentlichen eine etruskische Erfindung.

Es gibt jedoch kein Anzeichen für einen dramatischen Bruch mit Etrurien nach 490, und in den Quellen findet sich keinerlei Hinweis darauf, daß der Konflikt irgendwie mit der Zugehörigkeit zu einem bestimmten Volk zu tun hatte. Warum also wurden Albinius und Sicinius zu Volkstribunen gewählt?

Die geschichtliche Überlieferung sah den Konflikt immer als religiös-sozialen Klassenkampf zwischen Patriziern und Plebejern, aber die Patrizier als solche, d. h. die Nachkommen der Senatoren aus der Königszeit, waren natürlich zahlenmäßig weit unterlegen. Mit Hilfe ererbter religiöser Rechte (vor allem der Auspizien, der geheimen Kontrolle von Gesetzgebung und Kalender, der Verwaltung der wichtigsten Kulte und vielleicht auch des Monopols auf die Konsulswürde) konnten sie wohl als einheitliche Klasse eine auf sie beschränkte autoritäre Regierung aufrechterhalten, aber nur mit Unterstützung durch eine beträchtliche Anzahl von Gefolgsleuten; und so war es ja auch. Die Claudier und später die Fabier sind Beispiele dafür: Ein Patrizier konnte auf ein großes Gefolge von Klienten zählen, die ihm Dienstbarkeit schuldeten als Gegenleistung für den Schutz, den ihnen der Patron bot, etwa Unterstützung vor Gericht, die ihnen im Fall drohender Schuldhaft *(nexum)* sehr hilfreich sein konnte. Festus (228 L.) deutet an, daß sich die Patrizier die Gefolgschaft ärmerer Leute erkauften, indem sie ihnen Landparzellen zum Bebauen überließen. Den unabhängigen Kleinhändlern, Handwerkern und Kleinbauern ging es in Krisenzeiten am schlechtesten, und sie hatten keinen mächtigen Schutzherrn, an den sie sich um Hilfe wenden konnten. Diese Leute waren vielleicht Etrusker – das trifft auf die meisten Handwerker zu –, aber nicht unbedingt. Jedenfalls waren sie arm und hilflos – und Plebejer. Sie hatten keinen Zugang zu den religiös fundierten Schlüsselstellungen in der Regierung.

Die Einigung mit den Latinern, die Zurückdrängung der Volsker und die glückliche Beendigung der *secessio* durch Zugeständnisse verschafften Rom wieder eine Stabilität, die es zwanzig Jahre nicht gekannt hatte. Die Volsker blieben zwar weiterhin eine Bedrohung, und ein paar Jahre später (486 v. Chr.) soll Sp. Cassius während einer Kornknappheit versucht haben, sich zum Tyrannen zu machen; vielleicht machte er sich dabei seine Popularität seit dem Vertragsabschluß mit den Latinern zunutze. Aber dieser Versuch schlug fehl und hatte keinen Einfluß auf die historische Entwicklung. In dieser beruhigten Lage konnte Rom seinen wirtschaftlichen Niedergang aufhalten und sich als autonome und angesehene Gemeinde am Tiber behaupten. Bezeichnenderweise wurde der Tempel für Castor und Pollux 484 v. Chr. geweiht.

Volsker, Aequer und Sabiner

Die Feldzüge unter Coriolan waren der Höhepunkt der Vols-
kerinvasion gewesen. Die Volsker beschäftigten die Römer
zwar auch noch nach 485 v. Chr. und wurden ab und zu gefährlich, aber sie hatten an Stoßkraft verloren. Die Pontinischen
Sümpfe behinderten ihre Beweglichkeit und schwächten wahrscheinlich auch ihre Streitkräfte. Spätestens um 470 hatten die
Römer wieder selber die Initiative ergriffen und befanden sich
auf einem Feldzug gegen Antium (Livius 2,63–65). Die größere
Gefahr drohte nun aber aus nördlicher gelegenen Gebieten. Die
Römer schlossen 468 v. Chr. ein nützliches Bündnis mit den
Hernikern, deren Gebiet sich wie ein Keil zwischen die Länder
der Volsker und Aequer schob. Die Aequer, wie die Volsker ein
oskisches Gebirgsvolk, bedrohten den Oberlauf des Tolerus,
der der Via Latina und der Hauptverbindungsstraße von Etrurien über Praeneste nach dem Süden folgte. Die Aequer haben
nur wenige archäologische Spuren hinterlassen, aber alle Berichte stimmen darin überein, daß sie hartnäckig immer wieder
in Latium einfielen und schwere Kämpfe um die Beherrschung
der Ostseite der Albaner Berge, besonders des Algidus-Passes,
ausfochten. Als ernst zu nehmende Feinde tauchten sie zum
ersten Mal im Jahre 488 auf (Livius 2,40,12), und von da an
blieben sie über fünfzig Jahre lang in dauernder Fehde mit den
Römern, teils allein, teils zusammen mit Volskern oder Sabinern. Die Einzelheiten des Konflikts sind unwesentlich. Den
Hauptansturm hatten die Grenzstädte Latiums, vor allem Tusculum und Corbio, auszuhalten. Die eine berühmte Notsitua-
tion, für die Cincinnatus seinen Pflug im Stich ließ (Livius
3,26), ist eine zeitlose Sage, die in allen Details erfunden ist, um
ihm eine Krise zu verschaffen, in der er seinen Mut zeigen
konnte.

Die Sabiner andererseits waren eine größere Gefahrenquelle,
nicht nur, weil sie die Via Salaria beherrschten und Rom selbst
unmittelbarer bedrohen konnten. Das taten sie auch wirklich
einige Male. 496 kam ein Trupp Marodeure bis an die Tore
Roms (Livius 2,63,7), in den folgenden Jahren zogen sie sen-
gend und brennend durch den *ager Crustuminus* und das Land

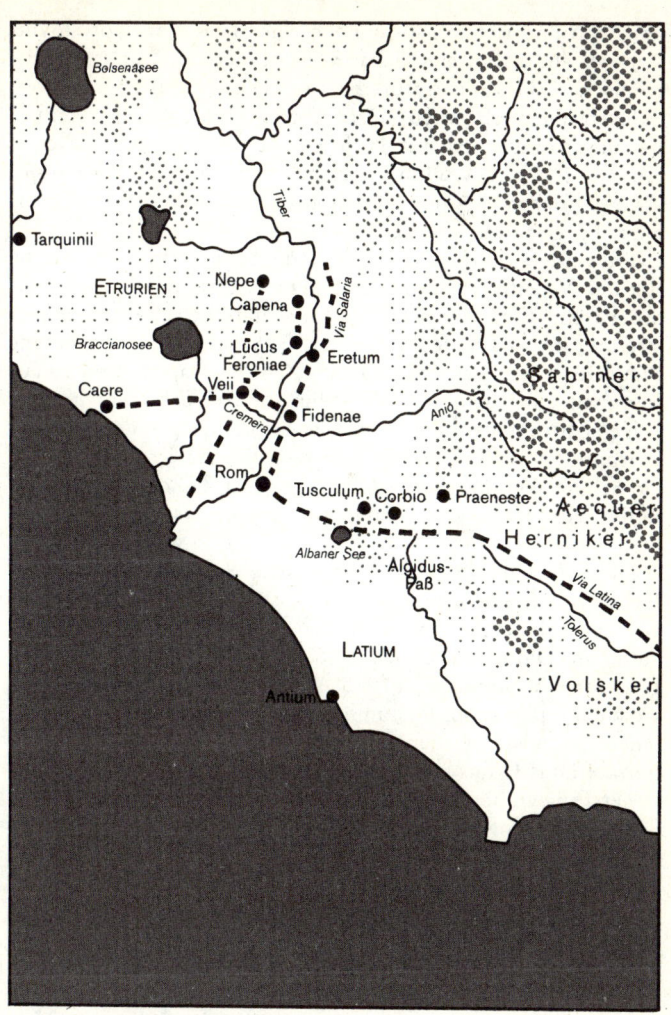

Abb. 12: Latium um 470 v. Chr.

am Anio und rückten sogar noch einmal bis Rom vor (Livius 2,64,3). 460 nahm eine Schar von Sabinern und anderen (die römischen Geschichtsschreiber sprechen herabsetzend von Sklaven und Verbannten) unter Appius Herdonius das Kapitol ein und konnte erst mit Hilfe eines verbündeten latinischen Aufgebots aus Tusculum vertrieben werden (Livius 3,15–18). Zwei Jahre später waren sie schon wieder imstande, im Großangriff gegen Rom vorzugehen.

Teilweise erklärte sich der Erfolg der Sabiner dadurch, daß sie mit den Vejentern jenseits des Tibers wirkungsvoll zusammenarbeiteten. Eine der wichtigsten sabinischen Befestigungen, Eretum, liegt zu beiden Seiten der Via Salaria und bewacht eine Hauptfurt. Aus den etruskischen Zentren Capena und Lucus Feroniae führt eine Straße dorthin, und etruskischer Einfluß zeigt sich sehr deutlich in den Tonscherben aus dem fünften Jahrhundert aus Eretum. Es überrascht deshalb nicht, daß 475 ein Sabinerkontingent in Veii lagerte, oder daß eine etruskischsabinische Streitmacht plante, mit Appius Herdonius zusammenzuarbeiten.

Ohne Zweifel versuchte der Konsul Sp. Postumius diesen Druck durch eine diplomatische Geste abzuschwächen, als er 466 den Sabinergott Sancus in den alten Kult um Dius Fidius aufnahm. Dionysios' Bericht (9,60,8) lautet zwar etwas anders: Der von Tarquinius gestiftete Altar sei nicht richtig geweiht worden, und erst Sp. Postumius habe das getan; aber die erhaltenen Zeugnisse machen klar, daß sich der ursprüngliche Kult nur auf Dius Fidius bezog, und daß die Gleichsetzung mit Sancus erst später, aber noch vor dem dritten Jahrhundert, erfolgte. Sancus war eine sabinische Gottheit, die über Eide und ihre Einhaltung wachte; dies bezeugen mehrere Autoren, deren Spezialkenntnissen wir vertrauen müssen (Dionysios von Halikarnassos 2,49,2 zitiert Cato d. Ä; Varro, De lingua Latina 5,66 zitiert den Grammatiker Aelius Stilo aus dem frühen 2. Jh. v. Chr.). Die letzte Beifügung zum Namen des Gottes, Semo – der ganze Name lautete nun Semo Sancus Dius Fidius –, stammt übrigens aus dem vierten Jahrhundert (Livius 8,20,8). Der Versuch, sich so die Unterstützung der Sabiner zu sichern, schlug jedoch eindeutig fehl.

Die Vejenter

Die Römer hatten nun einen neuen, potentiell gefährlichen
Gegner: die Vejenter. Sabiner, Volsker und Aequer waren vorwiegend Nomaden, und ihre Kriegskunst beschränkte sich auf
die primitive Taktik von Viehdieben. Veii dagegen war eine
zivilisierte etruskische Stadt, ein ebenbürtiger Gegner für Rom.
Es lag auf einem Felsplateau von etwa 3 km Länge und über
1 km Breite an der breitesten Stelle. Am Südende lag die Zitadelle (heute Piazza d'Armi), zu deren Füßen der Fosso dei due
Fossi, der die Stadt im Westen umfließt, in die Cremera (Val-
chetta) mündet, die im Osten die Stadt umschließt. Die Stadt
war also, abgesehen von einem schmalen Zugang im Nordwe-
sten, ganz von Wasser und hohen Felswänden umgeben. Sie
nahm eine ungeheure Fläche ein und muß so gut wie uneinn-
nehmbar gewesen sein. Veii lag knapp zwanzig Kilometer von
Rom entfernt, sein Einflußgebiet reichte bis zum Tiber. Außerdem lag es in der Mitte eines ausgebauten Straßennetzes: Es
führten Straßen zu den Salzfeldern an der Tibermündung, nach
Caere, Nepe, Tarquinii, Vulci, Capena und Rom (s. Abb. 12).
Veiis geographische Lage trug dazu bei, daß es schon früh zu
Wohlstand kam. Seit Mitte des sechsten Jahrhunderts war es ein
florierendes Kunstzentrum, das sich auf Terrakotten speziali-
siert hatte. Aus Veii kamen die Künstler, die den Tempel auf
dem Kapitol in Rom ausschmückten, und auch in Veii selbst hat
man eindrucksvolle Reste gefunden. In der Burg entdeckte man
zwei Altäre, und auf dem Gelände von Portonaccio, direkt
westlich der Mauern, wurde ein imposanter Tempel mit Statuen
von Apollo, Herkules und anderen Gottheiten ausgegraben.
Die Straßen der Stadt waren im Schachbrettmuster angelegt, die
Häuser offenbar aus Ziegelsteinen auf Steinfundamenten erbaut.
Während des sechsten und Anfang des fünften Jahrhunderts
scheinen zwischen Rom und Veii freundschaftliche Beziehungen bestanden zu haben. Zum ersten Mal werden Feindseligkeiten für das Jahr 483 erwähnt, als die Vejenter mit einer Reihe
jährlicher Einfälle in römisches Gebiet begannen. Wie erklärt
sich diese Veränderung? Wahrscheinlich war der Hauptgrund
das Schwinden etruskischen Einflusses in Kampanien, das für
die etruskischen Kaufleute der wichtigste Zugang zu den Märkten in Griechenland gewesen war. Ab 480 v. Chr. zeichnet sich
ein deutlicher Qualitätsrückgang bei Vejenter Produkten ab,

dem verminderte Importe aus Griechenland entsprechen. Außerdem werden die Volskereinfälle wohl auch die Verbindung zum Süden beeinträchtigt und sie noch mehr von der Magna Graecia abgeschnitten haben. Kurz, Veii spürte den Druck, und Roms allmähliche Erholung verschärfte die Positionen nur, vor allem, wenn der Salzhandel wieder auf der Via Salaria abgewickelt werden konnte; Rom und Veii besaßen beide an der Tibermündung Salzpfannen (Rom südlich, Veii nördlich), waren also auch Konkurrenten bei den Lieferungen an die großen Städte im Inland. Veiis Ziel war es, Roms Handel zu behindern und seine Ausdehnung aufzuhalten. Dafür waren die Festung bei Fidenae jenseits des Tibers und das Bündnis mit den Sabinern von großer strategischer Bedeutung.

Bisher gibt es noch keine Hinweise auf eigentliche Animositäten gegen Römer oder Etrusker, aber es kann wohl kein Zufall sein, daß zwischen 485 und 479 v. Chr. immer ein Mitglied der Fabierfamilie Konsul war, denn die Fabier hatten besonders enge Beziehungen zu Etrurien. Noch für 310 v. Chr. wird ein Fabius erwähnt, ein Bruder oder Halbbruder des Konsuls Q. Fabius Rullianus, der in Caere erzogen worden sei und fließend Etruskisch spreche (Livius 9,36,3). Die Fabier des vierten Jahrhunderts waren tatsächlich verantwortlich für das Eindringen in Etrurien und den Sieg; diese Überlieferung wird durch Funde aus der Gegend bestätigt, etwa durch eine zweisprachige Inschrift aus Clusium: »*Au. Fapi. Larthial – A. Fabi Iucnus*« (TLE^2 471). Schon früher, als die Kelten auf ihrem Zug nach Süden bis Clusium gekommen waren, hatten dessen Einwohner sich an Rom um Hilfe gewandt; die Römer schickten darauf eine Gesandtschaft von drei Fabiern, die die Lage erkunden und sich bei den Kelten beschweren sollten (Livius 5,35–36).

Die Auswertung der Zeugnisse ist ziemlich schwierig. Man könnte argumentieren, das regelmäßige Auftauchen der Fabier in den Fasti deute auf die Aggressionspolitik einer Gruppierung in Rom, die nach Stabilisierung der Lage in Latium nun den römischen Einfluß weiter nach Südetrurien ausdehnen wollte. Aber meiner Meinung nach ist diese Interpretation zu weit hergeholt. Rom war keineswegs stark und gesichert, und die räuberischen Einfälle der Sabiner legen nahe, daß auch die Vejenter Roms Schwierigkeiten ausnützen wollten. In diesem Falle hätten die Fabier, gestützt auf ihre etruskischen Verbindungen, versucht, die guten Beziehungen mit dem Süden Etruriens aufrecht und die Vejenter in Schach zu halten. Es ist sogar möglich, daß ein Teil des fabischen Grundbesitzes an den *ager Veientanus* angrenzte – das hätte den Fabiern eine besonders große Verantwortung für die Erhaltung des Friedens auferlegt. So viel ist jedenfalls sicher: Nachdem 483 die Feindseligkeiten einmal begonnen hatten, war der Kampf erbittert. Die Quellen halten für die Zeit zwischen 482 und 481 Scharmützel und Einfälle fest; sie gipfeln in einer größeren Schlacht im Jahre 480, in der Q. Fabius fiel und zwei andere Fabier (einer davon der Konsul M. Fabius) die Lage schließlich retteten. Die Einzelheiten über die Schlacht sind nachweisbar erfunden. Die Schlacht bildet den Hintergrund für die Entscheidung, einen Grenzposten an der Cremera zu bemannen, um die von Veii zum Tiber hinunterführende Straße zu sichern. Dieser historische Kern ist so unter den vielen Parallelen zur Schilderung der Schlacht an den Thermopylen bei Herodot verschwunden, daß es ganz unmöglich ist, die tatsächlichen Geschehnisse zu rekonstruieren. Die 306 Fabier und ihre Gefolgsleute sind die Spartaner und ihre Verbündeten in römischem Gewand. Mit Bestimmtheit läßt sich nur sagen, daß der Versuch der Fabier, Veii einzuschließen, völlig gescheitert ist, und daß darauf vejentische Abteilungen einige Jahre lang ungehindert in den Außenbezirken Roms plündernd umherstreifen konnten. Zusammen mit den Sabinern bildeten sie eine äußerst gefährliche Bedrohung. Überraschenderweise schlossen sie 474 einen Waffenstillstand mit Rom (Livius 2,54,1). Den Quellen nach war er auf 40 Jahre festgelegt, aber das ist wahrscheinlich eine spätere Erfindung aufgrund der Tatsache, daß ungefähr nach dieser Zeit der nächste Kriegsausbruch gemeldet wird (Livius 4,17,8 für das Jahr 437 v. Chr.). Der Waffenstillstand selbst ist jedoch historisch gesichert und wurde hauptsächlich unter dem Eindruck der vernichtenden Niederlage der Etrusker bei Cumae geschlossen.

Gleich, wie die Umstände genau waren, auf jeden Fall war der Krieg mit Veii ein Wendepunkt in der Geschichte Roms. Veii sollte in den nächsten 100 Jahren seinen Horizont beherrschen und behinderte, bis es selbst endgültig im Jahre 396 v. Chr. eingenommen wurde, die Entwicklung des römischen Handels und des Kontakts mit Südetrurien. Es ist deshalb wohl nicht abwegig, anzunehmen, daß sich während dieser Zeit ein Bewußtsein spezifisch römischer Identität im Gegensatz zu etruskischer oder latinischer Identität entwickelte. Es finden sich keine etruskischen Inschriften mehr in Rom; Importe aus Etrurien werden immer weniger und hören nach 450 mehr oder minder ganz auf. Noch auffallender ist, daß auch einige etruskische Namen für immer verschwinden. Was geschah mit den Larciern, den Cominiern oder den Cassiern, um nur drei Familien zu nennen, die in der Frühzeit der Republik bedeutende Männer hervorgebracht hatten und seit etwa 480 v. Chr. nicht mehr genannt werden? Einige von ihnen starben vielleicht aus, aber manche sind möglicherweise auch nach Etrurien zurückgekehrt.

Die innenpolitischen Probleme in Rom

Dies war der äußere Hintergrund, vor dem man Roms politische Entwicklung sehen sollte. Als die unmittelbare Gefahr durch Veii 474 v. Chr. vorbei war, hatte Rom noch die Störaktionen der Sabiner und Aequer auszuhalten; doch die Latiner und Herniker blieben anscheinend loyal, und die Volsker hatten ihren Höhepunkt überschritten. Es war keine friedliche Zeit, aber es war auch keine Krisenzeit mehr, und sie erlaubte einer neuen Generation darüber nachzudenken, wie wenig der Auszug der Plebs und die Schaffung des Volkstribunats eigentlich erreicht hatten. Leider gibt es keine Dokumente darüber, welche speziellen Beschwerden das Volk hatte. Vermutlich waren die Probleme die gleichen geblieben: Schulden, Getreidemangel, schlechter Geschäftsgang, unverständliche Gesetze und die ungerechten Privilegien der Patrizier (und ihrer Gefolgsleute) gegenüber den Plebejern. Anfangs schien das einzige Mittel für die Plebejer darin zu bestehen, die schon gewonnenen Konzessionen weiter auszubauen. 471 erreichten sie die Einrichtung einer dritten Versammlung auf Tribusbasis (im Gegensatz zu Zenturien und Kurien) als Wahlgremium, für das nur Plebejer wählbar waren. Dahinter stand nach Livius (3,58,1) und Dionysios (9,41) die Absicht, die Patrizier daran zu hindern, auf die Wahlen Einfluß zu nehmen und nur ihnen genehme oder bestechliche Tribunen wählen zu lassen. Weiterhin wurde die Anzahl der Tribunen auf vier (Diodor 11,68,8) oder fünf (Piso bei Livius 2,58,1) erhöht. Vier ist wahrscheinlicher, da der fünfte Name, L. Maecilius, nur wie eine Wiederholung des vierten, Icilius, wirkt. Außerdem entspricht die Vierzahl wahrscheinlich den vier Stadttribus, in denen die Mehrzahl der schutz- und hilfesuchenden Plebejer vertreten gewesen sein dürfte. Beide

Ereignisse gehören zusammen, und die überlieferte Zeitangabe ist glaubwürdig. Die Reformen müssen vor 450 stattgefunden haben, weil das Zwölftafelgesetz bei der Erwähnung der größten Versammlung *(maximus comitiatus)* auf drei Versammlungen anspielt, und eine Zeit nach dem Waffenstillstand mit Veii ist wahrscheinlich, da es in diesem Moment zu einer Atempause gekommen war. Die Namen C. Sicinius (oder Cn. Siccius), L. Numitorius, M. Duilius und Sp. Icilius sind ebenfalls authentisch.

Zwei Faktoren müssen jedoch bei der Veränderung der allgemeinen Einstellung mitgewirkt haben. Einmal brachte Roms Auftreten als unabhängige Macht zunehmend Kontakte mit der griechischen Welt, vor allem mit Cumae und den sizilischen Städten, von denen es Getreide kaufte. Griechischer Einfluß hat sich schon beim Cereskult gezeigt. Die Perserkriege hatten die Magna Graecia und das griechische Festland, vor allem Athen, näher zusammengebracht. Die athenischen Vorstellungen von Demokratie verbreiteten sich allmählich im ganzen Mittelmeerraum; Athen war an der Gründung von Neapolis beteiligt. Eine nicht unwichtige Folge der Taten von Perikles und Ephialtes im Jahre 463 v. Chr. war die plötzliche Eile, in der man Gesetze und Verordnungen veröffentlichte. Echte Demokratie mußte man sehen, nicht nur von ihr hören. Solche griechischen Ideen kamen bei den römischen Staatsmännern an die richtige Adresse.

Zum anderen war es bis 460 v. Chr. klar geworden, daß die Patrizierschaft eine geschlossene, festgefahrene Gruppe war. Da es keine Könige mehr gab, konnten keine neuen Patrizierfamilien entstehen; es hatte ja zu den Vorrechten der Priesterkönige gehört, Leute zu adeln. Jeder energische und erfolgreiche Plebejer, der zur Königszeit die Chance gehabt hätte, als Oberhaupt einer Familie, die einen Sitz im Senat verdiente, zum Patrizier gemacht zu werden, war nun für immer davon ausgeschlossen. Es wird wohl eine Generation gedauert haben, bis man diese Auswirkung der Tarquiniervertreibung erkannte.

Die einfache Selbsthilfe, der urtümliche Verteidigungsmechanismus des Tribunats, vermochte nur Einzelpersonen vor eklatanten Fällen von Ungerechtigkeit und Mißhandlung zu schützen. Die Patrizier hatten die Regierung in der Hand, weil sie die religiöse Kontrolle über die Gesetzgebung und alles, was damit verbunden war, besaßen (etwa Kalender, Auspizien). Wenn die Plebejer irgendwelche Fortschritte machen wollten, mußten sie sich Zugang zu den Informationen über Gesetze und Gerichts- und Regierungsverfahren verschaffen. Nur so konnten sie sie selber nützen oder sich ihnen entziehen. Von hier wäre es nur noch ein Schritt zu selbsttätiger Gesetzgebung und -reform gewesen.

Deshalb drängte man seit 462 v. Chr. auf eine Veröffentlichung der Gesetze. Der erste Vorschlag wird dem Tribunen C. Terentilius Harsa (Livius 3, 9, 2) oder C. Terentius (Dionysios von Halikarnassos 10, 1, 5) zugeschrieben. Der Name Terentilius ist vermutlich etruskischen Ursprungs und keineswegs unwahrscheinlich, wenn auch weitere Zeugnisse für diese frühe Periode fehlen. Er hatte eine Fünferkommission mit konsularischer Machtbefugnis zur Gesetzesniederschrift vorgeschlagen. So lautet jedenfalls Dionysios' Bericht. Livius' Bericht fußt auf einer Quelle, die die Diskussion über das Ausmaß der konsularischen Macht im frühen fünften Jahrhundert widerspiegelt. Er bringt eine Variante über eine Fünferkommission, die die Gesetze über die konsularischen Machtbefugnisse niederschreiben sollte. Aber Dionysios ist hier eindeutig verläßlicher. Der Vorschlag blieb einige Jahre lang bestehen, ohne verwirklicht zu werden, bis sich die Regierung durch die Umstände gezwungen sah, sich mit ihm zu beschäftigen. Die römischen Geschichtsschreiber schreiben dies vor allem einem Skandal zu, bei dem der Sohn des Cincinnatus, C. Quinctius, von einem ehemaligen Tribun, M. Volscius Fictor, der tätlichen Beleidigung angeklagt wurde und nach Hinterlegung einer Kaution entfloh (Livius 3, 11–24). Der ganze Fall muß aber eine Erfindung sein (das sagt schon der Name Volscius Fictor), nur als Illustration für das Stellen von Kautionen *(vadimonium)* gedacht. Unhistorische Details wie die angegebene Summe (3000 Asse) und der darauf folgende Rücktritt des Cincinnatus machen die Geschichte nur noch undurchsichtiger und dürfen nicht berücksichtigt werden. In Wirklichkeit waren es die schweren Hungersnöte der Jahre 456 und 453, zusammen mit den unablässigen Einfällen der Sabiner und Aequer, die die Entscheidung herbeizwangen. Der Tropfen, der das Faß zum Überlaufen brachte, war eine seltsame Neuerung, die 454 die Konsuln Aternius und Tarpeius eingeführt haben sollen. Bisher war Geld in Rom nicht zum Tauschhandel verwendet worden, außer symbolisch als Metallgewicht bei Geldgeschäften wie dem *nexum*. Wachsende Kontakte zu griechischen Städten haben wohl dazu beigetragen, ein Gesetz zu billigen, das Cicero (De re publica 2, 35, 60), Gellius

(11, 1, 2) und Festus (268 L.) nennen. Darin wird festgelegt, daß 1 Ochse = 10 Schafe = 100 Pfund Bronze (Asse) wert sein soll. Da im Zwölftafelgesetz Asse schon genannt werden, muß dieses Gesetz vor 450 herausgekommen sein. Alle Gesellschaftsformen der Geschichte haben gezeigt, daß die Einführung von Geld als Währung der Wirtschaft schadet und das Schuldenmachen beginnt. In Attika wurde zwar erst nach Solon Geld geprägt, aber er hatte doch schon mit Wirtschaftsproblemen zu kämpfen, die teilweise durch die gerade neue Erfindung der Münzprägung in der Ägäis hervorgerufen worden waren. Wie ernst die wirtschaftliche Lage war, zeigt sich daran, daß die Plebejer den Aventin als ihr eigenes Gebiet beanspruchen konnten.

Das Dezemvirat

In dieser Situation kam man endlich überein, eine Zehnerkommission (Dezemvirat) zur Regelung und Veröffentlichung der Gesetze zu schaffen. Die nüchternen Tatsachen wurden im Laufe der Zeit reichlich ausgeschmückt. In der frühesten Version, die vermutlich von Polybios und nach ihm von den ersten römischen Geschichtsschreibern vertreten wurde, hören wir von zehn Beauftragten, »die die oberste Macht innehaben und die Gesetze niederschreiben sollten« (Cicero, De re publica 2, 36, 61). Die zehn Namen, angeführt von Ap. Claudius und T. Minucius (Diodor 12, 23, 1; Livius und Dionysios nennen T. Genucius, was weniger wahrscheinlich ist), dürften am Anfang der Urfassung des Gesetzes aufgeführt worden sein. Da Gelehrte des zweiten und ersten Jahrhunderts v. Chr., wie Sex. Aelius Paetus und Lucius Aelius Stilo Praeconinus, bei der Untersuchung des Zwölftafelgesetzes griechische Spuren in einigen dieser Gesetze (vor allem in denen über den Luxus) fanden, postulierten sie eine direkte Verbindung zu Griechenland. Zwei Alternativen standen zur Auswahl. Die Annalisten übernahmen die kühne und schmeichelhafte Hypothese, daß eine römische Gesandtschaft (nach Livius 3, 31, 8: Sp. Postumius, A. Manlius und P. Sulpicius) nach Athen fuhr, um die Gesetzgebung Solons und andere Gesetze zu studieren. Der Altertumsforscher Varro behauptet, die Statue des Hermodoros auf dem Forum in Rom sei die Darstellung eines Flüchtlings aus Ephesos, der mit den Geheimnissen der ionischen Rechtsprechung in den Westen geflohen sei und sie den Dezemvirn ausgelegt habe (Plinius, Naturalis historia 34, 21). Keine der beiden Geschichten ist auch nur im geringsten glaubhaft, und die griechischen Spuren stammen ganz einfach aus dem über hundert Jahre währenden allgemeinen Kontakt (direkt und indirekt) mit der griechischen Gedankenwelt über die Vermittlung Etruriens.

Das Zwölftafelrecht

Die Dezemvirn schrieben also das Zwölftafelgesetz auf. Die Gesetze selbst sind nicht erhalten, aber bis zum Ende des zweiten Jahrhunderts v. Chr. waren sie offizieller Lernstoff für die Kinder, und Juristen blieben sie fast die ganze Antike hindurch als Arbeitsmaterial zugänglich. Grammatiker und andere Gelehrte zitierten sie wegen grammatischer Besonderheiten, Redner, Politiker und Juristen als Belege für grundlegende Rechtsprinzipien. Einige Artikel (z.B. *conubium*) waren auch für antike Historiker interessant. Aus solchen Zitaten müssen wir den Inhalt des Zwölftafelgesetzes rekonstruieren. Das Ergebnis ist eine Mischung aus Zivilrecht, Strafrecht und Verwaltungsregeln über öffentliche Sicherheit und Hygiene. Es läßt sich jedoch so viel zusammentragen, daß man sich ein Bild über Umfang und Inhalt machen kann:

1. Verfahren bei Einleitung eines Gerichtsverfahrens und bei Vorladung des Gegners *(manus iniectio)*. Zeitplan für Prozesse, Verfahren der Sicherstellung des Erscheinens *(vadimonium)*.

2. Regelung der Kautionshinterlegung der streitenden Parteien vor Gericht. Umstände, die die Vertagung eines Prozesses gestatten, z.B. Krankheit oder unumgängliche Abwesenheit einer Partei. Strafmaß für Nichterscheinen.

3. Schuldprozesse. Nach Fällung eines Urteils hatte der Verurteilte 30 Tage Zahlungsfrist. Bei Nichteinhaltung dieser Frist kam er vor den Magistrat und brachte entweder einen Ersatzmann *(vindex)* bei, der für die doppelte Schuldsumme gutstand, oder er verfiel dem Gläubiger für 60 Tage. Wenn nach dieser Zeit die Schuld noch offen war, konnte ihn der Gläubiger ins Ausland »über den Tiber« *(trans Tiberim:* die Haltung gegenüber Etrurien ist auffällig) in die Sklaverei verkaufen.

4. Bestimmungen über Familienrecht, besonders die Rechte des Familienoberhaupts *(patria potestas)*, die rechtliche Sicherung für die Tötung mißgebildeter Kinder und Vorschriften für die Scheidung (der Ehemann fordert die Frau formelhaft auf, ihre Sachen zu packen).

5. Verordnungen über Frauen, Kinder und Geisteskranke unter Kuratel. Bestimmungen über Fälle mit und ohne Testament.

6. Bestimmungen über *nexum*. Eine Frau geht in den Besitz *(manus)* ihres Mannes über, wenn sie nicht drei Nächte im Jahr außerhalb ihres Zuhauses verbringt. Verfahren zur Feststellung des Standes (Sklave oder Freier). Verbote gegen die Beschädigung fremden Eigentums. (Ausländer haben keine gute rechtliche Position.)

7. Interne Bestimmungen über Grenzziehung, Erhaltung von Straßen und Kanalisation, über den Besitz von Baumfrüchten u. s. w., die auf den Grund des Nachbarn fallen.

8. Vergehen gegen Dritte oder deren Eigentum. Zaubersprüche und öffentliche Demonstrationen gegen Einzelpersonen *(occeptare)* sind verboten. Strafmaß für Körperverletzung *(talio* [»Auge um Auge«] bei *membrum ruptum,* wenn kein Vergleich erreicht wurde; 300 Asse für *os fractum)*, Brandstiftung, Fällen von Bäumen in Fremdbesitz, nächtlichen Getreidediebstahl, Diebstahl bei Tag und bei Nacht. Zinsfuß darf 100 Prozent im Jahr nicht überschreiten. Sicherung der *clientes* – Schutzherren werden doppelt bestraft; ein Patron, der seinen Klienten betrügt, wird vogelfrei *(patronus si clienti fraudem fecerit sacer esto)*. Meineidige werden vom tarpejischen Felsen gestürzt. Verbot nächtlicher Zusammenkünfte. Bestimmungen für Vereine und Zusammenkünfte.

9. Keine Gesetze darf es gegen Einzelpersonen *(privilegia ne inroganto)* geben. Verhandlungen bei Kapitalverbrechen gegen Bürger nur vor dem obersten Gericht, d. h. den *Comitia Centuriata (de capite civis nisi per maximum comitiatum ne feranto)*.

10. Regelungen betreffs Ausgaben und Ausrichtung von Begräbnissen. (Vorbild hierfür sind vor allem die solonischen Gesetze.)

11. Keine Mischehen zwischen Patriziern und Plebejern. Regelung über Schaltjahre. Veröffentlichung des Kalenders.

12. Verantwortung für Verbrechen von Sklaven *(noxales actiones)*.

Wahrscheinlich gibt diese Zusammenfassung die Hauptpunkte des Zwölftafelgesetzes wieder, aber es bleiben noch einige entscheidende Fragen unbeantwortet:

1. Die Juristen sprechen vom Zwölftafelgesetz immer als von einer einheitlichen Gesetzessammlung, während alle Geschichtsschreiber darin übereinstimmen, daß die beiden letzten Tafeln erst ein Jahr später durch eine zweite Zehnerkommission angefügt worden sind (Cicero, De re publica 2, 37, 63; Livius 3, 37, 4; Diodor 12,26). Leider läßt sich der Streitfall nicht durch archäologische Funde klären. Der Plural *tabulae* deutet darauf hin, daß das Recht ursprünglich auf einzelne Holztafeln geschrieben war, was auch der Anwalt Pomponius aus dem zweiten Jahrhundert n. Chr. bestätigt. Zu einem späteren Zeitpunkt gravierte man sie in Bronze (Livius 3,57,10; Diodor 12,26) und stellte sie auf dem Forum auf. Es gibt also keine Möglichkeit, festzustellen, wie viele Tafeln es anfangs waren. Das zweite Dezemvirat ist jedoch sicher eine Fiktion, denn als Mitglieder werden mehrere ganz unhistorische Namen genannt (etwa M. Rabuleius; *rabula* heißt »Winkeladvokat«). Man erfand dieses zweite Dezemvirat, weil man zwar das erste als einen Fortschritt in der römischen Geschichte ansah, jedoch über eine Bestimmung der elften Gesetzestafel (das Eheverbot zwischen Patriziern und Plebejern) zutiefst erbittert war, wie sich später zeigen sollte.

Eine Lösung war, daß man annahm, die letzten beiden Tafeln hätten skrupellose Schurken dem fortschrittlichen Reformwerk angefügt. Meiner Meinung nach kann man das ganze zweite Dezemvirat und alle damit verbundenen Sagen, etwa die von Ap. Claudius und Virginia, völlig außer acht lassen. Das alles ist nur als schmückendes Beiwerk für das Zwölftafelgesetz und als Vereinfachung der Geschichte erdacht worden.

2. Es stellt sich aber nun die schwierige Frage, ob die Dezemvirn wirkliche Neuerungen einführten oder nur schon bestehende, noch nicht schriftlich fixierte Praktiken niederlegten. Wir wissen, daß die Sage um die athenischen Gesetze als Vorbild keinerlei Wahrheitsgehalt hat, und aus dem Inhalt der Gesetze läßt sich nur schwer etwas ablesen. Geldstrafen waren schon früher eingeführt worden: *Nexum* und die meisten gerichtlichen Verfahren wie *manus iniectio, vindicatio* oder *vadimonium* gab es offenbar schon, aber es sind keine verläßlichen Fälle überliefert. Drei Gebiete, bei denen man Neuerungen vermuten könnte, erweisen sich seltsamerweise als Sackgassen.

a. Die strenge Regelung von Bestattungen bis hin zu Beschränkungen bei Schleiern, Trauerkleidung, Flötenspielen und Goldverzierungen geben einen Hinweis auf die Zeit, da die datierbaren Gräber von Tarquinii aus der Zeit zwischen 530 und 470 deutliche Zeichen solcher Extravaganz zeigen. So kann man annehmen, daß dieser Luxus auch zur Zeit der Tarquinierherrschaft in Rom gepflegt wurde. Ob er nun durch die Dezemvirn beschnitten wurde oder – was wahrscheinlicher ist – durch die allgemeine wirtschaftliche Notlage und die nationale Abneigung gegen Veii und Etrurien nach 483, ist viel schwieriger zu entscheiden.

b. Das Heiratsverbot zwischen Patriziern und Plebejern wurde von voreingenommenen Geschichtsschreibern als Neuerung betrachtet, aber wir können das Problem nach unserem Wissensstand nicht lösen, weil wir nicht mit Sicherheit über den Status mancher Konsularenfamilien Bescheid wissen, die zwar in den frühen Fasti genannt werden, später aber als Plebejer auftauchen (s. S. 61 f.). Es gibt jedenfalls keinen eindeutigen Fall von Mischehe zur Zeit der Könige oder der frühen Republik.

c. Für das Gesetz, daß kein Bürger ohne rechtskräftiges Urteil eines Gerichtshofes hingerichtet werden dürfe, gibt es ein paar zweifelhafte Präzedenzfälle. Nach alter Tradition, die bei der Ermordung Ti. Gracchus 131 v. Chr. zugezogen wurde, durfte man potentielle Tyrannen ungestraft töten – sie hatten sich außerhalb der Verfassung gestellt und wurden deshalb zu Recht getötet *(iure caesi)*. Damit rechtfertigen spätere Geschichtsschreiber (Livius 4, 13) den Tod des Demagogen Sp. Maelius im Jahre 440 v. Chr., der nach der Herrschaft getrachtet haben, aber entlarvt und hingerichtet worden sein soll. Leider sind sich die Quellen nicht darüber einig, ob er durch seinen erbosten Vater in Ausübung von dessen väterlicher Macht *(patria potestas)* zu Tode kam oder ob das Urteil wegen Verrats eher der Verfassung gemäß durch *duoviri* (zwei Richter) ausgesprochen wurde. Die Meinungen gehen hier weit auseinander. Ich neige zu der Auffassung, daß er von seinem Vater abgeurteilt wurde, aber selbst das wäre kein Beweis dafür, daß die Dezemvirn eine Neuerung eingeführt haben. Schließlich war seit dem Tod des Sp. Cassius eine ganze Generation vergangen.

d. Am unklarsten sind die Bestimmungen über Kalender und Fasti. Den Dezemvirn wird eine Verordnung über Schaltjahre zugeschrieben, aber das ist auch schon alles, was wir erfahren (Macrobius, Saturnalia 1, 13, 21 – 5. Jh. n. Chr. – zitiert Sempronius Tuditanus – 1. Jh. v. Chr.: *de intercalando populum rogasse*). Die Regelung des Sonnen-Mond-Kalenders ist vermutlich eine Reform der Tarquinierzeit (s. S. 43) und hat wohl auch die Einführung eines Schaltjahres verlangt. Ob die Dezemvirn die zugrundeliegenden mathematischen Berechnungen der Allgemeinheit zugänglich machten, oder ob sie Veränderungen einführten, die auf der praktischen Verwendung des Kalenders beruhten, wissen wir nicht. Es gibt nur noch eine Anspielung in einer Bemerkung Ciceros in einem Brief an seinen Freund Atticus:

Du fragst nach Cn. Flavius. Er lebte sicher nicht vor den Dezemvirn, denn er war kurulischer Ädil, und dieses Amt wurde erst lang nach den Dezemvirn geschaffen. Was erreichte er also durch die Veröffentlichung der Fasti? Man glaubt, daß die betreffende Tafel irgendwann dem öffentlichen Anblick verloren ging, so daß nur noch wenige zu dem gesetzlichen Kalender Zugang haben sollten.

(Cicero, Briefe an Atticus 6, 1, 8)

Cicero deutet damit an, daß das Zwölftafelgesetz auch den Kalender beinhaltete, einschließlich der wichtigen Termine: Allgemeine Feiertage und Tage für Unternehmungen, die mit Gesetzen zu tun haben (s. S. 44). Da die traditionellen Hauptfeiertage (eventuell ohne die Lucaria) anscheinend aus der Zeit vor 450 v. Chr. stammen, wäre es nicht abwegig, anzunehmen, daß die Dezemvirn sie endlich ein für allemal öffentlich bekanntgemacht haben. Das wäre eine für die Plebejer sehr wertvolle Geste gewesen, da sie ja von den religiösen Mysterien ausgeschlossen waren. Einen eindeutigen Beweis für eine Neuerung haben wir aber wiederum nicht.

Die überaus gründlichen und scharfsinnigen Untersuchungen von F. Wieacker (s. Literaturhinweise) haben zweifelsfrei erwiesen, daß das Zwölftafelgesetz die Welt des fünften Jahrhunderts widerspiegelt. Doch eine Reform des Systems gehörte nicht zu den Aufgaben der Dezemvirn. Sie sollten es durchsichtig und allen bekannt machen. Als die Plebejer nun Bescheid wußten, war es ganz natürlich, daß es sofort zu einem verheerenden Ausbruch kam.

10. Politische Reformen nach dem Dezemvirat

Der zweite Auszug der Plebs

Die Plebs zog zum zweitenmal aus. Dadurch brachte sie das gesamte Leben in Rom zum Stillstand und erzwang Zugeständnisse. Die Geschichtsquellen geben die Schuld an dem endgültigen Zusammenbruch Ap. Claudius und seinen tyrannischen Ambitionen – der Sage nach wollte er die konsularische Gewalt als Dezemvir unbegrenzt und mißbrauchte die von ihm selbst geschaffenen Gesetze, um die unschuldige Virginia in seine Gewalt zu bekommen. Dazu kam ein weiteres romantisches Märchen, das später oft als exemplarisches Bild römischen Heroismus zitiert wurde. Den L. Siccius Dentatus, durch dessen Tapferkeit Rom bei vielen Gelegenheiten gerettet worden war, schickte Ap. Claudius gefühllos in den Tod. Diese beiden Geschichten haben sicher keinerlei historische Grundlage. In Wirklichkeit war die Veranlassung zum Auszug die plötzliche, durch die Veröffentlichung des Zwölftafelgesetzes hervorgerufene Erkenntnis der Plebs, daß sie verfassungs- und gesetzmäßig benachteiligt war. Da die Patrizierschaft nun eine geschlossene Gruppe war, konnte kein Plebejer auf eine politische Karriere hoffen, weder durch Wahl noch durch Heirat, und die Plebejer hatten auch wenig Aussicht auf eine Verbesserung ihrer Lage als Gegenüber der Patrizier mit ihrem *patronus-cliens*-System. Wieder einmal verursachte die Erkenntnis der Wahrheit eine Umwälzung. Welcher Art die Reformen nun wirklich waren, ist schwieriger zu klären. Die Historiker unterscheiden drei Hauptpunkte:

1. Gesetzgebung durch die volksfreundlichen Konsuln L. Valerius und M. Horatius (449 v. Chr.) im Zuge umfassender Verhandlungen zur Beendigung des Auszugs.

2. Stärkung der Vertretung der Plebejer, besonders des Volkstribunats.

3. Weiterführende Maßnahmen zur Verbesserung der Artikel im Zwölftafelgesetz, die die Plebejer besonders benachteiligten.

Von unserer zeitlichen Entfernung aus läßt sich kaum feststellen, ob diese Dreiteilung zutrifft, aber nach eingehender Untersuchung der Quellenlage, bei der man einige Belege ausschließen muß, ergibt sich doch ein zusammenhängendes Bild, das im großen und ganzen mit der Überlieferung übereinstimmt und auf die sozialen Probleme der Zeit eingeht – soweit wir sie zu erkennen vermögen.

Valerius' und Horatius' Gesetze

Valerius und Horatius sollen drei Gesetze zur Verbesserung der Situation der Plebejer eingebracht haben. Alle drei sind umstritten.

Das erste bestimmte lediglich, daß »das, was die Plebs in der Tribusversammlung beschloß, für das ganze Volk bindend sein sollte« (Livius 3,55,1). Die Tribusversammlung war 471 v. Chr. für die Wahl der Volkstribunen geschaffen worden (s. S. 115 f.), aber man erkannte bald, wie einflußreich sie war und wieviel sie darstellte. Trotzdem hatte sie in der damaligen Zeit sicher keine derartige Machtfülle. Man weiß jedenfalls, daß Entscheidungen der Tribusversammlungen *(plebiscita)* erst 287 v. Chr. durch die *lex Hortensia* vollen Gesetzesstatus erhielten. Entweder ist das Gesetz von Valerius und Horatius völlig aus der Luft gegriffen, oder es hatte viel geringere Auswirkungen, als Livius angibt. Im vierten Jahrhundert hatten einige Plebiszite anscheinend den Status von Gesetzen, nämlich in den Jahren 366 und 342 v. Chr.; und Livius erwähnt eine *Lex Publilia* aus dem Jahr 339 v. Chr. (8, 12, 14) mit fast identischem Wortlaut wie das Gesetz von Valerius und Horatius. Die Wissenschaft ist geteilter Ansicht. In einem Versuch, alle Zeugnisse unter einen Hut zu bringen, vertritt E.S.Staveley (s. Literaturhinweise) die These, durch dieses Gesetz sollte gewährleistet werden, daß nach Billigung durch den Senat ein Beschluß der Tribusversammlung Gesetzeskraft erhalte. 399 habe man die Zustimmung des Senats auf Gesetze beschränkt, die von plebejischen Beamten in der Tribusversammlung vorgeschlagen wurden, und 287 sei auch diese Beschränkung abgeschafft worden. Natürlich fällt in den angenommenen Gesetzen von 449 und 339 kein Wort von Bestätigung durch den Senat, und wir wissen einfach nicht, wann die Konsuln die Tribusversammlung zur Erledigung von allgemeinen Staatsgeschäften – im Gegensatz zu rein plebejischen Angelegenheiten – zu benützen begannen. Man muß die Glaubwürdigkeit des Gesetzes im Zusammenhang der ganzen Gesetzgebung sehen, die Valerius und Horatius zugeschrieben wird.

In den Berichten über die folgenden achtzig Jahre deutet jedenfalls nichts darauf hin, daß ein derartiges Gesetz in Kraft war.

Das zweite Gesetz ist eindeutig nicht historisch. Seine Bestimmungen nach Livius (3, 55, 3) lauten, daß »keiner ein Amt ohne Berufung *(provocatio)* schaffen dürfe«. *Provocatio* bedeutet ursprünglich das Berufungsrecht gegen Schnellgerichtsverfahren der Beamten, besonders der Konsuln, bei der Volksversammlung. Die Hauptfrage ist: Wie alt ist dieses Recht, und wen betraf es? Einer älteren Überlieferung nach, die bei Cicero (De re publica 2, 31, 53–54) erhalten ist und auf Polybios und weiter zurückgeht, soll der erste Konsul P. Valerius 509 v. Chr. ein Gesetz eingebracht haben, nach dem »kein Beamter einen römischen Bürger einer Berufung beim Volk zum Trotz töten oder züchtigen dürfe«, und dieses Recht soll schon in der Königszeit existiert haben. Weiter »zeigt das Zwölftafelrecht bei einigen Gesetzen, daß es ein ähnliches Berufungsrecht gegen Urteile und Strafen gab. Die Überlieferung, daß die Dezemvirn zur Gesetzesniederschrift ohne Möglichkeit der Berufung eingesetzt wurden *(sine provocatione creatos),* macht zur Genüge deutlich, daß die anderen Ämter *mit* Berufung waren. Ein Gesetz der Konsuln L. Valerius Potitus und M. Horatius Barbatus sah vor, daß kein Amt ohne Berufungsmöglichkeit geschaffen werden durfte.« Dieses Zeugnis ist sehr zweifelhaft. Es läßt zweierlei durchblicken: Erstens, daß die Dezemvirn absolute Machtbefugnis hatten, es also keine Einspruchsmöglichkeit gegen ihre Entscheidungen gab; das Gesetz von Valerius und Horatius sollte die Wiederkehr eines so autokratischen Beamtentums in Zukunft verhindern, und folglich war zweitens Berufung gegen die Zwangsverfahren eines Konsuls *(coercitio)* möglich.

Die erste Annahme ist kaum glaubhaft. Das Dezemvirat war eine Kommission zur Formulierung von Gesetzen und keine neue Regierungsform. Der Glaube an die absolute Macht der Dezemvirn gehört untrennbar zu dem Mythos über Ap. Claudius' tyrannisches Benehmen. Schwieriger ist es mit der zweiten Behauptung Ciceros. Er irrt sich in dem Punkt, daß ein Beamter durch das Berufungsrecht an der Züchtigung eines Delinquenten gehindert wurde, denn es besteht kein Zweifel, daß diese Beschränkung erst durch eine der drei *leges Porciae* im frühen zweiten Jahrhundert eingeführt wurde. Was die Befugnis zu Hinrichtungen betrifft, so steht das Berufungsrecht schon in dem Artikel, »daß ein wegen eines Kapitalverbrechens Angeklagter nur durch die Hauptversammlung verurteilt werden darf« (s. S. 129). Wann dieses Recht eingeführt wurde, ist nicht genau festzustellen; aber wenn wir annehmen, daß durch das Zwölftafelgesetz die Gesetze nicht reformiert, sondern nur festgehalten werden sollten, kann man annehmen, daß es ein altes Recht war und wahrscheinlich bis zur Einrichtung des Doppelkonsulats zurückreicht. Was der Hinweis bei Cicero bedeutet, daß das Berufungsrecht in *mehreren* Artikeln des Zwölftafelgesetzes im einzelnen behandelt worden sei, ist bei unserer unsicheren Wissenslage über den Inhalt der Tafeln nicht recht klar, aber hier sind vielleicht die in verschiedenen Gesetzen genannten Verstöße gemeint, auf die die Todesstrafe stand. Auf jeden Fall paßt ein Gesetz wie das von Valerius und Horatius nirgends hinein. Es war eine Erfindung zur Festigung des demokratischen Image dieser beiden Konsuln. In diesem Fall steht auch das erste Gesetz auf schwachen Füßen.

Das dritte Gesetz jedoch ist besser gesichert und auch plausibler. »Wer gegen die Volkstribunen, Ädiln oder Richterdezemvirn *(decemviris iudicibus)* die Hand erhebt, soll sein Leben an Iuppiter verlieren, und sein Besitz soll im Tempel von Ceres, Liber und Libera verkauft werden.« Damit wird nur der Schwur aus der Zeit des ersten Auszugs 494 v. Chr. offiziell formuliert; der Artikel über den Verkauf im Cerestempel entspricht der Besonderheit dieses Heiligtums (s. S. 113) und auch der altbekannten Überlieferung, daß der Besitz des Sp. Cassius, der 486 v. Chr. einen Staatsstreich geplant hatte (s. S. 117), der Ceres zufiel. Eine Weihegabe mit einer Inschrift über dieses Opfer war dem Geschichtsschreiber Piso noch zugänglich (Plinius, Naturalis historia 34,30). Nur die in dem Gesetz erwähnten Ämter machen noch Schwierigkeiten. Die Tribunen gab es schon, die Existenz von Ädiln (ursprünglich Leute, die für Tempel – *aedes* – zuständig waren) kann man mit gutem Gewissen voraussetzen, doch die Richterdezemvirn (wenn es sie überhaupt gab; die lateinische Formulierung *decemviris iudicibus* ließe sich auch getrennt als »Dezemvirn und Richter« verstehen) lassen sich schwerer feststellen. Th. Mommsen* hält sie für das später als *decemviris litibus iudicandis* bekannte Gremium, das in Streitfällen über den Rechtsstatus von Bürgern und Sklaven zu entscheiden hatte; aber dieses Gremium ist offenbar erst

---

* Vgl. etwa seine *Römische Geschichte* (⁹1902), Bd. I (dtv 6053) München 1976, S. 286.

nach 242 v. Chr. entstanden. Wir müssen es also entweder für ein urtümliches Schiedsgericht halten, über das wir nichts wissen, oder aber im Gesetz bei Livius einen Anachronismus annehmen. Wahrscheinlicher ist die erste Lösung. Die Plebs hätte also nicht nur zehn Tribunen eingesetzt, sondern auch zehn eigene Beamte für die Untersuchung bestimmter juristischer Probleme. Wenn das Gesetz echt ist, bildet es einen wichtigen Markstein in der Entwicklung der Verfassung. Eine ehemals nur für eine Gruppe zuständige Institution wurde dadurch zum Bestandteil der anerkannten Verfassung. Die Gesetze von Valerius und Horatius enthalten also nur ein Minimum an echter Reform. Ihre Funktion bestand nur in der Stärkung und offiziellen Anerkennung schon vorhandener plebejischer Institutionen.

Die Stärkung des Volkstribunats

In diese Zeit gehören zwei weitere Maßnahmen, die jedoch nicht Valerius und Horatius zugeschrieben werden. Die erste ist die Erhöhung der Zahl der Tribunen von vier auf zehn. Livius (3, 30, 7) setzt dafür das Jahr 457 v. Chr. an, also sechs Jahre *vor* Schaffung des Dezemvirats. Dieses Datum wäre möglich, da es (wie wir gesehen haben) offenbar schon 449 ein Tribunal von zehn plebejischen »Richtern« gegeben hat; aber wahrscheinlicher ist, daß die Erhöhung auf den Wunsch zurückging, es den Dezemvirn gleichzutun. Die Verwechslung kann einfach dadurch entstanden sein, daß ein C. Horatius 457, ein M. Horatius 449 v. Chr. Konsul war, und daß dem falschen Horatius die Neuerung zugeschrieben wurde. Jedenfalls waren es nun zehn Volkstribunen, und bei dieser Zahl blieb es auch die ganze römische Geschichte hindurch.

Schwieriger ist es mit der zweiten Maßnahme. Die Möglichkeit der Wiederwahl eines Volkstribunen für ein oder mehrere Jahre war umstritten. Wenn sie nicht möglich war, was tat man dann, wenn sich nicht genügend Kandidaten zur Wahl stellten, oder wenn weniger als zehn gewählt wurden? Besonders heftig diskutiert wurde dieses Problem im zweiten Jahrhundert, als Tib. Gracchus das Recht zu einer erneuten Kandidatur für sich verlangte. Man grub Präzedenzfälle aus oder erfand sie, und nach Appian (Emphylia 1, 21) gab es auch ein Gesetz, in dem das Volk bei Fehlen von Kandidaten jeden beliebigen wählen konnte, also auch ehemalige Tribunen, die sonst nicht mehr wählbar waren. Dieses Gesetz (eigentlich ist es gar kein Gesetz, denn es regelt ja nur den Ablauf der Volkstribunenwahl) ist ziemlich sicher mit dem Vorschlag identisch, den der Tribun L. Trebonius im Jahr 448 v. Chr. eingebracht haben soll (Livius 3, 65, 3): »daß der Wahlvorsitzende die Plebs so lange zum Wählen auffordern soll, bis zehn gewählt sind«. Daraus kann man schließen, daß bis dahin freie Stellen unbesetzt blieben oder durch Zuwahl besetzt wurden. Bei den Geschichtsschreibern ist ein weiteres Gesetz überliefert, das einfach besagt haben soll: »Wenn ich euch zur Wahl der Volkstribunen aufrufe, und wenn ihr aus irgendeinem Grund heute weniger als zehn Tribunen wählt, dann sollen diejenigen, die die gewählten Tribunen zu ihren Kollegen wählen, genauso gültige Volkstribunen sein wie die, die ihr heute aufgerufen und zu diesem Amt gewählt haben werdet.« (Livius 3, 64, 10) Schon bei textimmanenter Betrachtung erweist sich dieses Gesetz jedoch als Fälschung, vermutlich aus dem zweiten Jahrhundert v. Chr., die nur das Zuwahlsystem legalisieren sollte.

Aus all diesen Zeugnissen und Disputen ergibt sich, daß der Ablauf der Tribunenwahl zu jener Zeit an gewisse Regeln gebunden wurde. Das belegt auch die Tatsache, daß der Vorsitzende bei der Wahl der Pontifex Maximus war. Livius (3, 54, 5) nennt dabei den Namen Q. Furius, Cicero dagegen M. Papirius. Beide waren 441 v. Chr. Konsuln. Wahrscheinlich verlieh der Pontifex der Wahl durch Befragung der Auspizien besondere Weihe. Das war ein weiterer Schritt zur Stärkung der Macht der Plebejer, aber die unterschwelligen Spannungen und Spaltungen im Staat wurden dadurch nicht geringer.

Die Verbesserung der Position der Plebs

Das eigentliche Problem lag in der Stellung der Plebejer und in ihrer Benachteiligung, insbesondere, daß es ihnen nicht erlaubt war, in Patrizierfamilien einzuheiraten oder Patriziern vorbehaltene Ämter zu bekleiden. Ob das Konsulat von Anfang an zu den verbotenen Ämtern gehörte, oder ob die Anwartschaft erst im Laufe der ersten fünfzig Jahre der Republik immer mehr eingeschränkt wurde, ist eine ungelöste Frage (s. S. 84), jedenfalls war um 450 v. Chr. das Verbot vollständig gültig. In den nächsten Jahren gab es jedoch zwei Ansätze zu Reformen.

Mit einem großangelegten Programm wollte der Tribun C. Canuleius 445 v. Chr. die Aufhebung der Bestimmungen im Zwölftafelgesetz über Mischehen erreichen. Seine Bemühungen waren trotz der unvermeidlichen religiösen Schwierigkeiten von Erfolg gekrönt. Die Opposition brachte das Argument, daß nur Patrizier Auspizien abhalten könnten (s. S. 116) und daß Kinder aus Mischehen nicht zu den Patriziern gerechnet werden könnten. Wenn also Mischehen zur Gewohnheit würden, gäbe es schließlich niemand mehr, der die Auspizien abhalten könnte. Dieses Argument ist jedoch müßig, denn es war im römischen Recht verankert, daß der Status eines Kindes aus einer gültigen Ehe *(iustae nuptiae)* durch den Stand des Vaters eindeutig bestimmt wurde *(origo sequitur patrem)*. Anders war es bei Kindern aus ungültigen Ehen: sie übernahmen den Stand der Mutter (Gaius 1, 76–96). Wenn also eine patrizisch-plebejische Ehe als *iustae nuptiae* anerkannt wurde, wären die Privilegien der Patrizier nie in die Gefahr des Aussterbens gekommen.

Im Zusammenhang mit dieser umstrittenen Problematik findet sich bei den Geschichtsschreibern eine Anekdote. In Ardea lebte einst ein vaterloses Plebejermädchen von großer Schönheit, um das ein Plebejer und ein »Patrizier« warben. Ihre ehrgeizige Mutter drang in sie, den Patrizier zu erhören, ihre Vormünder dagegen bevorzugten den Plebejer. Der Streit kam vor Gericht, das zugunsten der Mutter entschied. Die erbosten Plebejer entführten daraufhin das Mädchen. Ein Bürgerkrieg brach aus, in dessen Verlauf sich beide Parteien an die Römer bzw. die Volsker um Hilfe wandten. Mit den Auswirkungen dieser Geschichte auf die Beziehungen der Völker untereinander wollen wir uns später beschäftigen; hier interessiert uns mehr die gesetzliche Seite, die in letzter Zeit zu vielen Diskussionen Anlaß gegeben hat. Es erscheint mir zweifelhaft, daß sich ein Gesetz oder eine Sage aus Ardea aus dem fünften Jahrhundert erhalten hat; wahrscheinlich wurde sie erfunden, um das rein *römische* Problem zu lösen: Durfte eine Plebejerin einen Patrizier heiraten, oder umgekehrt? Zwei bedeutende Fachleute für römisches Recht, E. Volterra und D. Daube (s. Literaturhinweise), bestreiten dies hauptsächlich mit folgender Begründung: Wenn die Episode zur Verdeutlichung der Schwierigkeiten bei Mischehen erfunden wurde, dann hätten die Beteiligten ein Patriziermädchen und ein Plebejer sein müssen. Aber es ging m. E. doch

darum, ob ein Patrizier, der unter seinem Stand heiratete, seinen
Stand aufgeben müsse; denn nur so würden die religiösen Vorrechte allmählich verschwinden.

Militärtribunen

Die sozialen Spannungen zwischen Patriziern und Plebejern
konnte die *lex Canuleia* ein wenig mildern, aber die politischen
Spannungen blieben bestehen. 444 v. Chr. hielt man es für geboten, statt der üblichen zwei Konsuln ein Kollegium von »Militärtribunen mit konsularischer Gewalt« zu wählen. Zwischen
444 und 367 v. Chr. wurden mehrmals solche Kollegien gewählt, wobei die Anzahl dieser Tribunen von drei auf sechs
anwuchs. In den Quellen finden sich Unklarheiten und Wider-
sprüche (so nennt Diodor etwa für das Jahr 434 drei Tribunen,
während Livius' Quellen zwei Konsuln angeben, deren Identität freilich unklar ist), aber es läßt sich deutlich ein Muster
erkennen:

drei	444, 438, 434 (?), 433, 432, 422, 418, 408
vier	426, 425, 424, 420, 419, 417, 416, 415, 414, 407, 406
sechs	405, 404, 403 (?), 402, 401, 400, 399, 398, 397, 396, 395, 394, 391, 390 . . .

Wie man ursprünglich auf die Tribunen kam, läßt sich nirgends
feststellen, doch in der Antike waren einige Erklärungen dafür
im Umlauf (Livius 4,7,1). Nach einer rein aufs Militärische ausgerichteten Theorie war der Grund der, daß man in Rom wegen
der sich mehrenden Verpflichtungen und der Kriegsbedrohung
an mehreren Fronten mit zwei Heerführern nicht mehr auskam.
Nach einer zweiten Theorie war das Motiv politischer Natur.
Die Forderung der Plebejer, einen der beiden Konsuln zu stellen, wurde erfüllt durch eine Ersatzlösung: Ein neues Amt, für
das nur Plebejer wählbar waren, das jedoch das religiöse Monopol der Patrizier auf das Konsulat nicht einschränkte. Die moderne Forschung hat sich mit diesem Thema viel beschäftigt.
Die militärische Erklärung findet Unterstützung im Namen
selbst: Sie waren *Militär*tribunen, und da anscheinend jeder Tribun 1000 Soldaten befehligte, wuchs ihre Zahl entsprechend
dem wachsenden Umfang der *legio*, bis sie sich um 405 v. Chr.
bei 6000 Soldaten pro Legion mit sechs Tribunen einpendelte.
311 v. Chr. wurde nach Livius (9, 30, 3) – wenn die Stelle richtig

emendiert ist – ein Gesetz gebilligt, das die demokratische Wahl von sechs Tribunen für jede der vier Legionen gewährleisten sollte.

Die andere Theorie weckt auf den ersten Blick Zweifel. Livius hat sie nachweisbar von dem tendenziösen Geschichtsschreiber C. Licinius Macer (s. S. 88) übernommen, und bezeichnenderweise war der erste Plebejer, der seinem Zeugnis nach gewählt wurde, ein gewisser P. Licinius (5, 12, 9). Immerhin, die Militärtribunen wurden eingesetzt, und im selben Jahr 366 machte ein Gesetz das Konsulat für Plebejer zugänglich. Weiterhin feierte unseres Wissens kein Militärtribun einen Triumph, die Krönung eines Sieges (Zonaras 7, 18). Dazu kommt als historische Tatsache, daß in den Jahren des Militärtribunats keine größeren militärischen Aktionen stattfanden, und wenn es zu einer Krise kam, wie etwa 396 bei der Eroberung Veiis, 390 bei der Niederlage gegen die Gallier oder auch 418, wurde ein Dictator als Generalissimus ernannt. Die meisten Kämpfe aber fallen in die Jahre mit Konsuln. Nun lag ja das Hauptaufgabenfeld der Konsuln auf militärischem Gebiet. Deshalb ist es gut möglich, daß die richtige Lösung in einem Kompromiß liegt. Wenn keine ernsteren Kampfhandlungen zu befürchten waren, bestimmte man die Legionstribunen zu den namengebenden Beamten, um den Plebejern die Möglichkeit zur Oberherrschaft zu geben, doch wenn ein Krieg zu erwarten war, kehrte man zu den patrizischen Konsuln zurück, denen als einzigen das religiöse Privileg zustand, den Willen der Götter in Auspizien zu erfragen und einen Triumph zu feiern. Manchmal ließ sich nicht voraussagen, was ein Jahr bringen würde, und so mußte im Notfall während des Jahres ein Wechsel stattfinden.

Ein Problem bleibt aber noch: Die obersten Beamten hatten nicht nur militärische Aufgaben. Sie entschieden auch in manchen Gerichtsverfahren und mußten die Zenturiatsversammlung einberufen und leiten. Die Rechtsprechung konnte vermutlich auf gesetzlichem Wege auf die Militärtribunen übertragen werden: Das wären dann die »Militärtribunen *mit konsularischer Gewalt*«. Aber eine Versammlung brauchte göttliche Billigung, die man nur in den Auspizien einholen konnte. Vielleicht war festgelegt, daß mindestens einer der Tribunen Patrizier sein müsse, damit man die Auspizien vollziehen konnte. In jedem Jahr scheint es zumindest *einen* patrizischen Tribunen gegeben zu haben. Die Konsuln hatten jedoch bis zu dieser Zeit noch eine weitere religiös fundierte Verwaltungsaufgabe zu erfüllen. Für die Truppenaushebung brauchte man ein Register der Vollbürger im richtigen Alter und Vermögensstand – aus ihnen rekrutierten sich die Mitglieder der Kampfzenturien. Dieses Register, die *classis,* mußte regelmäßig auf den neuesten Stand gebracht werden. Außerdem war eine solche Armee vom religiösen Standpunkt aus eine recht unbequeme Angelegenheit. Man brauchte besondere Rituale, um sie vom Makel der Blutschuld zu befreien, bevor sie wieder in die Gemeinschaft eingegliedert werden konnte. Die Zenturiatsversammlung, die ihrem Wesen und Zweck nach vorwiegend militärisch ausgerichtet war, traf sich grundsätzlich außerhalb der Stadtgrenzen Roms. In der späteren Republik mußte ein Provinzverwalter sein Kommando niederlegen, bevor er die Stadt betreten durfte. Servius Tullius soll der erste gewesen sein, der das Zensusregister zusammengestellt und die Rituale bei der Aufstellung der Zenturiatsversammlung, also der potentiellen Armee ausgeführt hat. Der lateinische Ausdruck dafür, *lustrum condere,* ist dunkel und in seiner Bedeutung umstritten. *Lustrum* dürfte aus einer Wurzel mit der Bedeutung »lösen« abgeleitet sein und also »das Lösende« (von Befleckung) bedeuten. *Condere,* im klassischen Latein »gründen, bauen«, geht auf eine Wurzel mit der Bedeutung »zusammensetzen« zurück. Es fragt sich nun, was das Wesen dieses Rituals war, was »als reinigende Kraft zusammengefügt« wurde. Aus den Zeremonien anderer Staaten (die von Iguvium sind in einer Reihe von Inschriften überliefert; s. S. 37), ergibt sich die Annahme, daß die Reinigung durch das wirkungsvollste Mittel, das Feuer, vollzogen wurde.

Es steht jedenfalls fest, daß diese höchst bedeutsame religiöse Pflicht zunächst den Königen aufgrund ihrer obersten geheiligten Macht zustand und später von den Konsuln übernommen wurde. Als aber das höchste Amt auch für eine Gesellschaftsklasse zugänglich wurde, die dieses religiöse Privileg nicht besaß, mußte man eigens für diese Aufgabe ein neues Amt einführen. Das war das Amt des Zensors, das nach den historischen Quellen 444 v. Chr. zugleich mit dem Militärtribunat eingeführt worden sein soll (Livius 4,8,2). Die Bedeutung des Titels *censor* ist nicht eindeutig geklärt, dürfte aber aus der Wurzel »anzünden« *(incendere)* stammen und die handelnde Person ausdrücken. Das würde gut zu der wichtigsten Zeremonie bei der Zusammenstellung der Heereslisten passen. Spätere etymologisch verwandte Wörter wie *census* und *censere* (»schätzen, aufzählen«) sind wohl von der Hauptaufgabe des Zensors abgeleitet.

Die Zensoren führten regelmäßig Schätzungen des römischen Volkes durch (schließlich wurde ein Turnus von fünf Jahren festgelegt), deren Abschluß eine Reinigungszeremonie für das Volk bildete, bei der Opfertiere – ein Schwein, ein Schaf und ein Stier – dreimal um die Versammlung herumgeführt und dann geopfert wurden. Schließlich wurde als Sühneprozedur das heilige Feuer wieder entzündet.

Quaestoren

Nicht nur die allmählich wachsende Anzahl der Militärtribunen beweist, daß die Lage wieder gespannter wurde, sondern auch die erhaltenen Berichte über Kampfhandlungen, mit denen wir uns im folgenden Kapitel beschäftigen werden. Die Schaffung eines auf die Abhaltung des Zensus spezialisierten Beamtenstabs hatte sicher zur Folge, daß die Aushebung und Auswahl für die *classis* viel genauer und wirkungsvoller durchgeführt wurde, denn die Einführung des Bronzegeldes *(aes)* als Währungseinheit, mit dem nach der *lex Aternia Tarpeia* Strafen bezahlt werden mußten und das auch im Zwölftafelgesetz verankert ist, erschwerte die Vermögensschätzung erheblich. Solange man nur Vieh zu zählen oder Land zu vermessen brauchte, war sie nicht schwierig gewesen, aber es bedeutete doppelt soviel Arbeit, alles in konventionelle Währung umzurechnen. Bei den Griechen gab es schon eine hochentwickelte Münzprägung, die Römer aber brauchten noch lange, bis sie einen vergleichbaren Standard erreichten. Mitte des fünften Jahrhunderts bestand das Geld aus unregelmäßigen Bronzestückchen *(aes rude)*, und sein Wert wurde einfach nach seinem Gewicht bemessen. Später (s. S. 161 f.) verfeinerte man es zu erkennbaren Formen von annähernd gleichem Gewicht, die man durch Prägung kennzeichnete *(aes signatum)*. Erst Ende des vierten Jahrhunderts tauchen die ersten Münzen mit individueller Prägung auf *(aes grave)*. An dieser Verzögerung ist ohne Zweifel der wirtschaftliche Zusammenbruch nach dem Galliereinfall in Rom schuld, von dem sich die Stadt nur langsam erholte. Durch die Einführung von Münzgeld wurde auch die öffentliche Finanzverwaltung, vor allem beim Heer, entsprechend komplizierter, und für Verhandlungen mit Nichtrömern, etwa Getreideeinkäufe, benötigte man nun Finanzspezialisten. Dafür gab es die Quaestoren, zwei jüngere Beamte, die je auf ein Jahr gewählt wurden. Tacitus (Annalen 11, 22) schreibt, daß man dieses Amt 446 v. Chr. »als Unterabteilung in Kriegssachen« einführte; Quaestor bedeutet »Untersuchungsbeamter«. Schon früher waren Quaestoren ernannt worden, vermutlich zur Aufklärung von einzelnen Mordfällen; in dieser Funktion werden sie im Zwölftafelgesetz erwähnt. Neu war, daß das Amt nun dauernd besetzt war. Der Aufgabenbereich der Quaestoren ist klar, obwohl wir nichts über die Bedingungen der Wählbarkeit wissen. Wenn sie Patrizier sein mußten, dann hatten sicher die Patrizier die Hand im Spiel, um ihr Regierungsmonopol auch nach dem Zugeständnis des Militärtribunats mit konsularischer Gewalt noch festzuhalten. Die Quaestoren hatten sich um die Lebensmittelversorgung, -lagerung und -zuteilung sowie um Finanzangelegenheiten zu kümmern. Wie wichtig ihre Aufgabe war, zeigt sich daran, daß ihre Zahl innerhalb einer Generation von zwei auf vier verdoppelt wurde (s. S. 154).

Beim Rückblick auf die Reformen der vierziger Jahre des fünften Jahrhunderts gewinnt man den Eindruck, daß durch sie eigentlich nur die Macht der Volkstribunen gefestigt, ein paar Ungerechtigkeiten gegenüber den Plebejern beseitigt und die Maschinerie der römischen Militärverwaltung gestärkt wurde. Die eigentlichen Probleme packte man nicht an, sie blieben bestehen und verdüsterten die Politik der folgenden zwei Jahrhunderte. Auch die wirtschaftliche Lage besserte sich kaum; damit waren Unruhen in der nächsten Generation vorprogrammiert.

Gemeinsame Schwierigkeiten können ein Volk spalten oder einen, das hängt größtenteils von der Stimmung im Volk ab. Trotz aller Unklarheit über die römische Geschichte nach dem Dezemvirat erkennen wir doch, daß die wirtschaftliche Lage sehr gespannt war und die Politik entsprechend hart geführt wurde.

Die wirtschaftliche Lage

Über die wirtschaftliche Lage wissen wir aus Geschichtsquellen und durch Ausgrabungen ein wenig Bescheid. Vor allem berichtet ein starker Überlieferungszweig, daß in den folgenden Jahren große Getreideknappheit herrschte. 440 mußte man aus Etrurien Getreide einführen; 437 und 433 bat man etruskische Küstenstädte, Cumae und Sizilien um Hilfe; und auch 411 wandte man sich an dieselben Orte um Unterstützung, die in verschiedener Höhe gewährt wurde. Der unmittelbare Grund für die Knappheit war wohl eine Mißernte; dazu kamen noch die Seuchen, die damals die Bevölkerung regelmäßig heimsuchten (437, 436, 435, 433, 432, 431, 428, 412, 411) und wohl vor allem in den Landgemeinden gewütet haben (Livius 4,25,4). Welche Krankheiten das gewesen sind, läßt sich heute nicht mehr feststellen, aber ihre Auswirkung wird dadurch deutlich, daß 433 Apollon, dem Gott der Heilkunst, ein Tempel versprochen und zwei Jahre später geweiht wurde. Kulte spiegeln die augenblicklichen Bedürfnisse einer Zeit wider; die Einführung des Apollonkults ist ein Ereignis, das sicher unabhängig von den Annaleneinträgen über Seuchen und Hungersnöte erhalten geblieben ist.

Der archäologische Befund bestätigt dieses Bild. In der zweiten Hälfte des fünften Jahrhunderts endeten offensichtlich die Handelsbeziehungen zu Etrurien. Aus der Zeit nach 450 finden sich keine Importe etruskischer Tonwaren und etruskischer Terrakotten mehr; auch läßt sich kein römischer oder latinischer Einfluß auf die etruskischen Märkte mehr feststellen.

Ein interessantes Detail bleibt noch: Im Jahre 400 v. Chr.

sollen einige verzweifelte, von Hunger gepeinigte Plebejer ihre Häupter verhüllt und durch einen Sprung in den Tiber Selbstmord begangen haben (Livius 4,12,11). Nun gibt es bei Festus (66 L.) eine Aussage zu einem Verfahren, »alte Männer von einer Brücke zu stoßen, wenn sie 60 geworden waren«. Manche Gelehrte halten so barbarische Praktiken für unmöglich und vertreten die Meinung, daß hier nur eine verfehlte Erklärung für einen anderen religiösen Brauch vorliege, bei dem Schilfbündel in menschlicher Gestalt in einer Prozession mitgetragen und schließlich in den Tiber geworfen wurden. Diese Bündel nannte man *Argei* – Argiver (?). Aber keine antike Quelle stellt eine Verbindung zwischen den beiden Ritualen her, und man darf auch nicht die latente Grausamkeit und Gewalttätigkeit in Rom herunterspielen. Schuldner, die in Zahlungsverzug geraten waren, konnten nach Zeugnis des Zwölftafelgesetzes wie Antonio in Shakespeares *Kaufmann von Venedig* in Stücke geschnitten werden, und bis ins dritte Jahrhundert gab es Menschenopfer. Der Todessprung der Plebejer ist vielleicht wirklich ein Anzeichen für ihre Verzweiflung.

Vor diesem Hintergrund müssen wir noch einen weiteren Punkt sehen. Livius und Dionysios nennen beide eine immer wiederkehrende Forderung der Plebs nach der Zuteilung von Bau- und Ackerland außerhalb Roms. Das Scheitern solcher Agrargesetze kehrt zu dieser Zeit als Thema immer wieder. Livius erwähnt Agitationen zu diesem Thema für die Jahre 441, 424, 421, 420, 416, 414 und 410. Was soll man mit dieser Information anstellen? Erst einmal wäre es erstaunlich, wenn erfolg-*lose* Gesetze in den Annalen Erwähnung fänden. Zweitens besteht kein Zweifel, daß die politische Färbung des bei Livius erhaltenen Materials stark von dem viel späteren Streit um die gracchischen Agrargesetze beeinflußt ist. Um einen Präzedenzfall für die aktuellen Unternehmungen der Gracchen zu schaffen, schrieb man damals die Geschichte um. Weiterhin erweckt Livius' Darstellung den Eindruck, daß riesige Landflächen im Staatsbesitz von einigen wenigen Großgrundbesitzern ausgebeutet wurden, und dies ist angesichts der tatsächlichen Lage im Latium des fünften Jahrhunderts ein glatter Anachronismus und eine eindeutige Übertreibung. Trotzdem können wir die Überlieferung nicht völlig außer acht lassen. Es fehlte an Nahrung, und das Volk mußte das Gefühl haben, sich in einem Latinerdorf besser versorgen zu können als in Rom oder auf römischem Land, wo Klienten der Patrizier bevorzugt wurden.

Wahrscheinlich entstand die schwierige Lage nicht nur durch Sturheit der Patrizier, sondern auch aus der politischen Praxis. Auch Latium stand unter schwerem Druck: Nur sehr wenig Grund war verfügbar, und auf dieses wenige hatten die römischen Verbündeten den ersten Anspruch. Im Süden hatten sich die Volsker inzwischen fest niedergelassen, und ein großer Teil des alten römischen Einflußgebiets – Circeii und Terracina – war für immer verloren. Auch in geringerer Entfernung gab es ein Streitobjekt: Ardea, das im späten sechsten Jahrhundert noch fest in römischer Hand gewesen war. Um 450 v. Chr. oder etwas früher fiel Ardea den Volskern zu. Die Bedeutung seiner geographischen Lage konnten die Latiner nicht übersehen, denn es bewachte den Zugang zur latinischen Ebene bis hinauf zum Tiber. In einem gemeinsamen Versuch gelang es Rom und seinen Verbündeten, die Gegend wiederzuerobern und sie 442 v. Chr. durch eine latinische Kolonie unter römischer Aufsicht neu zu bevölkern (Livius 4,11,5; Diodor 12,34,5). Es blieb jedoch bei Ardea nicht viel Grund übrig, den desillusionierte römische Plebejer hätten besetzen können.

Kämpfe in den Albaner Bergen

Im Osten war die Lage auch nicht besser. Hier waren die Albaner Berge das Streitobjekt. Wenn die Volsker und Aequer durch dieses enge Einfallstor durchbrechen konnten, würden sie Latium überrennen. Der Kampf ging deshalb um die Herrschaft über die Albaner Berge und den hindurchführenden Hauptverkehrsweg, die Via Latina. Die Orte, die für die aufeinanderfolgenden Feldzüge von 431 bis 409 erwähnt werden, lassen sich größtenteils noch identifizieren; sie enthüllen bei einem Blick auf die Karte ihre strategische Wichtigkeit: Labici, das 419 v. Chr. abfiel und im nächsten Jahr zurückgewonnen wurde; Bola, das 415 und 414 den Herren wechselte; die Zitadelle Carventum bei Tusculum (vielleicht das heutige Monte Fiore), Schauplatz heftiger Kämpfe in den Jahren 410 und 409; oder Verrugo, »die Warze« (wahrscheinlich das heutige Maschia d'Ariano), das den östlichen Paß in den Albaner Bergen bewachte und 409 von den Römern wiedergewonnen, zwei Jahre darauf aber wieder verloren wurde. Die Schilderung dieser Kämpfe ist sehr detailliert und wirkt sehr glaubhaft und reali-

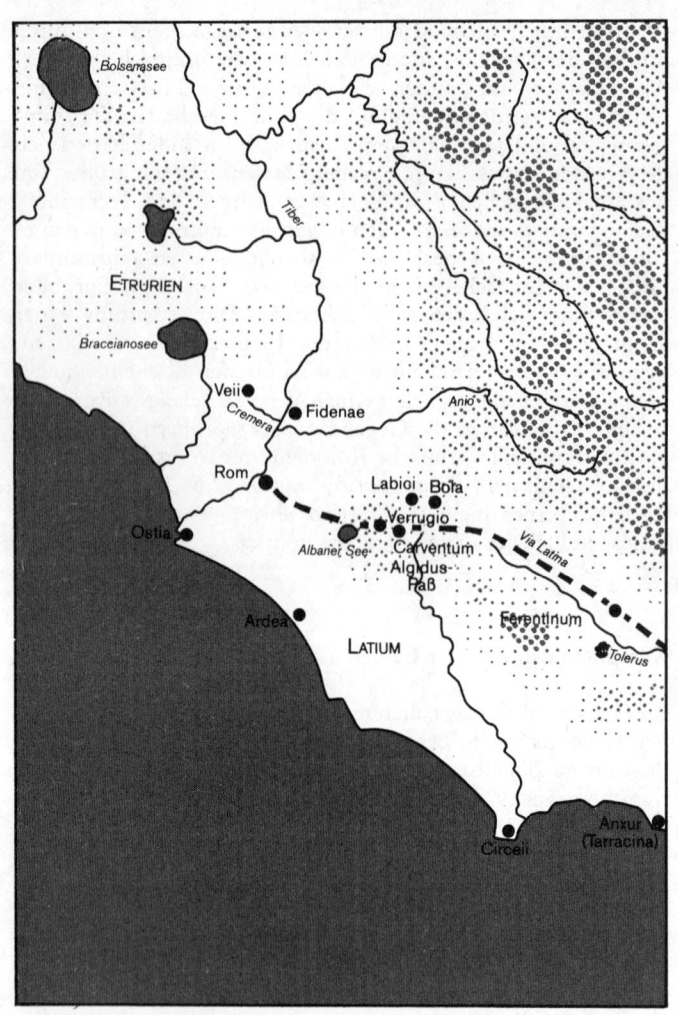

Abb. 13: Krieg in Latium

stisch. Livius (4,28,3) erinnert sich sogar an den Namen eines der feindlichen Feldherrn, Vettius Messius. Darin spiegelt sich der Titel des obersten Beamten bei den Oskern wider, *meddix*; also steckt wohl schon ein Anteil echter Überlieferung in Livius' Bericht. Diese Kriege zogen sich lange und ungeordnet hin; sie ließen sich nicht durch eine einzige Entscheidungsschlacht beenden, sondern bestanden aus kleinen Scharmützeln, ständiger Infiltration und Guerilla-Aktionen. Die Römer benötigten eine große Armee, um mit der verhältnismäßig geringen Zahl beweglicher Angreifer fertig zu werden, deshalb erkannten sie bald die Notwendigkeit, die ganze Umgebung als Pufferstaat und vorderste Verteidigungslinie zu benutzen. Zu ihrem Glück gewannen sie einen Stamm dieser Gegend für sich, die Herniker, die ihnen mutig und treu dienten, aber auch ihre Belohnung dafür haben wollten. Als 413 den Volskern Ferentinum und Umgebung abgenommen wurde, bekamen die Herniker dieses Gebiet als Entschädigung – wieder eine Quelle der Unzufriedenheit für die arbeitslosen und hungernden Plebejer in Rom.

Fidenae

Über zwanzig Jahre behaupteten sich die Römer gegenüber den Volskern, aber sie zahlten einen hohen Preis dafür. Der Unterhalt des stehenden Heeres von über 4000 Mann strapazierte die Wirtschaft erheblich, und die unregelmäßigen Kampfeinsätze führten zur Vernichtung der Ernten und zur Verschlechterung des Bodens. Doch Roms Handel befand sich in einer noch schlimmeren Gefahr. Fidenae, der etruskische Außenposten an der Via Salaria auf der römischen Seite des Tibers, das Anfang des Jahrhunderts in römische Hand gefallen sein muß (s. S. 100), rebellierte und wandte sich an den König von Veii, Lars Tolumnius, um Hilfe. Grund und genaues Datum der Revolte sind nicht bekannt (Livius setzt sie recht vernünftig für 438 v. Chr. an), aber vermutlich steht sie in Zusammenhang mit den Spannungen in Veii, die ihren Ursprung in den dort wie überall in Italien herrschenden wirtschaftlichen Schwierigkeiten hatten. An dieser Revolte entzündete sich eine größere Krise, die weitere Nahrung erhielt durch die Ermordung von vier römischen Gesandten am Hof von Veii. Rom mußte zur Gewalt greifen, und im Verlauf der kriegerischen Handlungen tötete ein römischer Feldherr namens A. Cornelius Cossus seinen Gegner und gewann – zum zweiten Male in der Geschichte – die *spolia opima* (s. S. 39 f.). Rom erinnerte sich später an diese Heldentat und überlieferte sie weiter, aber es gab dafür wohl auch »Indizienbeweise«. Kaiser Augustus behauptete jedenfalls um 29 v. Chr., er habe das originale leinene Wams, das Cossus im Tempel des Iuppiter Feretrius geopfert hatte, und eine Inschrift gesehen, die besagte, daß Cossus zur Zeit des Sieges Konsul gewesen sei (Livius 4,20,5–9). Es ist nicht ausgeschlossen, daß das Wams so lange erhalten geblieben ist, selbst wenn der Tempel schon einige Jahre baufällig war. Doch Augustus' Behauptung ist nicht über jeden Zweifel erhaben, da zu jener Zeit der Titel des obersten Beamten *praetor* hätte lauten müssen. Augustus kann auch den Namen *Cossus* falsch gelesen oder mißverstanden haben, da damals solche Beinamen noch nicht offiziell festgehalten wurden. Wahrscheinlich hatte Augustus ein politisches Motiv für das Lesen dieser Inschrift, wie immer sie auch gelautet haben mag, denn er gestand 29 v. Chr. M. Licinius Crassus die *spolia opima* nicht zu, mit der Begründung, Crassus sei nur Prokonsul und kein vollwertiger Konsul. Und die Inschrift kann auch durchaus in den vier Jahrhunderten seit ihrer Widmung »restauriert« worden sein.

Das Wams jedoch ist ein handgreiflicher Beweis für den Feldzug gegen Fidenae, und es ist auch für die Datierung von Bedeutung. Wenn Cossus Konsul war, dann muß im Jahre 428 v. Chr., als er zusammen mit T. Quinctius Konsul war, eine Entscheidungsschlacht stattgefunden haben. Die Quellen sprechen in der Tat für dieses Jahr von Unruhen in Fidenae, die zu einer gerichtlichen Untersuchung über die Tätigkeiten einiger verdächtiger Bürger von Fidenae führten, die daraufhin nach Ostia deportiert wurden. Von einem größeren Gefecht wird für dieses Jahr allerdings nichts erwähnt, sondern nur für 437 oder 426. In diesen beiden Jahren soll Mamercus Aemilius als Dictator einen erfolgreichen Angriff auf Fidenae unternommen haben. Aemilius' Rolle in der Rückgewinnung Fidenaes wird auch in den Triumphakten von 437 erwähnt; in diesem Jahr hatte jedoch Cossus gar kein Amt inne. Er wäre damals auch zu jung dazu gewesen; nach Livius war er unter Aemilius erst Offizier. Also bleibt noch das Jahr 426, in dem er konsularischer Tribun war, außerdem hatte ihn Aemilius zum Befehlshaber seiner Reiterei ernannt. Ganz sicher können wir allerdings nicht sein.

Offenbar erinnerte man sich auch so an Cossus' Erfolg. Mit großer Wahrscheinlichkeit kann man nur so viel annehmen, daß Rom zwölf Jahre lang Fidenae nicht endgültig zu seinem Verbündeten machen konnte. Mehrere Interventionen und Schlachten waren nötig, bis sich die Situation stabilisierte. Fidenae war durch seine Lage gut befestigt und wäre nur mit einem riesigen Heer und gekonnt eingesetzten Belagerungsmaschinen einzunehmen gewesen. Als es schließlich doch erlag, siedelten die Römer eine Gruppe von Kolonisten auf dem umliegenden Land an, um Fidenae gut unter Kontrolle zu haben. Interessant ist auch, daß einige führende römische Bürger mit dem Beinamen *Fidenas,* so z. B. L. Sergius (437 Konsul) und Q. Servilius, die also vermutlich aus Fidenae stammten, an diesen Unternehmungen aktiv beteiligt waren; zweifellos versuchten sie damit ihren Einfluß auf ihre ehemaligen Landsleute aufrechtzuerhalten.

Im einzelnen lassen sich die Beziehungen zwischen Rom und Fidenae zu jener Zeit nicht rekonstruieren; trotzdem ergibt sich ein verläßlicher Allgemeineindruck, der von drei weiteren Quellen bestätigt wird. Auf Inschriften aus Veii hat sich der Name einer einflußreichen Familie des sechsten Jahrhunderts erhalten: *Tulumnes* (TLE^2 36.38). Cicero (Philippica 9,4–5) erwähnt eine zu seiner Zeit noch erhaltene Statuengruppe für »Tullus Cluilius, L. Roscius, Sp. Nautius und C. Fulcinius, die vom König von Veii getötet wurden«. Wir haben keinen Grund anzunehmen, daß es eine solche Statuengruppe und Inschrift nicht gab; die Namen Cluilius und Nautius gehören politisch aktiven Familien des fünften Jahrhunderts. Schließlich findet sich eine Stelle bei Livius (4,34,6) über ein Gefecht der *classis* bei Fidenae im Jahre 426. Im klassischen Latein bedeutet dieses Wort normalerweise »Flotte«, und so versteht es auch Livius, wenn er sich auch dafür entschuldigt; aber natürlich hatte Rom damals keine nennenswerte Flotte, und selbst wenn es schon eine gegeben hätte, eine Seeschlacht auf dem Tiber bei Fidenae wäre äußerst eigentümlich gewesen! Die Stelle bezieht sich in Wirklichkeit auf die Mobilmachung des Zenturiatsheers (die Vollbürger im Gegensatz zu denen *infra classem;* s. S. 48) und dessen Gefecht bei Fidenae. Die Unverständlichkeit und – trotz dieser – die Genauigkeit der Liviusstelle (denn es gab ja damals erst *eine* Vollbürgerklasse) sind ein Hinweis darauf, daß er sie von einer zeitgenössischen Quelle übernommen haben muß.

Der Abfall von Fidenae bedrohte nicht nur den römischen Handel auf dem Tiber, sondern bedeutete auch eine erneute Konfrontation mit Veii und eine erhöhte militärische Belastung für den Staat. Unter den Schwierigkeiten, die der dauernde Dreifrontenkrieg und die Rezession hervorriefen, mußte auch die allgemeine Moral leiden. Die bei Livius erhaltene Überlieferung berichtet von ständigem Widerstand der Volkstribunen gegen die jährliche Aushebung; wenn daran etwas Wahres ist – und man würde eine solche Information normalerweise nicht in einer Priesterakte vermuten –, weist es auf weitverbreitete Unzufriedenheit und Unruhe in der Bevölkerung hin. Glücklicherweise müssen wir uns nicht auf diese ziemlich zweifelhafte Überlieferung allein verlassen, denn uns stehen zwei wohlfundierte Berichte zur Verfügung, die genau die gleiche Schlußfolgerung zulassen, und in denen sich die Erbitterung der Bevölkerung über die wirtschaftliche Notlage und ihre politische Spaltung widerspiegeln.

Die erste Episode – die Überlieferung datiert sie auf 441 bis 440 – wurde bei den Politikern am Ende der Republik zu einem beliebten Thema. Der Ritter Sp. Maelius nutzte seine privaten Beziehungen und Geldquellen zur Einfuhr einer bedeutenden Menge Getreide aus Etrurien, das er an die Plebs zu günstigen Preisen verkaufte oder sogar verschenkte. Dadurch verschaffte er sich große, wenn auch nur vorübergehende Beliebtheit. Damals herrschte Hungersnot, und der Staat hatte bereits einen Beamten, L. Minucius, für die Verteilung der Getreidevorräte bestimmt. Maelius wurde durch seinen Erfolg größenwahnsinnig und versuchte sich der Regierung zu bemächtigen. Von diesem Plan erfuhr Minucius zur rechten Zeit und informierte den Senat. Dieser dingte entweder einen Mörder, C. Servilius Ahala, damit er den Maelius umbrächte, oder billigte zumindest die Tat. Dies ist die früheste Version der Geschichte und gibt ein recht überzeugendes Bild der Selbstjustiz im fünften Jahrhundert. Später haben Historiker dieses Vorgehen gerechtfertigt; sie erinnerten sich an die Schnellgerichtsverfahren zur Zeit der Gracchenherrschaft. C. Servilius wurde nicht mehr als Privatmann eingestuft. Man hatte den Notstand ausgerufen, und Servilius war unter dem schon damals legendären Dictator L. Quinctius Cincinnatus (s. S. 118) zum Befehlshaber der Reiterei ernannt worden. Nach dieser Version war er also mit der gesetzlichen Befugnis ausgestattet, diese Art von Selbstjustiz zu üben. Die Episode gehört in ihrer unausgeschmückten Urform zum Grundstock der mündlichen Überlieferung in der römischen Geschichte, obwohl sie einige Ungereimtheiten aufweist. So heißt eine Stelle an der Südostecke des Kapitols Aequimaelium. Antike Gelehrte erklärten diesen Namen reichlich unglaubwürdig mit der Behauptung, daß Maelius' Haus dort gestanden habe und nach seiner Ermordung dem Erdboden gleich (*aequum*) gemacht worden sei. Noch dazu liegt das Aequimaelium bei einer statuenverzierten Säule, die mit den Minuciern in Verbindung gebracht wird. Sie erscheint auf Münzen, die die Minucier zwischen 140 und 103 v. Chr. prägten, und soll nach dem Historiker Piso für diesen L. Minucius errichtet worden sein (Plinius, Naturalis historia 18,15). Außerdem gab es eine *Porticus Minucia*, also eine Säulenhalle, als Zentrum des Kornmarkts an der Südostecke der Stadt. Säule und Portikus können allerdings dem archäologischen Befund nach nicht vor dem dritten Jahrhundert v. Chr. entstanden sein; das erweckt Zweifel an der Rolle des L. Minucius als Beamter im Getreideressort im Jahre 441. Möglicherweise geht diese Skepsis aber doch zu weit. Livius berichtet, daß eine alte Beamtenliste auf Leinen *(libri lintei)* Minucius als Präfekten für dieses Jahr nennt. Es ist dabei unwichtig, ob er speziell für die Getreideverteilung (*praefectus annonae)* oder für die Stadt im allgemeinen (*praefectus urbis)* zuständig war. Diese Leinenlisten gehören zu den ältesten erhaltenen Zeugnissen über die römischen Beamten; sie wurden im 344 v. Chr. geweihten Iuno-Moneta-Tempel aufbewahrt. Sie zählen also zu den verläßlichsten Quellen für die Zeit. So viel steht fest: Minucius hatte ein Amt in Rom, und Maelius wurde ermordet. Wie vorher im Fall des Sp. Cassius stehen wir vor einer revolutionsträchtigen Situation, in der ein einzelner entscheidende Unterstützung für sich gewinnen kann, indem er die wirtschaftliche Krise und die allgemeine politische Enttäuschung für sich ausnutzt.

Postumier und Sempronier

An diesem Wendepunkt der römischen Geschichte waren die einflußreichsten Familien offenbar die Postumier und die Sempronier, beide wahrscheinlich etruskischer Abstammung, aber schon völlig romanisiert. Die Sempronier wurden später plebejisch, aber da sie in den Konsul-Fasti des fünften Jahrhunderts erscheinen, müssen sie damals Patrizier gewesen sein. Die Postumier waren auf jeden Fall Patrizier; einer Überlieferung nach haben sie zusammen mit den Semproniern die patrizische Sache verteidigt (Dionysios von Halikarnassos 10,41,5). Die beiden Familien hatten fast das Monopol auf die höchsten Ämter: A. Sempronius Atratinus war 444 v. Chr. erster konsularischer Tribun, L. Sempronius Atratinus, vielleicht sein Bruder, Konsul im selben Jahr; in der nächsten Generation war A. Sempronius Atratinus 428 Konsul, 425, 420 und 416 konsularischer Tribun, sein Bruder C. Sempronius Atratinus 423 Konsul; Sp. Postumius Albus war 423 konsularischer Tribun, A. Postumius Tubertus 431 Diktator, M. Postumius 426 konsularischer Tribun, M. Postumius Regillensis 414 konsularischer Tribun. Ihr politischer Erfolg stand allerdings in keinem Verhältnis zu ihrer Vornehmheit.

Der Krieg mit Fidenae zog sich weiter hin; die Kriege mit den Volskern dauerten von Jahr zu Jahr an, ohne daß eine Entscheidung für eine Seite fiel. Daß man sich über die militärischen Mißerfolge im klaren war, zeigen die Maßnahmen des Jahres 421: Man erhöhte die Anzahl der Quästoren, der Verwaltungsbeamten also, von zwei auf vier; und 409 wählte man sogar Plebejer zu Quästoren, wodurch größtmögliche Auswahl geboten wurde. Aus einigen Andeutungen kann man sich ein Bild von der Kritik machen, die an der Regierung geübt wurde. 431 erreichte A. Postumius einen harterkämpften Sieg über die Volsker unter Vettius Messius am Algidus, dem strategisch wichtigen Paß über die Albaner Berge. Die Legende erzählt, er habe sogar seinen eigenen Sohn hinrichten lassen, weil er seinen Platz in der Schlacht verlassen habe – das gleiche sollte später der General T. Manlius Torquatus im Jahre 347 v. Chr. tun. Die »postumische Zucht« wurde sprichwörtlich (Gellius 1,13). Im Hoplitenkampf war präzise Disziplin entscheidend für den Zusammenhalt der Kampflinie – vielleicht entstand so die Legende. Auf jeden Fall zeugt sie von rücksichtslosen Methoden und ungefestigter Kampfmoral. M. Postumius wurde 426 bei Veii, C. Sempronius 423 bei Verrugo geschlagen; das Heer wurde nur durch den Einsatz untergeordneter Offiziere gerettet. Zehn Jahre voller Enttäuschungen machten sich in einer Reihe persönlicher Angriffe auf die beiden Familien Luft. Die Geschichte selbst ist offenbar erfunden, aber die Tatsachen lassen sich anhand von zuverlässigen Quellen rekonstruieren. Livius schreibt von vier Plebejern, Sex. Tempanius, M. Asellius, T. Antistius und (?) Sp. Pullius, die sich als Offiziere ohne Patent bei Verrugo als sehr geistesgegenwärtig erwiesen hätten. Drei Jahre später wurde C. Sempronius, der glücklose Heerführer bei dieser Schlacht, endlich verurteilt und mit einer Geldbuße bestraft. Nach Livius traten gegen ihn als Rädelsführer die drei Volkstribunen Antistius, Sex. Pullius (?; der Name ist verderbt) und M. Canuleius auf. Anscheinend sind sie dieselben Personen, nur daß für M. Asellius M. Canuleius eingesetzt wurde, da der frühere Canuleius schon so berühmt gewesen war (s. S. 139). Bestärkt wird diese Annahme durch ein Inschriftenfragment (CIL VI 31089) aus der frühen Kaiserzeit, wahrscheinlich aber eine Abschrift eines älteren Textes; es besagt, daß Ti. Antistius, Sohn des Ti. Antistius, etwas geweiht oder erbaut habe, unter dem konsularischen Tribunat des [Me]nenius Agrippa und Lucretius T[ricipitinus] – also im Jahre 419 v. Chr. Am wahrscheinlichsten ist wohl die Vermutung, daß die Tapferkeit der vier Männer und ihre Verfolgung des C. Sempronius in einer Inschrift festgehalten wurden, ebenso wie der Tod der vier Gesandten in Veii verewigt wurde.

Auch 420 äußerten sich die Feindseligkeiten in der Anklage der Vestalin Postumia wegen unschicklichen Betragens (was sicher in den Priesterakten erwähnt wurde) und der Verurteilung ihres Bruders M. Postumius wegen der Niederlage bei Veii. Schließlich wurde M. Postumius Regillensis 415 von seinen eigenen Soldaten gesteinigt, als er sie wegen der Niederlage gegen die Aequer bei Bolae schalt.

Dieser Zeitabschnitt endet mit einem deutlich düsteren Akzent, nur etwas aufgehellt durch die Rückgewinnung von Fidenae und die Tatsache, daß man die Volsker immer noch in Schach halten konnte. Im Verlauf dieser 30 Jahre hatte das Heer Schwächen in Technik und Kampfmoral und einen Mangel an geeigneten Führungspersönlichkeiten gezeigt; das römische Volk, heimgesucht von Seuchen, Armut und Niederlagen, war uneins und unzufrieden. Zu diesem Zeitpunkt erhob sich nun die größte Gefahr, die Roms Existenz bedrohte: Veii griff Rom an, und eine Reihe von Jahren (der Überlieferung nach zehn, aber der Krieg nahm die Ausmaße eines trojanischen Kriegs in seinem Anfangsstadium an) war Rom in einen Kampf auf Leben und Tod verwickelt. Mit Hilfe eines hochbegabten Mannes, M. Furius Camillus, ging es aus diesem Kampf mit einem erheblich besseren Heer und einem stärkeren Gemeinschaftsgefühl hervor; und wenn auch die wichtigsten politischen Probleme noch nicht gelöst waren, so konnte man nun doch auf Kompromisse und Fortschritt in der Zukunft hoffen.

12. Veii

Roms erster Zusammenstoß mit Veii hatte mit einem Schach-matt geendet. Die Römer waren zwar an der Cremera vernich-tend geschlagen worden, aber Veii scheint keinen Versuch ge-macht zu haben, diesen Sieg auszunutzen. Livius spricht von einem Nichtangriffspakt für 40 Jahre, der 474 v. Chr. unter-zeichnet wurde (s. S. 123), aber das hat er wahrscheinlich erfun-den; als Grundlage dient nur die Tatsache, daß die Vejenter etwa 40 Jahre lang in keine Kämpfe mit den Römern verwickelt waren. In diesem Zeitraum hatte sich mancherlei verändert. Die Römer waren sich ihrer Identität als Volk stärker bewußt ge-worden und sahen sich weniger als Teil der etruskischen Kultur. Die natürliche Rivalität der beiden Städte wurde noch verstärkt durch wirtschaftlichen Druck. Hierbei gab es drei Hauptfak-toren.

Ein Großteil des römischen Handels beruhte auf dem Salz, aber auch Veii hatte Salzpfannen, und zwar auf dem rechten Ufer der Tibermündung; eine Straße führte von Veii direkt dorthin. Märkte für das Salz waren die großen Städte im Lan-desinneren wie Clusium und Arretium. Rom hatte Handelsver-bindungen mit Clusium, darauf läßt nicht nur Porsennas Ein-greifen in Rom schließen (s. S. 94 f.), sondern auch das Hilfege-such der Bewohner von Clusium an die Römer, als sie in den neunziger Jahren des vierten Jahrhunderts von den Galliern (Kelten) bedroht wurden; es wurden auch Verhandlungen mit einer Abordnung der Fabier geführt, über deren enge Bezie-hungen zu Etrurien wir schon gehört haben (s. S. 122). Rom und Veii kämpften um dieselben Absatzmärkte, und diese wie-derum wurden von den Kelten bedroht (s. S. 170).

Zweitens war Veii wie Rom ein wichtiger Knotenpunkt für den Handel zwischen Etrurien und den reichen Märkten in Süditalien, da es die bedeutendsten Tiberübergänge beherrschte und Zugang zur Durchgangsstraße nach Kampanien hatte. Die-se Handelsbeziehungen waren aber aufgrund der etruskischen Verluste in Kampanien im Jahre 474 v. Chr. und des darauf folgenden Vorrückens der Samniten zum größten Teil versiegt. Soweit es noch Handel mit den griechischen Städten gab, wurde er wohl auf dem Seeweg betrieben; der Landweg war wegen der dauernden Bedrohung durch die Aequer und Volsker nicht

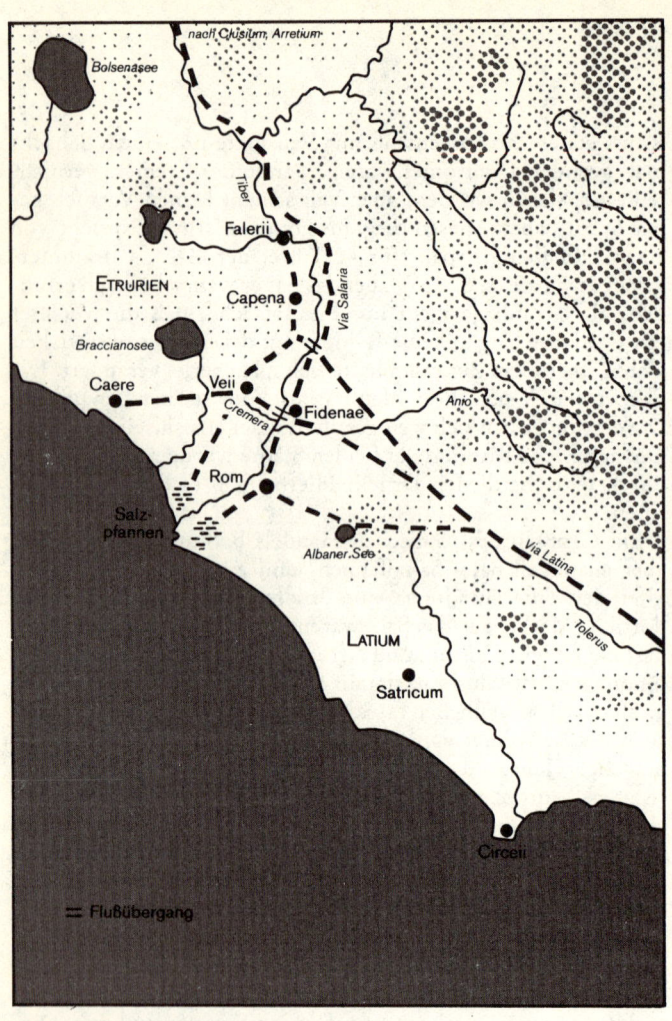

Abb. 14: Veii

mehr sicher genug. Veiis Handel war davon betroffen – das zeigt sich auch an dem auffallenden Qualitätsabfall seiner Produkte, den man im Stadtbezirk und in den großen umliegenden Friedhöfen feststellen kann.

Drittens herrschte Veii über ein sehr ausgedehntes Gebiet, das im Verhältnis viel größer war als das von Rom. Da in Rom ein Grund zur Unzufriedenheit im Mangel von Acker- und Weideland bestand, wurde natürlich voller Neid auf die reichen Grünflächen der Vejenter auf der anderen Seite des Tibers geschaut.

Der Abfall von Fidenae war eine Provokation, aber er führte damals noch zu keinem ernsthaften Zusammenstoß. Die Römer hatten auch so genug Probleme, ohne die Vejenter offen herauszufordern, und diese hatten anscheinend selbst politische Schwierigkeiten. Im Jahre 437 v. Chr. herrschte über sie der König Lars Tolumnius. Irgendwann wurde er oder seine Dynastie abgesetzt, denn für das Jahr 403 v. Chr. berichtet Livius (5,1,2), daß die Vejenter, »der alljährlichen Wahlkämpfe müde, sich entschlossen, einen König einzusetzen«. Das läßt darauf schließen, daß es vorher einige Jahre lang republikanische Beamte gegeben hat. Keine Quelle berichtet, wie der König beim ersten Male gestürzt wurde; aber wir können berechtigterweise annehmen, daß innere politische Spannungen in Veii während der Zeit zwischen 436 und 406 an seinem verhältnismäßig ruhigen Verhalten nach außen schuld waren.

Die antiken Quellen geben Veiis Unnachgiebigkeit die Schuld am Ausbruch des Krieges – angebliche Beschwerden, unterstützt von Drohungen und Ultimaten. Das ist höchst verdächtig. Römische Geschichtsschreiber bemühen sich immer, ihre Stadt ganz und gar zu rechtfertigen, gleich, wie die Umstände gewesen sein mögen: Alle Kriege, die Rom führt, sind gerechte Kriege. Es ist viel wahrscheinlicher, daß nach einigen Jahren der Grenzkämpfe die Römer einen entscheidenden Schritt taten und sich entschlossen, die Bedrohung durch Veii ein für allemal aus der Welt zu schaffen. Dieser Schritt gibt uns einen Anhaltspunkt für die wahre Chronologie des Krieges und seine eigentliche Motivation. Die wirklichen Daten lassen sich nicht mehr eruieren; die überlieferten Daten 406 bis 396 sind sicher unzutreffend. Veii ist wahrscheinlich um 392 v. Chr. gefallen, nach sechs oder sieben Jahren immer wieder unterbrochener Kämpfe, die in einem Großangriff gipfelten. Die traditionelle Chronologie gibt uns befriedigende Annäherungswerte.

Wenn Rom Veii vernichten wollte, brauchte es nicht nur eine große Sonderarmee (unabhängig von seinen Verpflichtungen an anderen Kriegsschauplätzen), sondern ein stehendes Heer, das eine lange Belagerung aufrechterhalten konnte, mit der Möglichkeit schnellen Nachschubs und einer Beweglichkeit, wie sie nur eine schlagkräftige Reiterei bietet. 405 (traditionelle Datierung) wurden zum erstenmal sechs konsularische Tribunen gewählt – das setzt eine Heeresstärke von 6000 Mann voraus –, um ein Drittel größer als alle vorherigen Aushebungen. Diese Erhöhung begleiteten weitere auffallende Neuerungen. Zwei Jahre später waren M. Furius Camillus und M. Postumius Zensoren (darin stimmen zumindest alle Quellen überein – bis auf Livius, der sich ein unmögliches Kollegium von nicht weniger als acht konsularischen Tribunen vorstellt). Postumius war 426 konsularischer Tribun gewesen, Camillus hingegen war eine Überraschung. Die Furii waren eine alte Familie, die bis auf die Herrschaft der etruskischen Könige zurückging und im fünften Jahrhundert mehrere Konsuln und konsularische Tribunen gestellt hatte. Camillus' Bruder war 413 v. Chr. Konsul gewesen. Aber Camillus selbst hatte noch nicht die höchsten Staatsämter innegehabt, bevor er zum Zensor gewählt wurde – das war noch nie dagewesen. Der Beiname *Camillus* stand einem Patrizierjungen zu, der bestimmte religiöse Pflichten zu erfüllen hatte, und wir können ohne weiteres annehmen, daß seine Erziehung dementsprechend abgelaufen war. Aber er muß auch noch andere Qualitäten gehabt haben, vor allem großen militärischen Erfindungsreichtum, sonst hätte man ihn nicht für das oberste militärische Amt in der Staatsverwaltung ausgesucht, obwohl er jung und ohne Erfahrung war. Man kann sich nur schwer ein Bild von seiner wahren Persönlichkeit machen, da sie im Laufe der Zeit von Legenden überwuchert wurde. Vor allem die Geschichtsschreiber formten seine Karriere um, bis sie als Vorbild für Scipio Africanus, Sulla und Caesar paßte. Man muß also die zugrundeliegenden echten Tatsachen erst all dieser Schichten von Erfindungen entkleiden.

So viel bleibt dann übrig: Als Camillus Zensor war, faßte man nicht nur den entscheidenden Entschluß, Veii zu vernichten, sondern führte auch einige Reformen im Militärbereich durch, die man zur Ausführung dieses Beschlusses benötigte. Diese Reformen gliedern sich in vier Hauptpunkte.

1. Die Erweiterung der Armee auf 6000 Mann verlangte wahrscheinlich die Rekrutierung von 2000 Mann unter der Einkommensgrenze der *classis*, da es weiterhin nur 40 Zenturien der *iuniores*, also der aktiven Soldaten, in der *classis* gab. Sie waren nicht so gut ausgerüstet – Livius berichtet z. B., daß sie keinen Brustpanzer trugen – und hatten nur Pflichten untergeordneter Art.

2. Die Reiterei wurde reformiert. Nach Livius (5,7,4–13) erboten sich Angehörige des Ritterstandes zum Dienst in der Armee mit ihren eigenen Pferden, bekamen aber Sold dafür gezahlt. Die tatsächlichen Ereignisse lassen sich kaum mehr rekonstruieren. Die Armee im frühen fünften Jahrhundert bestand fast ausschließlich aus Infanterie (s. S. 48); möglicherweise wurden nun zusätzlich zu den schon seit der Königszeit bestehenden sechs Reiterzenturien *(sex suffragia)* noch weitere zwölf Zenturien geschaffen, womit die Kavallerie aus insgesamt 1800 Berittenen bestand. In historischer Zeit blieb diese Anzahl bestehen. Finanziert wurden diese achtzehn Zenturien durch zwei Steuern – *aes equestre* und *aes hordearium* (Futtersteuer) –, die Servius Tullius der Überlieferung nach von Witwen und Waisen eingezogen haben soll (Livius 1,43,9; Cicero, De re publica 2, 20, 36); aber sie dürften eher von Camillus und seinem Kollegen im Zensorenamt des Jahres 403 v. Chr. stammen, wie Plutarch schreibt (Camillus 2; vgl. Valerius Maximus 2,9,1). Es gab also nun eine Sonderabteilung der Reiterei, die vom Staat bezahlt wurde – die Mitglieder hatten ein »Staatspferd« –, anstatt sich wie früher selbst zu erhalten.

3. Diodor (14,16,5) und Livius (4,59,11) geben beide an, daß zum erstenmal in der Geschichte die Soldaten zu Anfang des Krieges mit Veii regulär Sold erhielten. Obwohl Bezahlung anscheinend erst frühestens im dritten Jahrhundert üblich wurde, konnten natürlich die ungewöhnlichen Umstände bei einer so langwierigen Belagerung auch ungewöhnliche Maßnahmen notwendig machen. Schließlich hatten die Männer ja keine Möglichkeit, sich ihren Lebensunterhalt auf andere Weise zu verdie-

nen; so war für die Erhaltung der Moral, die in den vorangehenden Jahren häufig gefährdet gewesen war, eine finanzielle Entschädigung unerläßlich.

4. Es ist wohl anzunehmen, daß damals auch die Bewaffnung der Armee etwas verändert wurde. Die veraltete Hoplitenphalanx mit ihrem kleinen Schild *(clipeus)*, Stoßspeer und der ganz auf Disziplin ausgerichteten engen Aufstellung (s. S. 47) wurde verdrängt durch eine flexiblere Ordnung mit größerem Schild, Schwert und Wurfspeer *(pila)*. So blieb sie bis ins zweite Jahrhundert v. Chr. erhalten. Livius (8,8) behauptet, diese Neuordnung habe nach der Einführung von Sold für die Truppen stattgefunden, und Plutarch schreibt in seiner Camillus-Vita (40) ungefähr dasselbe dem Camillus zu. Beide Textstellen sind teilweise unklar und haben vielleicht keine authentische Grundlage, aber immerhin stammen die ersten Darstellungen der neuen Bewaffnung passend aus der Zeit um 400 v. Chr.

Die Belagerung von Veii

So sah also die neue Musterarmee aus, die Camillus geschaffen hatte und anführen sollte. Er war nach überlieferter Zeitrechnung 401 und 398 konsularischer Tribun und in dem entscheidenden Jahr 396 Diktator. Er hatte mit großen militärischen Schwierigkeiten fertigzuwerden. Veii war schon durch seine Lage gesichert (s. S. 121), und gegen Ende des fünften Jahrhunderts ergänzte es diese natürlichen Verteidigungsanlagen noch: Die Tuffsteinklippen wurden abgeschlagen, wo es möglich war, an allen anderen Stellen errichtete man einen Erdwall mit steinerner Brustwehr, um die schwächeren Stellen der Befestigung zu schützen. Ziel der Römer war es nun offenbar, Veii von seinen Verbündeten zu isolieren. Dabei kam ihnen der Mangel an Solidarität bei den etruskischen Völkern zugute. Veiis nächste Nachbarn, Capena und Falerii, standen ihm vielleicht bei, denn sie wurden in der Folgezeit von Rom schlecht behandelt, aber sonst hat sich anscheinend keine Gemeinde in den Kampf eingemischt. Caere, in Veiis Nähe die Etruskerstadt mit den meisten Ressourcen, scheint eher auf seiten Roms gestanden zu haben (s. S. 164). Trotzdem hatten sich die Römer mit der Belagerung eine furchtbare Aufgabe gesetzt. Die Kriegstechnik der Antike begünstigte eher die Verteidiger und nicht die Angreifer. Die Römer besetzten den engen Landstreifen im Norden der Stadt, den einzigen Zugang auf gleicher Ebene; aber sie waren selber anfällig gegen Angriffe von außen und hatten nur wenig Raum, um sich gegen die Verteidigungsmanöver der Stadtbewohner zu wehren.

Es muß ein langer, angestrengter Kampf gewesen sein. Eine Armee war in Veii gebunden, dabei blieb die Bedrohung durch die Volsker und andere Stämme im Süden weiter bestehen und war so lästig wie immer.

Eine bezeichnende Episode hat mit der Stadt Satricum zu tun, die einen der Hauptzugänge zum Süden Latiums beherrschte. Im selben Jahr, in dem Veii fiel, weihten die Römer der Mater Matuta einen Tempel. Sie war die Hauptgottheit von Satricum; schon ihr Name ist typisch volskisch. Der archäologische Befund läßt darauf schließen, daß etwa von der Zeit um 470 v. Chr. an in Rom ein gemeinsames Heiligtum für Mater Matuta und Fortuna existierte; der größte Teil der Bausubstanz ist aber sicher erst im frühen vierten Jahrhundert entstanden. Die Göttin wurde in Satricum sehr verehrt, was eine große Menge von Votivgaben (größtenteils aus der Zeit zwischen 420 und 390) beweisen. Die Errichtung des Tempels in Rom und die gleichzeitige Gründung einer Kolonie in Circeii bei Satricum (Livius 5,24,4) deuten auf einen kombinierten politisch-religiösen Schachzug, der einen Gefahrenherd beseitigen sollte. Diese kluge Mischung erinnert an Camillus.

Die Lage im Inneren zeigte keine Fortschritte. Bei einer Seuche im Jahre 399 (traditionelle Datierung) befragte man die Sibyllinischen Bücher, die eine äußerst seltsame Neuerung empfahlen: Ein religiöses Fest, bei dem die Götterbilder auf Kutschen ausgestellt und eingeladen wurden, an einem Opfermahl (lectisternium) teilzunehmen. Bei dieser Gelegenheit wurden sechs Gottheiten geehrt: Apollo und Latona (Götter der Heilkraft), Hercules und Diana (Ackergottheiten oder Symbole für Mann und Frau), Merkur und Neptun (Götter von Handel und Seefahrt) (Livius 5,13,6; Dionysios von Halikarnassos 12,9). Es muß schon eine sehr große Notlage gewesen sein, daß man zu solch überraschenden Neuerungen greifen mußte, und möglicherweise steckte wieder, wenn auch vielleicht nur teilweise, Camillus dahinter. Er hatte eine religiöse Erziehung genossen, und Livius hebt seine pietas hervor (wie bei Aeneas). Das mag vielleicht nur literarische Schönfärberei sein, aber es gibt auch andere Hinweise darauf, daß Camillus ein Mann von starkem religiösem Gefühl war. Unterstützt wird diese Vorstellung auch dadurch, daß die Zeremonie nicht direkt aus Griechenland, sondern aus der Etruskerstadt Caere eingeführt wurde, zu der Camillus enge Bindungen hatte, wie sich bei den Kelteneinfällen zeigen sollte (s. S. 174 f.). Auf etruskischen Bildern sind vergleichbare Zeremonien dargestellt.

Die Eroberung von Veii und ihre Folgen

Vielerlei Legenden ranken sich um die zehn Jahre bis zum endgültigen Sieg der Römer. Viele davon sind typische *post-eventum*-Erfindungen, aber ein roter Faden zieht sich durch alle hindurch: der Tunnel. Ein Prophet aus Veii wird gefangengenommen und verkündet, daß Rom Veii so lange nicht einnehmen werde, bis der Wasserspiegel des Albaner Sees durch einen Tunnel geregelt werde. Die Römer befragen das Orakel von Delphi und erhalten im wesentlichen die gleiche Antwort. Diese Geschichten sind reine Phantasieprodukte. Der Albaner See liegt weit von Veii entfernt, nicht einmal in Etrurien. Das römische Religionsgesetz verbot die Befragung ausländischer Orakel; die Gesandtschaft erfand man später vor dem Hintergrund einer Votivgabe an Delphi nach dem Fall von Veii (s. S. 166 f.). Nichts, was mit dem Albaner See geschehen konnte, hätte für Veii irgendwelche Bedeutung gehabt. Die Sagen wiederholen nur wieder das Tunnelthema. Nun waren ja die Etrusker große Techniker: Sie konstruierten unter anderem auch Unmengen von unterirdischen Gräben zur Bewässerung ihres Landes, und Veii war da keine Ausnahme. Tatsächlich verliefen mehrere Abzugskanäle *(cuniculi)* von der Hauptstadt unter den Linien der römischen Belagerungsmacht hindurch; und eben durch so einen Tunnel sollen die Römer der Sage nach in die Stadt eingedrungen sein: »(Camillus) beendete die vielen nutzlosen Scharmützel zwischen Mauer und Wall durch das Verbot, ohne Befehl zu kämpfen, und zog die Soldaten zur Schanzarbeit ab. Als bei weitem wichtigste und anstrengendste Grabung begann man einen Tunnel zur Burg der Feinde zu treiben. Damit die Arbeit nicht unterbrochen wurde, aber auch die ununterbrochene Arbeit unter Tage die Soldaten nicht zu sehr erschöpfte, teilte er die Männer in sechs Gruppen ein, die je sechs Stunden graben mußten; sie sollten

Tag und Nacht ohne Pause arbeiten, bis sie einen Weg in die Burg gebahnt hätten« (Livius 5,19,9–11).

Was sollen wir von dieser Geschichte halten? Wahrscheinlich existierte der Tunnel schon als Teil des kunstvollen Entwässerungssystems der Vejenter, und die Römer benutzten ihn einfach, um sich Zugang zur Stadt zu verschaffen. Die Vejenter haben anscheinend einige *cuniculi* absichtlich mit Steinbrocken verbarrikadiert, um sich gegen eben diese Gefahr zu schützen.

Wir können also die starke mündliche Überlieferung über die wichtige Rolle eines Tunnels bei der Einnahme von Veii akzeptieren.

Nach Veiis Kapitulation begaben sich die Römer auf Neuland; hier erkennen wir wieder Camillus' Handschrift. In der Vergangenheit hatten sich die Römer damit begnügt, Reparationen anzunehmen oder Verträge zu schließen. Diesmal aber entvölkerten sie Veii und schleiften seine Befestigungen. Die Zerstörung war allerdings nicht ganz so total, wie es den römischen Autoren höchst sentimental darzustellen gefiel. Daß Rinder dort grasten, wo einst eine große Stadt gestanden hatte, stimmt nicht. Ausgrabungen beweisen, daß es weiterhin eine Siedlung dort gab, und immer noch führte eine Hauptstraße hindurch. Grundsätzlich ist aber eines richtig: Veii hatte keine große Macht mehr, und römische Siedler übernahmen einen großen Teil seines Landes. Es wurde in Parzellen von je 7 *iugera* (fast 2 Hektar) verteilt, und zwar an jeden interessierten frei geborenen Plebejer, wie Livius sagt (5,30,8). Wir wissen nicht, wie vielen Interessenten Land zugeteilt wurde, aber es muß eine gewaltige Zahl gewesen sein, denn es war die Bildung einer neuen Tribus für sie nötig, der Tromentina; und daraus entstand später die Sage, daß die Römer in Massen nach Veii abwandern wollten. Die Gehöfte selbst liefern so manche Hinweise auf die Veränderung. Man ging nämlich zwischen 410 und 390 vom typisch etruskischen Bucchero zu schwarzglasierter Keramik über. Von etwa 100 Ausgrabungsfeldern, die in diesem Gebiet untersucht wurden, wies ungefähr ein Drittel keine schwarzglasierte Keramik auf, das heißt, daß die Besiedlung dort zu dieser Zeit aufhörte, also nach dem Fall von Veii und der Neubesiedlung der Gegend durch die Römer. Die Verbreitung von schwarzglasierten Scherben auf anderen Grabungsfeldern weist jedoch auf neue Pächter hin, oder zumindest auf alte Pächter unter neuer Herrschaft.

Die Entscheidung zur Vernichtung und Neubesiedlung war
eindeutig rein politischer Natur, verbunden mit dem religiösen
Akt der Abwerbung der Schutzgottheit Veiis an Rom. Natürlich hat das Bild des Scipio Aemilianus, wie er über dem zerstörten Karthago betete und seine Schutzgottheit nach Rom
abwarb, auf die Vorstellung von Camillus abgefärbt; aber es
besteht kein Zweifel, daß die Göttin von Veii in Rom als Iuno
Regina eingesetzt wurde, und zwar 392 (traditionelle Datierung) in einem Tempel auf dem Aventin (bei der mittelalterli-
chen Kirche S. Sabina). Bei Livius (5,21,3) ist die Beschwörungsformel erhalten: »Zugleich bitte ich dich, Iuno Regina, die
du nun für die Vejenter sorgst, daß du nun uns als Siegern in
unsere Stadt folgst, die bald auch die deine sein wird, wo dich
ein Tempel aufnehmen soll, der deiner Größe würdig ist.« Die
Formel, die sich offenbar ein Altertumsforscher ausgedacht hat,
ähnelt sehr stark derjenigen, die Scipio 146 v. Chr. in Karthago
verwendet haben soll. Sie ist bei dem Gelehrten Macrobius (Saturnalia 3,9,6) aus dem fünften Jahrhundert n. Chr. überliefert:
»Ob diese Stadt unter einem Gott oder einer Göttin steht, ich
flehe dich an, der du für dieses Volk und diese Stadt zuständig
bist, daß du das Volk und die Stadt Karthago verlassen und die
geheiligten Orte, Tempel und die Stadt hinter dir lassen und
dich von ihnen entfernen mögest, und daß du Schrecken, Angst
und Vergessen über dieses Volk ausgießen mögest, und daß du
unserem Krieg und dem römischen Volk gewogen sein mögest,
und daß unsere geheiligten Orte, Tempel und unsere Stadt dir
angenehmer sein mögen, und daß du mir und dem römischen
Volk und meinen Soldaten freundlich gesinnt sein mögest.« Es
gibt nur eine Parallele für diesen religiös fundierten Schachzug,
und zwar der Versuch der Latiner in den neunziger Jahren des
fünften Jahrhunderts, Castor und Pollux für sich zu gewinnen
(s. S. 105 f.).

Die Einnahme von Veii zog also große Veränderungen politischer und religiöser Art nach sich. Es folgte die Unterjochung
der engsten Verbündeten Veiis, Capena und Falerii. Diese Aura
eines religiösen Kreuzzugs verspüren wir noch in drei anderen
Episoden, die zu diesem schicksalhaften Augenblick in der römischen Geschichte gehören und uns Camillus wieder als gläu-
bigen Visionär zeigen. In der ersten geht es um eine goldene
Schale, die von den Römern als Dankopfer nach Delphi ge-

schickt, von liparischen Piraten abgefangen und auf Befehl des damaligen obersten Beamten von Lipari, Timasitheos, zurückgegeben wurde. Daß diese Geschichte wahr ist, beweist die rücksichtsvolle Behandlung der Nachkommen des Timasitheos nach der Annexion der Liparischen Inseln im Jahre 252 v. Chr. (Diodor 14,93); außerdem wird ausdrücklich behauptet, daß sogar noch nach der Einschmelzung der Schale durch Religionsfrevler ihr Fuß im Schatzhaus der Bewohner von Marseille in Delphi bis ins zweite nachchristliche Jahrhundert zur Besichtigung für alle erhalten blieb (Appian, Italikē 8). Eine solche ungewöhnliche Geste deutet wieder einmal auf Camillus, vor allem wenn wir bedenken, daß von allen Städten mit römischen Verbindungen offenbar nur Caere enge Kontakte zu Delphi hatte; und Camillus wiederum stand in Verbindung mit Caere.

Die zweite Episode, in der sich Camillus' Gefühl einer göttlichen Sendung spiegelt, ist sein Gebet über dem zerstörten Veii, die Götter möchten seinen und Roms Sieg nicht für unmäßig halten. Wahrscheinlich haben sich hier wieder Parallelen zu Scipio eingeschlichen. In der Tat zwang man ihn, trotz der erfolgreichen Einnahme Veiis und der Einigung Roms unter einem gemeinsamen militärischen und religiösen Befehl, nach zwei Jahren die Stadt zu verlassen. Als Grund nennen die Quellen Verärgerung des Volkes über die ungerechte Verteilung der Beute, aber wahrscheinlicher ist, daß man einfach allgemein seine undurchsichtige Politik für verdächtig hielt.

Noch zweifelhafter ist die dritte Episode. Auf die Nachricht von seinem Sieg über Veii sollen Camillus noch nie vorher zugestandene Ehrungen erwiesen worden sein. So zog er in einem Triumphwagen mit vier Schimmeln in Rom ein, was sonst den Göttern Iuppiter und Sol vorbehalten war. Auch bemalte er sein Gesicht mit der roten Farbe, die gewöhnlich Iuppiterstatuen schmückte (Plinius, Naturalis historia 33,111). Mit anderen Worten: Camillus strebte dieser Darstellung zufolge nach göttlichen Ehren. Nun steht aber fest, daß diese Überlieferung nicht stimmt. Die erste historische Persönlichkeit, die einen solchen götterwürdigen vierspännigen Wagen fuhr, war 405 v. Chr. Dionysios I. von Syrakus (Livius 24,5,4), und so schnell konnte sich diese Mode unmöglich in Rom durchgesetzt haben (selbst wenn wir davon absehen würden, daß überhaupt erst der sagenumwobene Alexander der Große die Entwicklung des Triumphs maßgeblich beeinflußt hat; s. S. 39ff.). Wann diese Überlieferung erfunden wurde, ist nicht bekannt. Auf jeden

Fall lag sie in der Luft, als Caesar 46 v. Chr. seinen Triumph mit vergleichbarem Gepränge feierte. Sie wurde aber entweder *vor* Caesars Triumph erfunden, damit er sie als Präzedenzfall nutzen konnte, oder bald *danach* von seinen Freunden – oder Gegnern – erdichtet. In der Fortsetzung der Camillus-Geschichte wird nämlich betont, daß die Empörung des Volkes über dieses Schauspiel und seine daraus resultierende Unbeliebtheit seine Verbannung bewirkten (Dionysios von Halikarnassos 12,13,3). Wir wissen ganz einfach nicht, wie es mit Camillus weiterging, aber immerhin ist es bezeichnend, daß der Angelpunkt der Legende, die um ihn entstand, sein besonderes Interesse an Religion war.

Camillus ist einer der wenigen Römer der Frühzeit, die wir gut genug kennenlernen können, um sie über die Jahrhunderte hinweg schätzen zu können, selbst wenn wir viele Abstriche machen müssen, da die römischen Geschichtsschreiber so gerne frühere Gestalten im Gewand von Helden ihrer eigenen Zeit wie Scipio, Sulla, Caesar oder sogar Augustus wiederauferstehen ließen. Wir brauchen uns nur die Militärreformen anzusehen, die ohne Zweifel damals durchgeführt wurden, die Siege, die die Römer zu dieser Zeit an ihre Fahnen hefteten, und uns nur zu überlegen, wie sich Rom damals zum ersten Mal offen in seiner Rolle als imperialistische Macht zu seiner Annexionspolitik bekannte, und wie diese Politik vom Glauben angeregt und motiviert wurde, um zu erkennen, daß Camillus ein großer und dynamischer Staatsmann war. Die Persönlichkeit des großen Mannes überstrahlte die politischen Meinungsverschiedenheiten, aber, wie so oft, fanden es die Römer wieder einmal schwierig, sich an eine so persönliche Lösung ihrer Probleme zu gewöhnen. Unter anderen Umständen hätte Camillus wahrscheinlich Caesars Schicksal geteilt; so aber mußte er gerade dann von der politischen Bühne abtreten, als sein Vorgehen auf allen Gebieten von Erfolg gekrönt war und man seinen Weitblick und seine Energie dringender denn je gebraucht hätte.

13. Die Katastrophe: Der Galliereinfall

Bisher war die römische Politik auf die nächste Umgebung Roms beschränkt gewesen, der Horizont der Staatsmänner reichte nicht weiter als bis Latium und Südetrurien; Roms Feinde waren Völkerstämme, die seine Grenzen bedrohten: die Aequer und Volsker, die Sabiner und die Etrusker. Nur selten wurde die Stadt in Auseinandersetzungen oder in Handelsbeziehungen mit entfernteren Städten verwickelt; auf der Höhe seines Gedeihens, zur Zeit der Könige, mit Karthago (s. S. 86 f.), mit Cumae, seinem nächsten griechischen Nachbarn, mit Clusium und anderen Etruskerstädten, und ganz selten, nämlich nur bei verzweifelter Getreideknappheit, mit Sizilien. Aber nun wurde Rom plötzlich ein internationaler Kampfplatz, und deshalb erwachte auch neuerdings das Interesse der zeitgenössischen griechischen Geschichtsschreiber.

Das Vordringen der Gallier (Kelten)

Anfang des vierten Jahrhunderts waren mindestens drei Völkergruppen unterwegs, und als sie schließlich in Rom zusammentrafen, kam es zur Explosion.

So zogen keltische Stämme aus Gallien in die Poebene (später war diese Gegend unter dem Namen *Gallia Cisalpina* bekannt). Polybios (2,17) sagt, daß sie aus dem Donaubecken über den Ostteil der Alpen kamen, und zwar um 400 v. Chr. Wie diese Wanderzüge verliefen, läßt sich nur schwer nachvollziehen; jedenfalls liefert Livius (und andere Historiker) einen anderen Bericht:

Eine Schar von Cenomannen nahm sich dort ihren Wohnsitz, wo nun die Städte Brixia und Verona liegen. Dann ließen sich die Libuer nieder, danach die Salluvier, die ... am Ticinus siedelten. Als die Boier und Lingonen den Poeninuspaß überschritten hatten und feststellten, daß schon alles Land zwischen Po und Alpen besiedelt war, setzten sie mit Flößen über den Po und vertrieben nicht nur die Etrusker, sondern auch die Umbrer. Schließlich (um 400 v. Chr.) besetzten die Senonen, die letzten Ankömmlinge, das Gebiet vom Utens bis zum Aesis. Dieses Volk soll, wie ich höre, von dort nach Clusium und Rom gekommen sein.   (Livius 5,35,1–3)

Dieser offensichtlich der Tradition entnommene Bericht läßt sich mit Hilfe der Archäologie teilweise überprüfen; schwierig wird dies nur dadurch, daß in vielen Fällen die Kelten einfach die Kultur der von ihnen besiedelten Gebiete übernahmen; dadurch gingen alle typisch keltischen Charakterzüge verloren. Außerdem ging die Infiltration meist nur langsam und stückweise vor sich: Kleine Gruppen siedelten sich eine Zeitlang an und zogen dann wieder weiter. Denn die Kelten waren noch nie Städtebauer gewesen. Sie bevorzugten kleine befestigte Dörfer (oppida) als zeitweilige Behausung für ihre kleinen Stammesgruppen von Selbstversorgern. Im großen und ganzen bestätigt sich jedenfalls der Bericht von Livius, der der allzu klaren Version des Polybios vorzuziehen ist. Die Poebene war im fünften Jahrhundert von den Etruskern besiedelt worden, die Mailand (Melpum), Bologna (Felsina), Marzabotto, Mantua, Parma, Mutina, Piacenza und andere wichtige Städte gründeten, ebenso die großen Fern- und Handelshäfen Spina und Atria an der Adria. Aber fast zur selben Zeit begannen schon die Kelten in dieses Gebiet einzufallen. Im Seengebiet vermischten sich schon vor dem vierten Jahrhundert keltische und einheimische Kunst. In Gräbern dieser Gegend findet man keltische Eisenschwerter, keltische Fibeln und typisch keltische Wagenbestattungen. In Casila Valsenio bei Ravenna dagegen gehörte zu einer Erdbestattung neben keltischer Keramik auch eine schwarzfigurige Vase aus Griechenland aus der Zeit zwischen 480–470 v. Chr. Auch in Marzabotto und Bologna hat man in Gräbern aus dem fünften Jahrhundert keltische Metallarbeiten gefunden. Sicher waren nicht alle diese Begräbnisstätten wirklich keltisch, sondern enthielten nur verirrte Handelsware aus keltischen Werkstätten, aber es entsteht doch der Eindruck, daß im fünften und vierten Jahrhundert die Kelten langsam aber sicher in Italien Fuß faßten.

Einige Stelen, u. a. aus Felsina, aus der Zeit um 350 geben ein Bild von dem dauernden und auch erfolgreichen Widerstand der Einheimischen gegen die Eindringlinge. Darauf kämpfen Berittene aus Felsina gegen nackte Kelten; natürlich wird der Etrusker als Sieger dargestellt, obwohl die Stele zur Erinnerung an seinen Tod entstand (vgl. Abb. 15). In Wirklichkeit überrannten die Kelten die ganze Poebene und zwangen die Etrusker zur Flucht. Einige flüchteten sich nach Piemont und Umgebung; es fanden sich dort und im Hinterland von Nizza etruskische Inschriften (TLE² 698 ff.). Andere wichen nach Norden

Abb. 15: Stele von Felsina

aus, in die Täler der Zentralalpen, also nach Rätien; sie hinter-
ließen den Bewohnern ihr Alphabet und ihre Sprache, von denen sich Spuren bis in Livius' Zeit erhielten. Die Darstellung
der adriatischen Küste bei Pseudo-Skylax, einem anonymen
Geographen um 375 v. Chr., gibt den Etruskern nur einen
schmalen Streifen Land an der Küste bei Spina, während die
Kelten alles Land zwischen Spina und Venedig beherrschten.

Wir wissen nicht, warum die Kelten eigentlich auf Wander-
schaft gingen. Die übliche Erklärung finden wir bei Livius:

Dieses Volk wurde, wie die Sage überliefert, durch den Reiz der Feld-
früchte und vor allem durch das ungewohnte Vergnügen am Wein
veranlaßt, die Alpen zu überqueren und die schon von den Etruskern
kultivierten Felder in Besitz zu nehmen. Arruns aus Clusium soll den
Wein in Italien eingeführt haben, um die Stämme hinüberzulocken, aus
Wut über die Verführung seiner Frau durch den Lucumon, dessen
Vormund er gewesen war, ein einflußreicher Jüngling, den er ohne
fremde Hilfe nicht bestrafen konnte.   (Livius 5,33,2–3)

Diese alte Version, die auch Dionysios von Halikarnassos berichtet, war schon Cato bekannt, der im zweiten Buch seiner *Origines* darauf anspielt; der griechische Autor Aristides von Milet erzählt sie ebenfalls. Manche Wissenschaftler, darunter J. Heurgon*, behaupten zwar, die Episode sei aus der etruskischen Geschichtsschreibung übernommen, doch wir haben keinerlei Beweis dafür, daß die Etrusker ihre Geschichte schon schriftlich fixierten, und ähnliche Ereignisse finden sich als beliebte Sage mehrmals in den griechischen Wanderungslegenden. Der wahre Grund für die Wanderungen der Kelten bleibt im dunkeln. Für einen Mangel an Land oder für Hungersnöte, wie sie teilweise die griechischen Siedler zum Abwandern zwangen, fehlt uns jeder Hinweis. Vielleicht kamen sie einfach durch ihre Gewohnheiten beim Landbau dazu: Wie Caesar in seinem *Bellum Gallicum* (6,22) 350 Jahre später bemerkt, bebauten die Kelten ein Areal ein Jahr lang, ein Jahr verwendeten sie es als Weideland, und dann zogen sie in ein neues Gebiet weiter. Die Stämme waren also ohnehin dauernd unterwegs. Außerdem lockten sie vielleicht die Bodenschätze, vor allem die reichen Eisenerzvorkommen auf Elba und in Nordetrurien, denn sie waren sehr begabt und geschickt in der Metallverarbeitung.

Die Gallier ließen sich zwar tatsächlich auf einem Teil des eroberten Landes nieder, und es blieb jahrhundertelang in ihrer Hand, bis es die Römer ihrerseits als Gallia Cisalpina annektierten, aber im Grunde waren und blieben sie ein Nomadenvolk. Sie entwickelten neuartige zwei- und vierrädrige Wagen zum Transport ihres Hab und Guts, die sie außerdem im Notfall als Wagenburg verwenden konnten. Mit diesen Gefährten, die auf fast allen keltischen Abbildungen dargestellt sind, wurde die schnelle Fortbewegung möglich, für die die Kelten berühmt waren. Auch ihre Kampfkraft war gefürchtet. Die Römer übernahmen die Erfindung dieses Wagens zusammen mit den verschiedenen Namen (*carpentum, essedum, rheda* u. a.). Ein Teil der Stämme setzte sich also friedlich in der Poebene fest, was wir bei Ausgrabungen und in den Ortsnamen auf -*ago* noch heute erkennen können (z. B. Ombriago, Maluago, Vercurago), während andere Stämme unaufhaltsam weiterzogen. Sie eroberten Marzabotto, hielten sich dort aber nicht lange. Im Nordteil dieser Etruskerstadt findet sich ein kleiner keltischer Bestat-

* *Die Etrusker.* (RUB 7989) Stuttgart 1971, S. 357.

tungsplatz mit einigen Grabbeigaben, so etwa Eisenschwerter, und eine Gruppe kleiner keltischer Hütten, aber alles deutet auf eine nur kurzzeitige Besiedlung hin.

Sizilien

Während in Norditalien die Gallier ziellos umherwanderten, regten sich im Süden neue Kräfte. Schon seit hundert Jahren war Syrakus die wichtigste Stadt auf Sizilien. Zu Beginn des fünften Jahrhunderts v. Chr. hatten große Tyrannen wie Hieron die Stadt zu einer Metropole gemacht, aus der die Sieger in den Hauptdisziplinen bei den Olympischen Spielen kamen und die die bedeutendsten Dichter Griechenlands wie Aischylos und Pindar anzog. Die Tyrannis wurde abgeschafft, aber in neuerer Zeit (415–412 v. Chr.) hatte Syrakus glorreich zwei athenische Angriffe abgeschlagen und war eine Militärmacht geworden, mit der man rechnen mußte. Im Jahre 405 wurde ein begabter junger Mann mit Namen Dionysios (I.) zum alleinigen Heerführer gewählt, der mit Erfolg die Tyrannis wieder einführte. Er hatte hochfliegende Pläne: Er wollte die Einflußsphäre von Syrakus über ganz Sizilien und Süditalien ausdehnen und zugleich die Karthager demütigen, die immer noch mehrere Stützpunkte auf Sizilien innehatten (z. B. Motye). 392 v. Chr. schloß er deshalb einen Vertrag mit den Karthagern, der ihren Einfluß auf die Nordwestecke der Insel beschränkte, so daß er sich nun ganz auf das italische Festland konzentrieren konnte. Nach vier Jahren Kampf konnte er Rhegium (heute Reggio di Calabria) einnehmen – damit war der Weg nach Norden frei.

Clusium und Caere

Vier Kräfte wetteiferten also um die Macht im Herzen Italiens: Griechen, Karthager, Etrusker und Gallier. Karthager und Etrusker waren schon lange verbündet (s. S. 86 f.), aber die Karthager konnten hier nicht viel Hilfe bieten. Die Etrusker waren von zwei Seiten bedroht. Offenbar hat die gemeinsame Gefahr sie auch diesmal wieder zu keiner Einigung gebracht, genau wie damals, als dies zur Verteidigung von Veii notwendig gewesen wäre.

Das einzige Anzeichen dafür, daß sich die Etrusker auf einen Kampf vorbereiteten, sind die Mauern, die sich die etruskischen Städte zulegten; viele von ihnen sind von erstaunlicher Ausdehnung. Die Mauer von Tarquinii erstreckte sich über 9 Kilometer, die Mauern von Volterra und Volsinii immerhin auch noch über etwa 7,5 Kilometer. Mindestens zwei Städte aber wandten sich an Rom um Unterstützung, wohl weil sie an seine strategisch günstige Lage und seine militärische Macht dachten, die es erst vor kurzem bewiesen hatte.

Die erste war Clusium, das dem Vormarsch der Kelten im Wege stand. Es stand schon lange mit Rom in Verbindung (s. S. 94), schon wegen des Handels in der Poebene, vor allem mit Salz. Nach Livius (5,33) schickten die Römer auf Clusiums Hilferuf hin die Fachleute für etruskische Angelegenheiten, nämlich einige Fabier (s. S. 122), als Beschwerdedelegation zu den Galliern. Doch die Lage spitzte sich dadurch nur weiter zu. Wahrscheinlich wollten die Römer einfach nur herausfinden, was dort geschah; diese Version finden wir jedenfalls bei Diodor (14,113,3–5). Römische Streitkräfte lagen 388 v. Chr. bei Volsinii (Bolsena oder Orvieto) und einem Ort in der Nähe, Sapienum oder Sappinum. Diese Orte sind so weit von Rom entfernt – über 90 Kilometer –, daß ein Kriegszug der Römer als Erklärung für ihre Anwesenheit dort nicht in Frage kommt. Sie wollten entweder versuchen, ganz allgemein Informationen zu erhalten oder aber die Städte zur Zusammenarbeit gegen die Invasoren zu gewinnen. Weiter hören wir nichts mehr von Clusium.

Caere dagegen hatte noch engere Beziehungen zu Rom, und zwar wahrscheinlich schon seit frühester Zeit. In Caere befindet sich ein Grab für mindestens fünfunddreißig Tarquinier; und der Überlieferung nach war Caere ja auch der erste Zufluchtsort für die vertriebenen Tarquinierkönige (Livius 1,60,2). Das ganze fünfte Jahrhundert hindurch scheinen Rom und Caere in Frieden, wenn nicht sogar als Verbündete miteinander gelebt zu haben. Ihre Interessen ergänzten sich ja auch gegenseitig. Caere besaß die einzigen für Rom geeigneten Häfen: Pyrgi, Alsium (Palo) und Punicum (Santa Marinella), da Ostia damals noch lediglich für die Salzgewinnung von Bedeutung war. Caere und Rom waren durch die Vejenter von Mittelitalien abgeschnitten; sie waren also beim Handel mit dem Landesinneren von Veiis

Gnade abhängig. Beide haben sich anscheinend besonders gut mit den Karthagern geeinigt (s. S. 87). Zwei religiöse Geschehnisse aus der Zeit des Krieges mit Veii – das erste *lectisternium* in Rom und die Prophezeiung über den Albaner See (s. S. 164) – weisen auf Kontakte zu Delphi hin; und Caere hatte, wie wir wissen, als einzige etruskische Stadt ein Schatzhaus in Delphi. So kamen die Römer natürlicherweise über Caere zu Beziehungen zu Delphi.

In dieser Verbindung zwischen Rom und Caere liegt vielleicht die Lösung für die entscheidende Frage: Warum machten sich die Kelten überhaupt die Mühe, Rom anzugreifen? Es machte sich zwar allmählich einen Namen, aber eine lange Belagerung war es nicht wert, und es gab viel verlockendere Ziele. Wir sind auf dem richtigen Weg zu einer Antwort, wenn wir uns folgende scheinbar unzusammenhängende Fakten ansehen:

1. Kurz nach der Einnahme Roms taten sich die Kelten mit Dionysios I. zusammen (Iustinus 20,5,4–6).

2. Der Geograph Strabon – ein Zeitgenosse Livius', der sich auf viel ältere Quellen stützt – berichtet, daß die Kelten von den Caeretanern geschlagen wurden, als sie nach der Plünderung Roms die Stadt verließen (5,2,3 p. 220). Vielleicht meint Diodor (14,117,7) dasselbe, wenn er schreibt, daß die Kelten von den *Cerii* in der »trausischen« Ebene geschlagen wurden; aber die Bedeutung von »trausisch« ist nicht bekannt.

3. Zwei Jahre später nahm Dionysios Caeres Hafen Pyrgi ein, nachdem er zwei Jahre lang das Meer vor der Westküste Italiens unsicher gemacht hatte (Diodor 15,14,3–4).

4. Caere und Rom schlossen sich während der Kelteneinfälle zusammen (s. S. 180 f.).

Als Folgerung drängt sich auf: Dionysios und die Gallier arbeiteten zusammen. Als Verbündeter von Caere mußte Rom vernichtet werden; das gehörte zu Dionysios' umfassendem Plan, die Bedrängnis durch die Gallier im Norden auszunutzen und sich Mittelitaliens und Etruriens zu bemächtigen.

Die Kelten in Rom – Sage und Wirklichkeit

Wie die Wahrheit auch ausgesehen haben mag, jedenfalls betrat Rom jetzt die Bühne. Das hatte eine große historische Veränderung zur Folge. Bisher hatten wir die römische Geschichte relativ isoliert betrachten können. Rom hatte sich nur selten in internationale Politik eingemischt, und die Schlacht bei Cumae (474 v. Chr.) ist eine der wenigen Ausnahmen. Im großen und ganzen entwickelt sich Rom wie in einem Kokon, und nur eine eigene Chronologie und Zivilisation in bezug auf die unmittelbaren Nachbarn waren für die Geschichtsschreiber von Interesse. Aber mit dem Galliereinfall tritt die Stadt in Verbindung mit dem Rest der damals bekannten Welt, und nun haben wir zum ersten Mal Gelegenheit, geschichtliche Ereignisse durch den Vergleich mit den viel detaillierteren und genaueren Daten in der griechischen Überlieferung in absoluter Chronologie zu fixieren. Aristoteles war die Einnahme Roms durch die Gallier bekannt, und so wurde diese Tatsache von einem Geschichtsschreiber zum anderen weitergereicht. Polybios (1,6,1–2), der um 150 v. Chr. schrieb, konnte also eine exakte Zeitbestimmung geben: »Rom fiel an die Gallier im neunzehnten Jahr nach der Schlacht von Aigospotamoi (Seeschlacht im Krieg zwischen Athen und Sparta), im sechzehnten Jahr vor der Schlacht bei Leuktra, und im selben Jahr, als der Frieden von Antalkidas (von den Griechen) geschlossen wurde und Dionysios . . . Rhegion belagerte.« Nach unserer Zeitrechnung ist das das Jahr 387/86 v. Chr. Wie wir schon festgestellt haben (s. S. 9), datierten die Römer nach ihren jährlich wechselnden Beamten, und diese Datierung war um vier Jahre verschoben. So ist das entsprechende Jahr nach römischer Rechnung also 390, so wie ja auch nach römischer Zählung die Tarquinier 510 vertrieben wurden, während höchstwahrscheinlich als richtiges Datum 507 anzusetzen ist.

Am 18. Juli 387 v. Chr. – der Tag ist im römischen Kalender verewigt – wurde das römische Heer unter Q. Sulpicius am Zusammenfluß von Allia (Fosso della Bettina) und Tiber einige Kilometer nördlich von Rom entscheidend geschlagen. Eine Anzahl Römer fiel in der Schlacht, andere ertranken beim Versuch, den Tiber zu überqueren, aber der größte Teil der Überlebenden schaffte die Flucht über den Fluß nach Veii. In Rom waren kaum Verteidiger zurückgeblieben – die Stadt ließ sich ja eigentlich auch nicht verteidigen – und war den Galliern schutzlos preisgegeben. Nur das Kapitol konnte als eine Art Bollwerk gelten.

Die Berichte über die Besetzung durch die Gallier sind als solche nicht interessant, aber sie bieten ein so aufschlußreiches Beispiel für die Entwicklung der römischen Geschichtsschreibung, daß sie eine genauere Behandlung verdienen. Kurz zusammengefaßt geschah nach Livius (5,39ff.) und Diodor (14,114ff.), die die Überlieferung wiedergeben, etwa folgendes: Als man alle Hoffnung aufgegeben hatte, Rom retten zu können, brachten der Quirinalspriester und die Vestalinnen die heiligen Schätze nach Caere in Sicherheit. Unterwegs trafen sie auf einen anderen Flüchtling, L. Albinius, der sie auf seinem Karren mitnahm. Die übriggebliebenen Einwohner Roms zogen sich aufs Kapitol zurück; nur einige alte Senatoren blieben standhaft zu Hause und erwarteten in der Amtsrobe ihren Tod. Die Gallier drangen ein, und einer von ihnen berührte den Bart von M. Papirius (um festzustellen, ob diese reglosen Gestalten Statuen oder lebende Menschen waren). Als dieser mit seinem Elfenbeinstab zuschlug, faßten die Gallier dies als Provokation auf und ermordeten alle; keiner leistete Gegenwehr. Dann zündeten sie die Stadt an. In der Zwischenzeit richteten die Römer ihre Hoffnung auf Camillus, der seit seiner Verbannung nach dem Sieg über Veii in Ardea lebte. Man wandte sich an ihn mit der Bitte, zurückzukehren und den Oberbefehl über die Truppen zu übernehmen, die nach der Schlacht an der Allia nach Veii entkommen waren. Camillus aber zögerte so lange, bis er von Rom direkt und offiziell anerkannt worden war. Dies verschaffte ihm Pontius Cominius, ein beherzter junger Mann (Livius 5,46,8), auf ungewöhnlichem Wege: Er ließ sich auf dem Tiber bis Rom treiben, kletterte aufs Kapitol, ließ sich das entsprechende Dokument ausstellen (ein Senatsgesetz zur Bekräftigung von Camillus' Macht: *imperium*; s. S. 55) und kehrte auf demselben Weg wieder zurück. Camillus bereitete sich nun auf die Entsetzung Roms vor, aber er mußte sich beeilen, denn die Zeit wurde knapp. Ein kühner Sturmangriff auf das Kapitol war nur durch das Geschnatter der heiligen Gänse und die kurzentschlossenen Maßnahmen des M. Manlius abgeschlagen worden. Hunger und Seuchen schwächten Belagerer und Belagerte gleichermaßen, bis man sich endlich auf einen Kompromiß einigte. Die Gallier erklärten sich bereit, von Rom abzurücken, wenn ihnen die Römer hohe Reparationen zahlten. Diese wurden gerade abgewogen, da kam Camillus an und brach die Verhandlungen ab. Bei der anschließenden Schlacht in den Ruinen von Rom errangen die Römer einen klaren Sieg. So hatte Camillus wieder einmal seine Stadt gerettet.

Der Historiker von heute, der sich in diesem Wust von Dichtung und Wahrheit zurechtfinden will, muß zwischen drei

Arten von Erfindungen unterscheiden: Jenen, die Roms Demütigung mildern sollen; jenen, die als *aitia* (Entstehungssagen) für Gesetze oder religiöse Praktiken verwendet wurden; und schließlich solchen, die sich an entsprechende griechische Parallelen anlehnen (etwa die Einnahme und Plünderung Athens durch die Perser). Was dann noch übrigbleibt, muß wohl der authentische Bodensatz der mündlichen Überlieferung sein.

1. Die ganze Episode mit Camillus' Eingreifen und anschließendem Sieg über die Gallier ist sehr wenig glaubwürdig. Polybios erwähnt ihn überhaupt nicht. Noch auffallender ist es, daß Aristoteles (Frg. 610 Rose = Plutarch, Camillus 22,4) nur fünfzig Jahre nach den Ereignissen als Retter Roms einen Lucius nennt. Camillus' Vorname war aber Marcus; Aristoteles meint also wahrscheinlich den L. Albinius, der die *sacra* rettete. Der wichtigste Heerführer war offensichtlich Q. Sulpicius. Bis zum zweiten Jahrhundert wird dieser Sieg bei keinem römischen Geschichtsschreiber erwähnt; er wurde also dem bei Strabon erwähnten Sieg von Caere nachempfunden, damit Rom vor der Nachwelt besser dastand.

Ist es da nicht auch verwunderlich, daß das Kapitol ausgehalten haben soll? Bei dem Dichter Ennius, der um 200 v. Chr. schrieb, kann man zwischen den Zeilen lesen, daß das Kapitol zusammen mit dem Rest der Stadt an die Gallier fiel, und ein Echo dieser Darstellung finden wir auch bei einem anderen Dichter, nämlich Lucan. Andererseits förderten Ausgrabungen keine Spuren von Zerstörung zutage, soweit man noch Überreste der Stadt finden kann. Auch die Episode von Manlius und den Gänsen läßt sich nicht aus der Welt schaffen. Sie hat keine griechischen Vorgänger und gehört zu den äußerst seltenen Legenden rein römischen Ursprungs. Sie soll klarmachen, daß das Kapitol *nicht* von den Galliern besetzt wurde, zumindest nicht zu diesem Zeitpunkt.

Camillus' Auftritt als *deus ex machina* fünf Minuten vor zwölf, gerade als die Reparationssumme abgewogen wurde, können wir ohne schlechtes Gewissen gleich beiseite lassen. Die Bezahlung der Summe selbst allerdings wird bestätigt durch die Tatsache, daß einige Kaufleute aus Marseille (der reichsten griechischen Kolonie im Westen, mit alter Bindung an Rom) dazu beisteuerten, und daß die Römer den Marseillern aus Dank besondere Handelsprivilegien zugestanden (Iustinus 43,5,10). Aber zwei weitere Probleme bleiben bestehen. Der Überlieferung nach mußten die Römer 100 Pfund Gold bezahlen, aber 52

v. Chr. fand Pompeius bei Ausgrabungen unter dem Tempel von Iuppiter Optimus Maximus ein Versteck, das 200 Pfund enthielt. Allerdings brauchen wir keine Verbindung zwischen diesem Fund und der Reparationssumme zu vermuten. Zum zweiten verknüpfte man im Laufe der Zeit ein Sprichwort mit dieser Episode. Beim Wiegen des Goldes beklagten sich die Römer, daß die Gewichte nicht stimmten; doch der Anführer der Gallier warf nur sein Schwert auf die Waagschale und rief: »Wehe den Besiegten!« (*Vae victis!*) Diese romantische Szene dient nur zur Illustration der Binsenwahrheit, daß das Recht (dessen Symbol das Schwert ist) immer auf seiten des Stärkeren ist.

2. Die blutrünstige, aber eindrucksvolle Anekdote von der Niedermetzelung der greisen Senatoren hat ihren Ursprung sicher in der Gedankenverbindung mit dem Ritual, bei dem sich ein ehemaliger Konsul selbst als stellvertretendes Opfer für das ganze Volk dem Tode weihte (*devotio*). Berühmt ist der Fall des P. Decius Mus im Jahre 340 v. Chr. Auslöser für die Anekdote war wohl der Name M. Papirius. Die Familie der Papirier war der Hort des Wissens um die kultischen Regeln und Rituale. Der erste *pontifex maximus* und der erste *rex sacrorum* nach der Gründung der Republik im Jahre 507 v. Chr. soll ein Papirier gewesen sein, und die erste Sammlung von Kultgesetzen war unter dem Namen *Ius Papirianum* bekannt.

Die Heldentat des Pontius Cominius fällt in eine ähnliche Kategorie. Es handelte sich um eine rechtliche und zugleich religiöse Streitfrage. Konnte jemand das Heer führen, ohne vorher nach allen Regeln dazu bestellt worden zu sein? Es ging nicht nur um Autorität oder Zweckdienlichkeit bei einem nicht ganz legalen Vorgehen; wenn ein Heerführer nicht auch auf religiösem Gebiet völlig abgesichert war, konnte er nicht den Willen der Götter vor der Schlacht befragen, und damit würde er automatisch den Unwillen der Götter auf sich ziehen, so wie es 54 v. Chr. Crassus erging, als er eilends in den Osten aufbrach, ohne die erforderlichen Zeremonien zu berücksichtigen. Also mußten das römische Volk und der Senat befragt werden. Vielleicht gab es eine Sage in der Cominierfamilie, daß einer von ihnen während der Belagerung durch die Gallier durch die Reihen geschlüpft sei; aber es ist etwas ganz anderes daraus geworden.

Noch eine weitere Episode illustriert dieses Bedürfnis nach religiöser Rechtfertigung. Die allermeisten römischen Familien hatten ihren eigenen Kult, oft an ganz bestimmten Orten. Man durfte ihn nicht vernachlässigen, wenn man nicht durch dieses Sakrileg allgemeine Schande und himmlischen Groll auf die Familie herabrufen wollte. Cato der Ältere hielt einst eine Rede gegen einen gewissen L. Veturius, dem er als Zensor den Ritterstatus aberkannt hatte. Als einen der Gründe für diesen Schritt gab er an, daß Veturius seinen Familienkult vernachlässigt habe, bei dem man Wasser vom Anio zum Schrein bringen mußte. Während der Belagerung durch die Gallier schlüpfte einer der Fabier auf dem Kapitol, C. Fabius Dorsuo, durch die Reihen, um seine religiösen Pflichten am Familienschrein auf dem Quirinal zu erfüllen. Er schaffte es, aber die Gallier fanden heraus, auf welchem Weg er hingekommen war, versuchten, auf demselben Wege hinaufzukommen, und konnten nur durch die wachsamen Gänse daran gehindert werden. Wahrscheinlich steckt kein historischer Kern in dieser Episode, und sie wurde nur erfunden, um die Bedeutung der Familienkulte zu betonen und die Frömmigkeit der Fabier hervorzuheben.

Bisher haben wir also festgestellt, daß die Gallier Rom mehrere Monate lang belagerten, wobei ihnen eine Garnison auf dem Kapitol heldenhaft Widerstand leistete, und daß sie schließlich mit Gold abgefunden wurden. Die Angabe der Tradition über die gallische Brandlegung in Rom wird vom archäologischen Befund nicht bestätigt: Es findet sich kein Beweis für Feuerschäden, der sich auf 386 v. Chr. datieren ließe. Bei einer Schicht zerbrochener Dachziegel und verkohlten Holzes an der Stelle des Vulcanal auf dem Forum, von der man angenommen hatte, sie stamme aus dem frühen vierten Jahrhundert, hat sich herausgestellt, daß sie etwa hundert Jahre älter ist. Meiner Ansicht nach wurde der Brand als Parallele zur Zerstörung Athens durch die Perser erfunden.

Als letzte Anekdote müssen wir noch die Umquartierung der *sacra* nach Caere in Betracht ziehen. Sie waren normalerweise in einem besonderen Raum im Vestatempel untergebracht. Varro schreibt, sie bestanden aus sieben Gegenständen, die den Bestand Roms gewährleisten sollten (Servius, zu Aeneis 7,188): die Nadel der Göttermutter, der Terrakotta-Wagen aus Veii, die Asche des Orest, das Szepter des Priamos, der Schleier der Ilione, das Palladium (eine angeblich aus Troja stammende Athenastatue) und die Schilde der Salier (*ancilia*). Diese Liste stammt allerdings wahrscheinlich erst aus dem dritten Jahrhundert, als Roms Herrschaftsanspruch wuchs. Den Terrakotta-

Wagen hätte man ohnehin nicht bewegen können. Nach einer anderen Überlieferung gehörten zwei altehrwürdige Krüge (*doliola*) und zwei Penatenstatuetten zu den heiligen Schätzen. Woraus auch immer die *sacra* bestanden, sie repräsentierten die Seele Roms und sicherten Roms Bestand, solange sie vorhanden waren. L. Albinius' Hilfe beim Transport der *sacra* an einen sicheren Ort galt in dem religiös gefärbten Klima jener Zeit mehr als jedes Gefecht. Deshalb nennt ihn Aristoteles den Retter Roms. Und deshalb nannte ein späterer Staatsmann, der eine Albinierin geheiratet hatte, im Gedenken an den *flamen Quirinalis* aus der Episode mit L. Albinius seinen Sohn Quirinalis. Und deshalb wurde Jahrhunderte später folgende Inschrift aufgestellt:

[Als die Gallier] das Kapitol [be]lagerten,
führte er die [Ve]stalinnen nach Caere:
Dort machte er es zu seiner Aufgabe, sicherzustellen,
daß die [Opfer] und Zeremonien nicht [unterbro]chen wurden.
[Als die Stadt zurückge]wonnen war, brachte er
die heiligen Dinge und die Vestalinnen zurück [nach Rom].

(CIL VI 1272)

Daß Caere tatsächlich die Heiligtümer Roms rettete, zeigt sich auch an der Hochschätzung, die es seither bei den Römern genoß. An diesem Punkt aber stoßen wir auf einen unlösbaren Widerspruch, der das Ganze zu einer der am meisten umstrittenen Streitfragen macht. Livius (5,50,3) berichtet, daß die Einwohner von Caere durch die Verleihung des »Staatsgastrechts« geehrt wurden, eines besonderen Rechtsstatus, der es ihnen gestattete, in Rom ein und aus zu gehen, ohne den Forderungen und Steuern unterworfen zu sein wie die römischen Bürger. Später jedoch gab es ein Register, die Caeretanischen Tafeln, in dem die Zensoren die Namen der Bürger notiert hatten, die aus irgendwelchen Gründen des Wahlrechts beraubt worden waren (Gellius 16,13,7; Horaz, Epistulae 1,6,62–63). Es bedeutete ungeheure Schande, auf dieser Liste zu stehen: Damit war man ein Bürger mit allen Verpflichtungen, Steuern und sonstigen Zahlungen, aber ohne das Wahlrecht. Die beiden Zeugnisse widersprechen sich völlig. Es gibt zwei Erklärungsversuche dafür:

1. Der Status eines Bürgers ohne Wahlrecht war ursprünglich ehrenvoll und hochangesehen und wurde erst im Laufe der Zeit zu einem zweitklassigen Stand abgewertet. Die Bewohner von Caere hatten dieses Ehrenrecht 386 v. Chr. bekommen, aber

Livius hatte es irrtümlich mit dem »Staatsgastrecht« gleichgesetzt.

2. Die Caeretaner erhielten tatsächlich das »Staatsgastrecht«, aber in den folgenden hundert Jahren verschlechterten sich die Beziehungen bis zu einem Punkt (A. Toynbee – s. Literaturhinweise – nimmt dafür 274/73 v. Chr. an), an dem Caere richtiggehend annektiert wurde, und zwar als Gemeinde zweiten Ranges ohne Wahlrecht. Diese Erklärung entspricht der Art und Weise der Beziehung zwischen den beiden Städten und ihrer historischen Umstände eher als die erste.

Rom nach der Zerstörung

Als sich die Lage beruhigt hatte und die Gallier abgezogen waren, als die *sacra* von Caere wieder nach Rom gebracht worden waren und der Kampf zwischen Etruskern, Galliern und Sizilianern endlich beendet war, wo stand da Rom? Die Wahrheit läßt sich nur schwer herausfinden. Antike wie moderne Historiker neigen immer zu der Auffassung, die Entwicklung Roms zu einer Weltmacht sei geradlinig und ungestört vor sich gegangen. Tatsächlich aber hatte Rom 386 v. Chr. einen Wendepunkt erreicht: Die Stadt lag in Trümmern, und große Wiederaufbaumaßnahmen waren erforderlich und wurden provisorisch auch wirklich durchgeführt, wie die Anlage der Straßen beweist.

Was die Außenpolitik betrifft, so behielt Rom die Herrschaft über das Territorium Veiis. Aus dem hartnäckigen Gerücht, daß die Römer ihre zerstörte Stadt verlassen und nach Veii übersiedeln wollten, und der Tatsache, daß sich die Reste des römischen Heeres nach der Schlacht an der Allia dort wieder sammelten, könnte man allerdings schließen, daß Veii einen Teil seiner Unabhängigkeit zumindest für einige Zeit wiedergewonnen hat. Sonst sah die Lage überall düster aus. Der Latinerbund stand ohne Hilfe allein da, verschiedene angeschlossene Kolonien wie Velitrae, Vitellia oder Satricum verschwinden und fallen an die Volsker, die nun selbstbewußt wieder auftauchen. Der Latinerbund löst sich praktisch auf, und Rom muß sich in Latium wieder auf die Grenzen zurückziehen, die es hundert Jahre zuvor beherrscht hatte. Die Innenpolitik ruhte. Camillus und Manlius führten zwar eine Wiederbelebung herbei, aber die großen politischen Probleme lagen auf Eis, bis man sich in Rom wieder den Luxus eines Parteienkampfes leisten konnte. Seit dem Dezemvirat zwei Generationen zuvor hatte sich nur sehr wenig geändert.

Die Eroberung durch die Gallier markiert einen großen Moment in der Geschichte Roms; sie schließt einen Abschnitt seiner Geschichte ab. Nach römischer Chronologie fiel sie ins 365. Jahr der Stadt – ein besonderes Jahr, da das Jahr ja 365 Tage hat, wie Livius den Camillus in seiner Rede betonen läßt (5,54,5); ebenso spürten die Menschen voller Schrecken im Jahre 398 n. Chr., also in römischer Zählung 365 Jahre nach der Kreuzigung Jesu, daß ein Zeitalter zu Ende ging.

Anhang
von Kai Brodersen

Abb. 16: Italien

Die im folgenden aufgeführten Daten entsprechen der traditionellen römischen Chronologie. Dabei sind die meisten Angaben für die Königszeit rein fiktiv (und hier als trad. gekennzeichnet), die für die Republik in der römischen Zählung wahrscheinlich um vier Jahre nach hinten verschoben. So wird etwa der Galliereinfall in Rom in den frühesten Quellen mit Ereignissen in Griechenland zeitlich gleichgesetzt, die sicher im Jahre 386 v. Chr. stattfanden; die römische Zeitrechnung datiert ihn auf 390.

Ereignisse in Rom		*Ereignisse im Ausland*	
		856	(trad.) Gründung Karthagos
753	(trad.) Gründung Roms		
625–600	Ankunft der Etrusker in Rom		
616–578	(trad.) L. Tarquinius Priscus	594	Solon Archon in Athen
578–534	(trad.) Servius Tullius	um 547	Schlacht bei Alalia
um 540	Dianatempel		
534–510	(trad.) L. Tarquinius Superbus		
510	Vertreibung der Tarquinier; Tempel für Iuppiter Optimus Maximus; Vertrag mit Karthago	510	Vertreibung der Peisistratiden
507–506	Porsennas Angriff auf Rom		
506 ?	Schlacht bei Aricia		
497	Saturntempel		
496	Schlacht am Lacus Regillus		
496–495	Vertrag mit den Latinern durch Sp. Cassius		
495	Merkurtempel		
494	Erster Auszug der Plebs		
493	Cerestempel		
		490	Schlacht bei Marathon
486	Putsch des Sp. Cassius		
479	Schlacht an der Cremera	480/79	Schlacht an den Thermopylen
		474	Schlacht von Cumae

Ereignisse in Rom		*Ereignisse im Ausland*	
471	Einführung der Tribus-versammlung		
		470	Eindringen der Gallier in Italien
451	Dezemvirat		
449	Zweiter Auszug der Plebs; Valerius und Horatius Konsuln	449	Kallias-Friede
444	Einführung des Militär-tribunats		
443	Einführung des Zensor-amts	443	Gründung von Thurioi
441 ca.	Putsch des Sp. Maelius		
437–26	Krieg mit Fidenae		
		431–404	Krieg zwischen Athen und Sparta
		429	Pest in Athen
		423	Einnahme von Capua durch die Osker
406–396	Krieg mit Veii	405	Schlacht an den Aigos-potamoi
396	Einnahme Veiis	405–367	Dionysios I. Tyrann von Syrakus
390	Einnahme Roms durch die Gallier	386	Antalkidas-Friede

Quellenübersicht

Archäologische Quellen

Publikationen von Ausgrabungen und Funden sind in den Literaturhinweisen jeweils angegeben.

Inschriften

Griechische Inschriften werden in dieser Ausgabe nach dem Corpus *Insciptiones Graecae* (Berlin, seit 1873) – IG – bzw. nach dem *Supplementum Epigraphicum Graecum* (Leiden, seit 1923) – SEG – zitiert.
Etruskische Inschriften sind nach der Sammlung von M. Pallotino, *Testimonia Linguae Etruscae* (Biblioteca di Studi Superiori 24) Florenz ^{2}1968 – TLE^2 – gegeben.
Lateinische Inschriften sind grundsätzlich nach dem *Corpus Inscriptionum Latinarum* (Berlin, seit 1862) – CIL – zitiert. Publikationen von Neufunden sind in den Fußnoten angegeben.

In den deutschen Übersetzungen (von Kai Brodersen) sind im Original verlorene, aber von modernen Forschern ergänzte Textteile in eckige Klammern [ ] gesetzt, runde Klammern ( ) umfassen Erläuterungen des Übersetzers, durch . . . sind Auslassungen gekennzeichnet.

Literarische Quellen

Im folgenden sollen die wichtigsten Autoren, auf deren Werken unsere Kenntnis der römischen Frühgeschichte beruht, in chronologischer Ordnung unter dem Gesichtspunkt ihrer Bedeutung als Quelle knapp vorgestellt werden: Cicero, Dionysios, Fabius, Festus, Livius, Ovid, Piso, Plutarch, Strabon, Timaios, Varro und Vergil.
Über antike Autoren findet man zuverlässige Informationen in den Artikeln in *Der Kleine Pauly. Lexikon der Antike*. 5 Bde, München 1964–1975; Nachdruck (dtv 5963) München 1979, und im *Tusculum-Lexikon griechischer und lateinischer Autoren*. München, Zürich ^{3}1982

TIMAIOS
Timaios aus Taormina (Sizilien), griechischer Historiker (ca. 350–260 v. Chr.). Schrieb als erster ausführlich über italische und römische Geschichte. Sein Werk ist nur in Zitaten bei späteren Autoren fragmentarisch erhalten.

F. Jacoby, *Die Fragmente der griechischen Historiker (FGrHist).*
Bd. 3 B, Leiden 1950 (Text); Bd. 3 b, Leiden 1955 (Kommentar),
Nr. 566 (Keine deutsche Übersetzung)

FABIUS

Q. Fabius Pictor, der erste römische Historiker (*floruit* ca. 225–200
v. Chr.). Seine Darstellung der römischen Königszeit und frühen Republik prägte die späterer Autoren nachhaltig. Das Werk ist nur in Fragmenten und Auszügen erhalten.

H. Peter, *Historicorum Romanorum Reliquiae.* Bd. 1, Leipzig [2]1914,
S. 5 ff.; 112 ff. (Keine deutsche Übersetzung)

PISO

L. Calpurnius Piso (Konsul 130 v. Chr.). Nutzte als erster römischer
Historiker in größerem Umfang frühes Archivmaterial für sein ebenfalls nur in Fragmenten erhaltenes Werk.

H. Peter, *Historicorum Romanorum Reliquiae,* Bd. 1, S. 120 ff. (Keine
deutsche Übersetzung)

VARRO

M. Terentius Varro (116–27 v. Chr.), römischer Antiquar (Altertumsforscher). Schrieb ausführlich über Sitten, Bräuche und Traditionen der
Römer. Seine *Antiquitates* sind nur in Zitaten bei späteren Autoren
erhalten, die Werke *De lingua Latina* und *De agricultura* ganz überliefert.

Varronis *De lingua Latina.* Edd. G. Goetz et F. Schoell, Leipzig 1910
(Keine deutsche Gesamtübersetzung)

CICERO

M. Tullius Cicero (106–43 v. Chr.), Anwalt und Politiker. War an Philosophie und auch sehr an Geschichte interessiert; sein nicht vollständig erhaltenes Werk *De re publica* enthält wertvolles älteres Material.

Cicero, *Vom Gemeinwesen.* Lat. u. Dt. v. K. Büchner. (RUB 9909)
Stuttgart 1979

DIONYSIOS

Dionysios von Halikarnassos (Kleinasien), griechischer Historiker.
Kam 30 v. Chr. nach Rom, wo er 8 v. Chr. starb. Neben rhetorischen
Werken schrieb er eine Geschichte Roms bis 264 v. Chr., in der er viele
Zeugnisse früherer Autoren verarbeitete.

Dionysios, *Römische Altertümer.* Übers. v. J. L. Benzler, 2 Bde, Lem-
go 1771–1772

STRABON

(Aelius) Strabon aus Pontos (Kleinasien), griechischer Geograph und
Historiker (64 v. Chr. bis nach 20 n. Chr.). Kam 29 v. Chr. nach Rom.

Seine *Geographie* in 17 Büchern umfaßt die ganze damals bekannte Welt.

Strabos *Erdbeschreibung*. Übers. v. A. Forbiger, 4 Bde, (Langen-scheidt'sche Bibliothek griech. und röm. Klassiker 52–55) Berlin ²⁻³ o. J.

VERGIL

P. Vergilius Maro aus Mantua, römischer Dichter (70–19 v. Chr.). In seinen Werken, vor allem in der *Aeneis*, verarbeitet er viele Legenden und Sagen der römischen Frühzeit.

Vergil, *Aeneis*. Lat. u. Dt. v. J. Götte. (Tusculum-Bücherei) München ⁴1979

LIVIUS

T. Livius aus Padua, römischer Historiker (59 v. Chr. – 17 n. Chr.). Seine römische Geschichte von der Gründung der Stadt bis 9 v. Chr. *(Ab urbe condita libri)* umfaßte 142 Bücher, von denen nur Buch 1–10 und 21–45 erhalten sind. Künstlerische Darstellung und philosophische Durchdringung des Inhalts waren seine Hauptanliegen. Für uns ist sein Werk die wichtigste zusammenhängende Quelle zur römischen Früh-zeit.

Livius, *Römische Geschichte seit Gründung der Stadt* (Buch 1–10). Übers. v. H. Dittrich, 2 Bde, (Bibliothek der Antike) Berlin, Weimar 1978

R. M. Ogilvie, *A Commentary on Livy Books 1–5*. Oxford 1965

OVID

P. Ovidius Naso aus Sulmo, römischer Dichter (43 v. Chr. – 18 n. Chr.). In manchen seiner Werke, vor allem in den *Fasti* – einer poeti-schen Wiedergabe des römischen Festkalenders –, verarbeitet er wert-volle Nachrichten über frühe religiöse Riten der Römer.

Ovid, *Die Fasten*. Lat., dt. u. Komm. v. F. Bömer, 2 Bde, Heidelberg 1958

PLUTARCH

Q. Mestrius Plutarchus aus Chaironeia (Boiotien), griechischer Histo-riker und Philosoph (ca. 45 – ca. 120 n. Chr.). Weitgereist, erwarb das römische Bürgerrecht. An römischer Geschichte sehr interessiert, ver-faßte er neben antiquarischen Werken eine Reihe paralleler Biographien von Griechen und Römern, u. a. über Romulus, Numa, Publicola und Camillus, die von seiner Beschäftigung mit römischer Frühgeschichte zeugen.

Plutarch, *Große Griechen und Römer*. Übers. v. K. Ziegler und W. Wuhrmann, 6 Bde, (Bibliothek der Alten Welt) Zürich, Stuttgart 1954–1965; (dtv 2068–2073) München 1981–1982

Festus

Sex. Pompeius Festus (*floruit* ca. 150 n. Chr.). Schrieb als Kurzfassung einer älteren Ausgabe des Verrius Flaccus ein Lexikon, das vielerlei antiquarisches Material über Bräuche, Lebensweise, Religion und archaische Sprache enthält.

Sexti Pompei Festi *De verborum significatu quae supersunt.* Ed. W. M. Lindsay [abgekürzt L.], Leipzig 1913 (Keine deutsche Übersetzung)

Literaturhinweise

Im folgenden sollen nicht nur wichtige Untersuchungen zu den in diesem Buch behandelten Problemen besprochen werden, sondern es soll auch weiterführende Literatur genannt werden.

Abgekürzt werden dabei ein Buch und drei Zeitschriften zitiert:

Entr. XIII   *Les origines de la republique romaine. Neuf exposés.* (Entretiens sur l'antiquité classique XIII) Vandœuvres, Genf: Fondation Hardt 1967

Historia   *Historia. Zeitschrift für Alte Geschichte.* Wiesbaden

JRS   *Journal of Roman Studies.* Rom, London

PBSR   *Papers of the British School at Rome.* Rom, London

Zu Kapitel 1

Das Standardwerk zur etruskischen Geschichte ist M. Pallotino, *Etruscologia.* Mailand [6]1968; von der 5. Auflage 1963 liegt eine deutsche Übersetzung vor: *Die Etrusker.* (Fischer Bücherei 604) Frankfurt a. M. 1965. Er hat auch eine Sammlung etruskischer Inschriften (TLE[2]; s. Quellenübersicht) vorgelegt und einen Überblick über das vorrömische Italien gegeben: *Gente e culture dell'Italia pre-romana.* (Guide 1. 2) Rom 1981. Außer R. Bloch, *Die Etrusker.* Köln 1960 und neben der kulturgeschichtlich orientierten Darstellung von Luisa Banti, *Die Welt der Etrusker.* Stuttgart 1960 und der an Archäologischem interessierten von H. Hencken, *Tarquinia and Etruscan Origins.* London 1968 ist K.-W. Weeber, *Geschichte der Etrusker.* Stuttgart 1979 zu nennen.

Die archäologischen Zeugnisse zur Frühzeit Roms sind am leichtesten in der von E. Gjerstad herausgegebenen und verfaßten Reihe *Early Rome.* Rom: Schwed. Archäol. Inst. 1953 ff. zugänglich. Die römische Chronologie bleibt umstritten: Während Gjerstad für die späteren Daten plädiert, vertreten andere Gelehrte vehement einen früheren Zeitansatz, etwa H. Müller-Karpe in seinen zwei Büchern *Vom Anfang Roms.* (Mitteilungen des Deutschen Archäologischen Instituts – Römische Abteilung – Ergänzungsheft 5) Heidelberg 1959, und *Zur Stadtwerdung Roms.* (ebd. Heft 8) Heidelberg 1962. Eine Übersicht über die Problematik verschafft die Rezension des Gjerstadschen Werkes von D. Ridgway, JRS 58 (1968) 235–240.

Im Zusammenhang mit der Mittelmeerkultur behandelt den Aufstieg Roms J. Heurgon, *Rome et la Méditerranée Occidentale jusqu'au guerres puniques.* Paris 1969. Die vielseitigen Beziehungen zwischen Etrurien, Latium und Kampanien werden in dem von D. und F. Ridgway herausgegebenen Sammelband *Italy before the Romans.* London 1979 besprochen. Vgl. außerdem auch T. J. Cornell, *Rome and Latium Vetus.* Archaeological Reports 26 for 1979–1980 (Journal of Hellenic Studies 100, 1980, Supplement), 71–88.

Zu Kapitel 2

Die Fragmente der frühen römischen Historiker finden sich in der Sammlung von H. Peter, *Historicorum Romanorum Reliquiae.* 2 Bde, Leipzig 1906 (I[2] 1914), bibliographisch erweiterter Nachdruck Stuttgart 1967. Ausgaben und Übersetzungen der antiken Geschichtsschreiber sind in der Quellenübersicht genannt.

Wie verläßlich oder aber tendenziös die frühen Historiker sind, untersuchen etwa P. G. Walsh, *Livy. His Historical Aims and Methods*. Cambridge 1961 und E. Badian in: T. A. Dorey (Hg.), *Latin Historians*. London 1966; wichtige Aufsätze sind zusammengefaßt in dem von V. Pöschl edierten Band *Römische Geschichtsschreibung*. (Wege der Forschung 90) Darmstadt 1969. Eine gute neuere Darstellung von Livius' Quellen, Technik und Anschauungen ist die von T. J. Luce, *Livy. The Composition of his History*. Princeton 1977; vgl. auch hier wieder einen Sammelband: E. Burck (Hg.), *Wege zu Livius*. (Wege der Forschung 132) Darmstadt ²1977.

Eine ausführliche aber einseitige Darstellung der schriftlichen Quellen bietet E. Gjerstad, *Early Rome*. Bd. 5, Lund 1973.

Zu Kapitel 3

Gjerstad (s. o. zu Kap. 1) gibt die beste Übersicht über die Archäologie der römischen Frühzeit. Die Probleme der Aeneas-Sage erörtert G. K. Galinsky, *Aeneas, Sicily and Rome*. (Princeton Monographs in Art and Archaeology 40) Princeton 1969. Vor etwa zehn Jahren hat man ein Grab aus dem 7. Jh. v. Chr. entdeckt, das im 4. Jh. zu einem Heiligtum umgewandelt wurde und mit dem bei Dionysios von Halikarnassos erwähnten Aeneasschrein identifiziert werden kann: P. Sommella, *Das Heroon des Aeneas*. Gymnasium 81 (1974) 273–297. Vgl. dazu T. J. Cornell, *Aeneas and the twins*. Proceedings of the Cambridge Philological Society 21 (1975) 1–32.

Die *Römische Religionsgeschichte* von K. Latte (Handbuch der Altertumswissenschaft V 4) München 1960 ist das Standardwerk zu diesem Thema. Unzuverlässig ist die Darstellung von G. Dumézil, *La religion romaine archaïque*. Paris 1969; gut lesbar, aber allzusehr der griechischen Terminologie verhaftet: F. Altheim, *Römische Religionsgeschichte*. 2 Bde, Berlin, Leipzig 1931–1933.

Eine ausführliche Untersuchung des römischen Triumphs hat H. Versnel vorgelegt: *Triumphus*. Leiden 1970; ergänzend dazu: S. Weinstock, *Divus Julius*. Oxford 1971 und Luisa Bonfante Warren, *Roman Triumphs and Etruscan Kings*. JRS 60 (1970) 49–66. *The Calendar of the Roman Republic* behandelt Anne K. Michels, Princeton 1967.

Die Bewaffnung in der Frühzeit Roms illustriert R. Bloch, *Les Origines de Rome*. Paris 1949. Den Zeitpunkt der Übernahme der Hoplitenbewaffnung behandelt grundlegend A. M. Snodgrass, *The Hoplite Reform and History*. Journal of Hellenic Studies 85 (1965) 110–122; vgl. nun O. Murray, *Das frühe Griechenland*. (dtv 4400) München 1982, Kap. 8. Über die Heeresorganisation der Zeit davor ist kaum etwas bekannt, das wenige hat R. E. A. Palmer gesammelt (*The Archaic Community of the Romans*. Cambridge 1970), der allerdings seine Erklärung fast ausschließlich auf *curiae* beschränkt. Eine zusammenfassende Geschichte der Waffentechnik bietet G. V. Sumner, *The Legion and the Centuriate Organization*. JRS 60 (1970) 67–78.

Die relative Bedeutung der Reiterei und ihre Beziehung zum Patriziertum diskutieren A. Alföldi, *Das frühe Rom und die Latiner*. Darmstadt 1977 (engl. 1965) und A. Momigliano, *Procum Patricium*. JRS 56 (1966) 16–24.

Zu Kapitel 4

Als Autorität für die Geschichte des lateinischen Alphabets gilt M. Lejeune, der seinen Standpunkt in seinen *Notes de linguistique italique XIII*. Revue des Études Latines 35 (1957) 88–105 darlegt. Zum inneren Aufbau des römischen Staates gibt R. E. A. Palmer (s. o. zu Kap. 3) einen guten Überblick und einige anregende Spekulationen.

Der namhafte französische Philologe und Anthropologe G. Dumézil (s. o. zu Kap. 3) hat in einer Reihe von Studien, v. a. in *Jupiter, Quirinus, Mars.* Paris 1949, gemeinsame Glaubens- und Gesellschaftsmuster zweier europäischer Völker verfolgt und daraus auf einen gemeinsamen Ursprung geschlossen.

Eine übersichtliche Darstellung der traditionellen Deutung der Tribus-Organisation bietet L. R. Taylor, *The Voting Districts of the Roman Republic.* (Papers and Memoirs of the American Academy at Rome 20) Rom 1960.

Zur Kontroverse zwischen Alföldi und Momigliano vgl. o. zu Kap. 3.

A. J. Toynbee, *Hannibals Legacy.* 2 Bde, Oxford 1965 untersucht in Bd. 2, S. 438–479, wie glaubhaft die Census-Zahlen sind. Vergleicht man die Größe des von Rom beherrschten Gebietes mit ähnlichen Herrschaftsbereichen jener Zeit, ergibt sich die Vermutung, daß die männliche Bevölkerung Roms insgesamt 30000 Mann nicht überstiegen hat.

Zu Kapitel 5

Der wichtigste Beitrag zum Verständnis der Reformen des Servius Tullius bleibt H. Last, *The Servian Reforms.* JRS 35 (1945) 30–48.

Den Diana-Kult auf dem Aventin interpretieren A. Momigliano (Rendiconti dell'Accademia dei Lincei 17 [1962] 387ff.) und A. Alföldi (s. o. zu Kap. 3) unterschiedlich.

Die neueste ausführliche Gesamtdarstellung ist die von R. Thomsen, *King Servius Tullius.* Gyldendal 1980.

Zu Kapitel 6

Den Tempel des Iuppiter Optimus Maximus stellt am klarsten Gjerstad (s. o. zu Kap. 1) Bd. 4, S. 588ff. dar; die Festspiele beschreibt Versnel (s. o. zu Kap. 3).

H. H. Scullard, *The Etruscan Cities and Rome.* London 1967, S. 234ff. behandelt die Ausdehnung Roms unter den Tarquiniern. Eine staunenswerte Beschreibung des Lebens der Etrusker bietet J. Heurgon, *Die Etrusker.* (RUB 7989) Stuttgart 1971.

Zu Kapitel 7

Das Datum der Vertreibung der Tarquinier und das der Einführung der republikanischen Verfassung ist heftig umstritten. Für das 5. Jh. v. Chr. plädieren u. a. R. Werner, *Der Beginn der römischen Republik.* München, Wien 1963, E. Gjerstad, *Legenden und Fakten der frühen römischen Geschichte.* In: Pöschl (s. o. zu Kap. 2), S. 367–458, und R. Bloch (s. o. zu Kap. 3) sowie *Tite-Live et les premiers siècles de Rome.* Paris 1969. Das Problem der plebejischen Namen in den Fasti (dazu K. Hanell, *Probleme der Römischen Fasti.* In: *Entr. XIII,* S. 175–191) stellt A. Drummond in seiner Rezension von *Entr. XIII,* JRS 60 (1970) 199–202 dar. Die Fasti selbst sind am leichtesten zugänglich in T. S. R. Broughton, *The Magistrates of the Roman Republic.* 3 Bde, New York 1951–1960.

Die Verträge zwischen Rom und Karthago sind äußerst umstritten. R. Werner (in H. Bengtson, *Die Staatsverträge des Altertums.* Bd. 2, München ²1975) hat das Material gesammelt (Nrr. 121 und 326); außer seinem Kommentar vgl. vor allem die Angaben von F. W. Walbank, *A Historical Commentary on Polybius.*

3 Bde, Oxford 1957–1979, Bd. I, S. 337ff. (und Nachträge in den späteren Bänden) zu Polybios 3, 22ff.; ferner Toynbee (s. o. zu Kap. 4) S. 519–555.

Die wohl verläßlichste Publikation der Inschriften von Pyrgi (TLE[2] 873–74) ist die von J. Heurgon, *The Inscriptions of Pyrgi*. JRS 56 (1966) 1–15. F. E. Brown hat die Ausgrabungen in der Regia geleitet und publiziert, vgl. seinen Überblick in *Entr. XIII*, S. 47–64.

Das Amt des *praetor maximus* behandelt J. Heurgon in seinem Essay *Magistratures romaines et magistratures étrusques*. In: *Entr. XIII*, S. 99–132. Das in diesem Zusammenhang wichtige Gesetz datiert E. S. Staveley in seinem *Forschungsbericht* zur Verfassung der römischen Republik in Historia 5 (1956) 74–112 auf 342 v. Chr.

Zu Macstarna ist lesenswert A. Momigliano, *Claudius the Emperor and his achievement*. Oxford 1934.

Die Ausgrabungen bei San Giovenale publiziert das Schwedische Archäologische Institut in Rom.

Über Aristodemos und seine Politik liegen zwei Arbeiten vor: B. Combet Farnoux, *Cumes, l'Étrurie et Rome*. Mélanges d'Archéologie et d'Histoire de l'École Française de Rome 69 (1957) 7–44 und C. G. Hardie, *The Great Antrum at Baiae*. PBSR 37 (1969) 14–33, spez. 17ff.

Grundlegend für die ganze Periode ist *An Interim Report on the Origins of Rome* von A. Momigliano, JRS 53 (1963) 95–121.

Zu Kapitel 8

Auf die sehr eingehende Untersuchung der Befestigungen Roms von G. Säflund (*Le Mura di Roma Repubblicana*. Lund 1932) sind kaum mehr neuere Studien gefolgt. Die Entdeckungen in Lavinium sind noch nicht vollständig veröffentlicht, eine nützliche Zusammenstellung der Fakten findet sich bei Alföldi (s. o. zu Kap. 3).

Mit dem Lacus Regillus beschäftigt sich R. Ogilvie, *Some Cults of Early Rome*. In: J. Bibauw (Hg.), *Hommages à M. Renard*. Bd. II. (Collection Latomus 102) Brüssel 1969, S. 566–572. Die getrennte Entwicklung der Aeneas-Sage in Rom und Lavinium verfolgt A. Drummond in seiner Rezension des Buches von Galinsky (s. o. zu Kap. 3) JRS 62 (1972) 218–220.

Genaue Untersuchungen zur Datierung und zu den Bedingungen des Latinervertrags (Bengtson – s. o. zu Kap. 7 – Nr. 126) haben Werner (s. o. zu Kap. 7) und Toynbee (s. o. zu Kap. 4) vorgelegt. Im vorliegenden Buch ist der Vertrag dreißig Jahre früher als bei Werner datiert; die Analyse der importierten Keramik stützt sich hier auf Gjerstad (s. o. zu Kap. 1) Bd. 4, S. 593ff. Die Ausrichtung der Plebejer auf griechische Vorbilder hat zuerst A. Momigliano, *Osservazioni sulla distinzione fra patrizi e plebei*. In: *Entr. XIII*, S. 197–221, spez. S. 216f. betont. *Die Schuldknechtschaft* ist Thema eines aufschlußreichen Artikels von M. I. Finley, in: H. G. Kippenberg (Hg.), *Seminar: Die Entstehung der antiken Klassengesellschaft*. (stw 130) Frankfurt a. M. 1977, S. 173–204.

Zu Kapitel 9

Die Beziehungen Roms zu Etrurien sind von Scullard (s. o. zu Kap. 6) und von W. V. Harris, *Rome in Etruria and Umbria*. Oxford 1971, S. 4–49 dargestellt worden. Die seit Anfang der fünfziger Jahre durchgeführten Untersuchungen des Britischen Archäologischen Instituts in Rom werden regelmäßig in *PBSR* veröffentlicht.

Das Zwölftafelgesetz ist ediert von S. Riccobono, *Fontes Iuris Romani Ante-justiniani*. Bd. 1, Florenz 1941; am leichtesten zugänglich ist es in der zweisprachigen Ausgabe von R. Düll, *Das Zwölftafelgesetz*. (Sammlung Tusculum) München, Zürich ⁶1980. Eine gute Auswertung hat A. Watson, *The Twelve Tables*. Oxford 1973 (bes. S. 178ff.) vorgelegt. Den gesellschaftlichen Hintergrund behandelt F. Wieacker, *Die XII Tafeln in ihrem Jahrhundert*. In: *Entr. XIII*, S. 291–356.

Zur Frage des Kalenders vgl. Michels (s. o. zu Kap. 3).

Zu Kapitel 10

Die Gesetze von Valerius und Horatius behandelt E. S. Staveley, *Provocatio during the Fifth and Fourth Centuries BC*. Historia 3 (1955) 412–428.

Mit dem Rechtsstreit um die Hochzeit des Mädchens von Ardea beschäftigt sich R. Ogilvie, *The Maid of Ardea*. Latomus 21 (1962) 477–483; vorliegende Darstellung berücksichtigt die Kritik von E. Volterra, *Tite-Live IV, 9 et le droit d'Ardée*. Revue international des Droits de l'Antiquité 13 (1966) 390–391 und D. Daube, *Aspects of Roman Law*. Edinburgh 1969, S. 112–116.

Die Ursprünge des konsularischen Tribunats und vor allem die Frage, ob dabei militärische oder politische Erwägungen ausschlaggebend waren, sind weiterhin umstritten. Die wohl wertvollsten Beiträge sind: F. E. Adcock, *Consular Tribunes and their Successors*. JRS 47 (1957), 9–14; Ann Boddington, *The Original Nature of the Consular Tribunate*. Historia 8 (1959) 356–364; Palmer (s. o. zu Kap. 3), S. 233–263; Sumner (s. o. zu Kap. 3); J. Pinsent, *Military Tribunes and Plebejan Consuls*. (Historia Einzelschriften 24) Wiesbaden 1975. *Lustrum condere* erklärt R. Ogilvie im JRS 51 (1961) 31–39.

Zu Kapitel 11

Apollons Geschichte in Rom hat J. Gagé geschrieben: *Apollon Romain*. (BEFAR 182) Paris 1955; allerdings sind einige seiner Thesen unhaltbar. Mit dem Brückensturz von Sechzigjährigen beschäftigt sich Palmer (s. o. zu Kap. 3), S. 90ff. Daß Livius' Bezugnahme auf Augustus und das Wams des Cossus erst um 25 v. Chr. in die Historien eingefügt wurde, vertritt T. J. Luce, *The Dating of Livy's First Decade*. Transactions of the American Philological Association 96 (1965) 209–240.

Die Geschichte von Sp. Maelius hat zuletzt A. W. Lintott untersucht: *Violence in Republican Rome*. Oxford 1968, S. 55ff. – das Buch führt gut in die Probleme der Gesetzlosigkeit in Rom und ebenso in die Entwicklung der römischen Legenden ein.

Zu Kapitel 12

Das etruskische Entwässerungssystem haben S. Judson und A. Kahane untersucht: *Underground Drainageways in Southern Etruria and Northern Latium*. PBSR 31 (1963) 74–99. Eine phantasievolle Analyse der Sagen von Veii bietet J. Hubeaux, *Rome et Véies*. Paris 1958. Einen Überblick über die archäologischen Zeugnisse des Gebiets von Veii findet man in dem von A. Kahane, L. Murray-Threipland und J. B. Ward-Perkins herausgegebenen Band 36 der *PBSR* (1968).

Eine vorsichtige Rekonstruktion der römischen Heeresorganisation vor dem 2. Jh. v. Chr. (mit einer Tendenz, Camillus' Beitrag für gering zu halten) unternimmt Elizabeth Rawson, *The Literary Sources for the Pre-Marian Army*. PBSR 39 (1971) 13–31. Zu Triumph und Verbannung des Camillus vgl. A. Momigliano, *Camillus and Concord*. Classical Quarterly 36 (1942) 111–120 und Weinstock (s. o. zu Kap. 3).

Zu Kapitel 13

Es gibt noch keine Gesamtdarstellung der Kelteninvasion in der Po-Ebene; man findet wichtiges Material etwa bei E. Baumgaertel, *The Gaulish necropoli of Filottrano*. Journal of the Royal Anthropological Institute 67 (1937) 231–286 und eine gute Zusammenfassung bei L. Barfield, *Northern Italy*. London 1971, S. 146–159. Die jüngste Analyse dokumentiert die keltischen Zeugnisse nicht ausführlich genug: P. Tozzi, *Storia Padana Antica*. Mailand 1972. Die Belege für den Kelteneinfall in Rom untersucht F. Coarelli, *Il Comizio dalle origini alla fine delle repubblica*. Parola del Passato 32 (1977) 166–238.

Zu den Beziehungen zwischen Caere und Rom liegt eine sehr originelle und provozierende Arbeit von Marta Sordi vor: *I Rapporti Romano-Ceriti*. Rom 1960. Den Status der Caeriten besprechen Harris (s. o. zu Kap. 9), S. 45 ff. und Toynbee (s. o. zu Kap. 4), S. 411 ff.

Abbildungsnachweise

Die Karten in diesem Band sind Neuzeichnungen (NZ), die Karl-Friedrich Schäfer nach Vorlagen des Autors anfertigte; die anderen Skizzen (Auswahl Kai Brodersen) sind folgenden Werken entnommen:

Abb. 1, S. 12: NZ.
Abb. 2, S. 35: Nach A. J. Pfiffig, *Religio Etrusca*. Graz 1975, S. 256, Abb. 140.
Abb. 3, S. 50: Nach H. H. Scullard, *The Etruscan Cities and Rome*. London 1967, S. 223 Fig. 25.
Abb. 4, S. 69: NZ.
Abb. 5, S. 75: Nach Scullard (wie 3), pl. 115 ggü. S. 272.
Abb. 6, S. 78: NZ.
Abb. 7, S. 88: Nach M. Cristofani, Fig. 6 in D. und F. Ridgway (Hgg.), *Italy before the Romans*. London, New York, San Francisco 1979, S. 406.
Abb. 8, S. 93: Nach W. Keller, *Die Etrusker. Denn sie entzündeten das Licht*. München, Zürich 1970, S. 144.
Abb. 9, S. 100: NZ.
Abb. 10, S. 105: Nach Pfiffig (wie 2), S. 339 Abb. 135.
Abb. 11, S. 109: NZ.
Abb. 12, S. 119: NZ.
Abb. 13, S. 148: NZ.
Abb. 14, S. 158: NZ.
Abb. 15, S. 171: Nach Pfiffig (wie 2), S. 201 Abb. 91.
Abb. 16, S. 186: NZ.

203

Personen- und Sachregister

Klassiker der Geschichtsschreibung im dtv

Thukydides:
Geschichte des
Peloponnesischen Krieges
Übersetzt und hrsg. von
G. P. Landmann
Dünndruck-Ausgabe
dtv 6019

Sueton:
Leben der Caesaren
Übersetzt und hrsg. von
A. Lambert
dtv 6005

Pausaunias:
Beschreibung Griechenlands
Übersetzt und hrsg. von
E. Meyer
2 Bände
dtv 6008, 6009

Plutarch:
Große Griechen und Römer
Übersetzt und hrsg. von
K. Ziegler
6 Bände
dtv 2068–2073

Johann Gustav Droysen:
Geschichte des Hellenismus
Vollständige Ausgabe
in 3 Bänden
Band 1: Geschichte
Alexanders des Großen
Band 2:
Geschichte der Diadochen
Band 3:
Geschichte der Epigonen
dtv 5976

Theodor Mommsen:
Römische Geschichte
Mit einem Essay von K. Christ
Vollständige Ausgabe
in 8 Bänden
dtv 5955

Ferdinand Gregorovius:
Geschichte der Stadt Rom
im Mittelalter
Vom V. bis XVI. Jahrhundert
Hrsg. von W. Kampf
Vollständige Ausgabe
in 7 Bänden
dtv 5960
Geschichte der Stadt Athen
im Mittelalter
Mit Illustrationen nach alten
Vorlagen
Dünndruck-Ausgabe
dtv 6114

Alexis de Tocqueville:
Der alte Staat und die
Revolution
Hrsg. von J. P. Mayer
dtv 6090

Jacob Burckhardt:
Weltgeschichtliche
Betrachtungen
Über geschichtliches Studium
Nachwort von W. Kaegi
dtv 6099